如何塑造孩子的大脑

How to Build Your Baby's Brain

[美] 盖尔·格罗斯（Gail Gross）◎著　龚昊◎译

湖南科学技术出版社　博集天卷 CS-BOOKY

·长沙·

著作权合同登记号：图字 18-2022-191

图书在版编目（CIP）数据

如何塑造孩子的大脑 /（美）盖尔 · 格罗斯（Gail Gross）著；龚昊译 .— 长沙：湖南科学技术出版社，2023.7

ISBN 978-7-5710-2207-5

Ⅰ . ①如… Ⅱ . ①盖… ②龚… Ⅲ . ①家庭教育 Ⅳ . ① G78

中国国家版本馆 CIP 数据核字（2023）第 089799 号

上架建议：畅销 · 家庭教育

RUHE SUZAO HAIZI DE DANAO

如何塑造孩子的大脑

著　　者：［美］盖尔 · 格罗斯（Gail Gross）
译　　者：龚　昊
出 版 人：潘晓山
责任编辑：刘　竞
监　　制：于向勇
策划编辑：刘洁丽
文字编辑：王成成　赵　静
营销编辑：时宇飞　黄璐璐　邱　天
版权支持：张雪珂
封面设计：末末美书
版式设计：李　洁
内文排版：麦莫瑞
出　　版：湖南科学技术出版社
（湖南省长沙市芙蓉中路 416 号　邮编：410008）
网　　址：www.hnstp.com
印　　刷：北京天宇万达印刷有限公司
经　　销：新华书店
开　　本：680 mm × 955 mm　1/16
字　　数：406 千字
印　　张：27.5
版　　次：2023 年 7 月第 1 版
印　　次：2023 年 7 月第 1 次印刷
书　　号：ISBN 978-7-5710-2207-5
定　　价：68.00 元

若有质量问题，请致电质量监督电话：010-59096394
团购电话：010-59320018

致我的丈夫，詹纳德·格罗斯，
他让一切都成为可能，包括我。

你是我的太阳，我的月亮，我的星星，我的心。
你是我一生的挚爱。

孩子是你的，却又不是你的。
他们是因生命对自身的渴望而诞生的。
他们经你降生，但不是自你而来，
他们陪伴着你，但并不属于你。

你能给他们你的爱，但不能给他们你的思想，
因为他们有自己的思想。
你能庇护他们的身体，却不能庇护他们的灵魂，
因为他们的灵魂栖息在明天，
哪怕在梦中你也无法抵达的明天。

你可以竭力变得像他们一样，
但不要试图让他们变得像你一样，
因为生命不会倒退，也不会停留在昨天。

哈利勒·纪伯伦

Kahlil Gibran

如何塑造
孩子的大脑

序言

Preface

盖尔·格罗斯博士的这本书非常精彩，也非常重要，它对你孩子的生活和发育的影响可能会超过你曾读过的任何一本书。

正如她所写的，你是你孩子性格、智力和未来的最大决定因素。这本书将赋予你极大的权能，让你可以用对你和孩子两人而言最有意义的方式养育、指导和支持你的孩子。

大脑发育有相当大一部分发生在孩子出生后的头100天里，而且在他5岁之前这段时期非常关键，许多人在得知这一点后大感惊讶。虽然孩子的基因是一个因素，但作为父母，我们所做的事情起着更重要的作用。基因只是一种倾向，它决定不了孩子们的命运。

科学家们曾认为教育始于幼儿园。但我们现在知道，它实际上从出生的那一刻就开始了——一些研究表明，它甚至从子宫里就开始了。在这本书中盖尔描述了那些在5岁前经历过积极育儿的孩子，与没有这种经验的孩子相比，他们有着显著的优势。

正如盖尔所写，你孩子的大脑会根据它所受到的刺激而构建和成长，这意味着他们的每一次身体和情感体验都会在生物学上影响他们大脑的发育。这是很大的责任，也是很大的权力。

所有父母最基本、最原始的本能——爱、养育和陪伴，正好就是我们的孩子最需要的。就像运动可以锻炼出强健的肌肉一样，花时间陪伴孩子可以使他们的大脑变得强健。任何父母都可以做到这一点——在这本书里，盖尔教给了我们怎样去做。

和你的孩子交谈，讲故事给他们听，跟他们玩耍，以支持和培养的方式与他们互动，每当这些情况发生时，就会在他们大脑的神经元之间建立起数十亿个连接。这可以提高孩子的智商和挖掘他们的潜能，这会让他们毕生受用。神经元之间的连接反映出了父母和孩子之间的联系。

这主要发生在孩子5岁前——要么利用好这段时间，要么让它白白流逝。在这段时间里，父母如果没有花足够多的时间来和孩子交流，那这些孩子以后可能很难赶上。

盖尔解释说：“这个过程被称为突触修剪，它能使你孩子的大脑更好地发育。简单地说，刺激会增强连接，而修剪会去掉那些没被使用的连接。尽管突触修剪贯穿一生，但在儿童早期是最活跃的。”

这种修剪过程消除了神经元之间数十亿个连接，如果父母花时间与孩子交谈、拥抱，和他们一起玩耍、唱歌、阅读，神经元之间的连接就会被保留下来。

把时间花在电视、平板电脑和其他设备上得不到这样的好处。这就是许多发明和制造这些设备的人不允许他们的孩子使用这些设备的原因。屏幕时间无法取代真实的陪伴时间。

简而言之，这是一本革命性的书，它可以让我们的孩子成长得更好，从而改变我们所生活的世界。每位家长都应该读一读它。

——迪恩·奥尼什（Dean Ornish）（医学博士，
加利福尼亚大学旧金山分校预防医学研究所创始人兼所长、临床医学教授）
www.ornish.com

目录
Contents

导　言
孩子需要的是一个家，而不是所谓的“放养” 001

Part One
第一部分

01. 发掘你内心的基因治疗师
了解隐藏在你神秘的父母力量背后的科学

科学告诉我们，儿童早期的经历实际上具有构建和改变大脑的能力。这意味着你不仅为你的孩子提供了DNA——你还在塑造它，只有运用这种力量，你的孩子才能激活他的全部潜力。

孩子天生会学习 007
亲子关系越紧密越好 008
你的时间比你的金钱更有力量 010
成长关键期 012
父亲的重要作用 014

02. 从连环杀手到外科医生

如何将孩子的缺点转化为优点

既然你已经接受了你作为基因治疗师的角色，现在就该由你来提供环境和体验，把你孩子的弱点转化为他最大的优点。

解决问题的时机就在此时此地 023
考试分数不代表一切：塑造孩子的天赋和气质 024
了解共情过程的规则 029
建起影响孩子性格的桥梁 031
规训 037
你应该寻求什么 046
孩子的攻击性 051
理解孩子的愤怒 054
接触暴力会改变孩子正在发育的大脑 059
当孩子还在子宫里时 062

03. 与父母亲密无间的孩子势不可当

拥有安全感的孩子更易成功

你们之间的关系越紧密，你的宝宝在探索他的世界时就会感到越安全，而他探索得越多，他的大脑就会变得越发达。

与宝宝建立亲密关系的 5 种方法 *074*
为什么你不爱你的孩子 *076*
你有力量 *079*
和孩子一起阅读 *088*
关注你的孩子 *091*
早期行为模式是如何在我们的原生家庭中形成的 *095*
天才儿童 *100*
总结 *103*

04. 给父母的教养指南

避免过度刺激的危害，助力孩子的情感成长

童年是人生最重要的阶段之一，应该受到尊重和重视。孩子们有权享受他们的童年，不应该匆忙地走过这一阶段。

想象游戏的重要性 *115*
鼓励孩子玩想象游戏 *117*
户外游戏的作用 *120*
和宠物一起长大的好处 *125*
电视和网络视频对儿童发育的影响 *128*
家庭结构 *133*
大脑的发育 *137*
独一无二的你 *138*

助力孩子的情感成长 141
如何平衡家庭与事业：给职场父母的指导 144
给职场父母的建议 150
你的育儿方式是什么样的 158
当父母的育儿方式发生冲突时 161
不同的育儿方式如何影响孩子 164
游戏聚会对父母有益的 6 个理由 166
你的孩子会接受你所有的暗示 168
耐心地养育孩子 170
新常态：非传统家庭 172
失眠社会：良好的睡眠对减轻压力和控制皮质醇的重要性 174
做家务及其对孩子的意义 176
针对尿床的孩子的养育建议 178

05. 获得动力

协调促进孩子的情感、社交和运动技能发展

只靠智力并不能保证一个孩子成为一个成果丰硕的学习者。如果你想让你的孩子成功，你必须协调促进他的情感、社交和运动技能发展。

如何使孩子多元同步发展 184

让孩子完全发挥其能力的三个步骤 *195*
如何促进孩子的情感发展 *199*
如何影响孩子的智力成长 *205*
减压技巧对认知、语言和社交能力发展的影响 *208*
劳伦斯·科尔伯格的道德推理理论 *216*
皮亚杰的认知发展四阶段理论 *223*
皮亚杰的认知发展四阶段 *227*

Part Two
第二部分

06. 把你的家变成一个生活实验室
用运动和音乐来支持认知和情感的发展

孩子的大脑天生就善于发现。一个亲子关系良好的孩子会去探索他所处的环境并测试它的极限。为了促使孩子最大限度地发挥他的潜力，你必须确保环境能刺激他情感和智力的发展。

冥想的益处 *259*
如何让孩子参与冥想 *266*

渐进式放松技巧 270
呼吸 274
气功 278
瑜伽 280
创造性观想 289
用音乐来帮助学习 297
额外的放松练习 303
智力发展游戏和练习 305

07. 孩子成长中逐渐显现的自我意识
影响其思维方式及与他人的互动方式

在儿童早期，你的孩子在3至5岁时就开始认为自己和其他人是分离的。他从对自己的单一表征转变为对自己与他人关系的表征映射。在此之前，他无法区分自己的真实自我和理想自我……

针对不同性别孩子的教养指南 322
要给予孩子展示自我的独立空间 328
发展自主性，独立可以激发安全感 333
道德和共情是可以教会的 340
教你学步期的孩子共情 343
如何应对兄弟姐妹之间的竞争 346
为什么孩子会吹牛 354

谁是天才儿童 357
如何培养孩子独特的天赋 366
3—5 岁孩子的营养问题 368

08. 化无形为有形

呵护我们未出生孩子的线粒体健康

从我们看不见的、在孕妇肚子里悄悄复制的细胞，到在我们的世界里喧闹着快活地奔跑、教会我们如何更深情地去爱的看得见的孩子：无形的东西变得有形了。

线粒体与人体健康 378
什么是线粒体 DNA，为什么它如此重要 380
大自然的警告：虎鲸和毒素 382
令人心寒的统计数字：到底发生了什么 383
线粒体健康对下一代健康的影响 385
肠道健康：保障大脑健康的一个重要方面 388
优化线粒体的健康 390
调整你内心的频率 394
在另一条战线上支持我们孩子的健康 396
总结 400

致谢 414

导 言

Introduction

孩子需要的是一个家，而不是所谓的“放养”

你很清楚，你孩子将来的前途取决于他的学习成绩。你被疯狂的统计数据、分数和学习压力——来得越来越早——淹没了。我们社会中这种痴迷于为孩子报各种课程的文化让你相信，要培养出一个成功的、成绩优异的孩子，你需要把他的教育外包给那些“更有资格”的人（那些最有可能从鼓吹这种事中受益的人）。你甚至可能相信，科学进步以及教育和学习方面的新技术可以让你的孩子更聪明，只要你能为他安排好正确的项目。

然而，与你被教导的相反，你需要的不是屏幕上喋喋不休的头像或一大堆昂贵的课程和玩具。实际上，你是在把金钱和时间浪费在那些本末倒置的项目上，最终让你的孩子远离了他本该抵达的地方。我是一名教育工作者，同时也是一名儿童、家庭发展和人类行为学方面的专家，我有48年的研究和实践经验，我深知怎样能让某些孩子取得成就，又是什么妨碍了其他孩子。儿童前往学校是想要通过学习、阅读、批判性的思考提高自己的层次，而不是疯狂地积累信息，他们满怀热情地接受教育，是为了寻找自己真正的天赋、才能和效能。

你，只有你，可以确保你的孩子得到他所需要的东西，但是这个窗口期很短：他生命的头五年。

问题在于，你总认为别人能做得更好，所以，像许多人一样，你上赶着把培养孩子的事外包出去，却浪费了孩子最宝贵的资源：你自己。实际上，你不仅仅是一个家长，还是你孩子真正的基因治疗师。你有能力通过你创造的环境来改变孩子基因的表达。也就是说，你可以决定孩子性格和潜能的哪些方面被激活或被抑制。正是这种早期环境经历指导和引导了你孩子的基因，增强了一些，关闭了另一些。你孩子的基因是混音板，而你是音响工程师。一旦你学会了如何利用它，拨动正确的开关，你就可以以你没有意识到的方式扩展你孩子的潜能。你可以打好情感和智力的基础，让你的孩子勇敢、自然、热情地抓住成功的机会。正如玛丽亚·蒙台梭利（Maria Montessori）在探讨儿童教育时曾阐明："它不是通过倾听话语获得的，而是通过孩子在环境中采取行动的体验获得的。"[1]因此，教育始于子宫。

然而，懂得怎样激活以及何时激活这些体验是至关重要的。你作为父母在你孩子成长最特殊和最理想的窗口期能够发挥最大的作用。这是至关重要的：在发育窗口期内发生的事情可以为你孩子今后的生活设定方向。重要的不只是你该做什么，还有该在什么时候去做。研究显示，最重要的窗口会在5岁之前关闭。按照亚历克西斯·卡雷尔（Alexis Carrell）博士的说法，"婴儿期无疑是最有成效的时期。教育应该以一切可能和可以想象的方式利用它。这段生命的浪费永远无法得到补偿"[2]。

别慌。的确，风险很大，但这意味着养育孩子比你想象的要简单得多。伟大的育儿之道可以归结为一个使命：你必须为那些窗口做好准备并参与进去，这样你才能充分利用它们，帮助你的孩子成长为一个聪明、成功、自立的成年人。

首先，要给孩子提供一个情感稳固、结构合理的环境。这是孩子未来的跳板。有坚定自我、良好自尊心，且富有安全感的孩子不大可能受到"酷小孩"①的影响成为牺牲品，也不大可能被迫取悦那些不把他的最大

① 美国校园中长相好看、运动能力强、有社交优势的群体。——编者注

利益放在心上的人。相反，他会规划自己的道路，关注能激发他求知欲的事物，坚持自己的价值观。例如，自信、受人喜爱的孩子会从自我需求的实现出发，会专注于解决问题和寻找答案，不害怕在科学展览会或国际象棋比赛上丢面子。足够坚强，不屈服于焦虑和同龄人压力的孩子，能够去探索和表达是什么让他们脱颖而出；他们遵循自己的权威。

在这本书里，我将教你如何建立良好的亲子关系，让你的孩子免受对失败的恐惧和可能抑制智力和心理成长的问题的影响。通过了解你宝宝的发展阶段，你将学会怎样创造一个可以让你的“小炼金术士”好奇、自信、轻松地进行探索的世界。我从自己的学习和研究中了解到，作为孩子最重要的老师，你的工作是创造一个安全的，有你陪伴的，并且充满他可以观察和操纵的实物的环境。这种环境可以帮助他发展认知和情感技能，而这些技能反过来又有助于他语言、认知、情感和社会性的发展。这不仅能为读写打下基础，而且能极大地扩展你孩子的潜能。起作用的不仅仅是你所创造的环境；科学研究表明，你的存在是语言、认知、情感和社会性发展的最大刺激因素，以至于你的缺席所带来的紧张感能够抑制甚至破坏你的孩子处理和学习信息的方式。我知道，为了给你的孩子提供稳定的生活，你不可能一直陪在他身边。别担心！在这本书中，我将告诉你如何通过最大限度地利用你们在一起的时间来弥补你们分开的时间。

然而，你不能只是陪在他身旁——你还必须知道要做什么。当你积极地参与宝宝的成长过程时，你要从旁观察和提升那些真正让你的孩子与众不同的品质。若你认识到他有学习钢琴的潜力，你就要在他身边捕捉学习障碍或听力障碍的早期迹象，如果及早发现，这些障碍是可以被成功地纠正或治疗的。成为孩子真正的基因治疗师的关键在于你能否在适当的时间激活必要的开关，这将决定你孩子将来的成就。这样做，你将有效地减少孩子的压力，发现他的个人天赋，并永久地消除潜在的障碍，培养出一个能够自我实现的孩子。

最重要的是，你将充分了解你孩子的多重发展时间轴，并学会如何让它们协同运作。社会条件往往会迫使你把孩子成长的各个方面划分开来。作为一名教育工作者，我见过许多聪明的学生因为情感上的不成熟而落于人后，使他们无法有效地参与学校的教学活动。在孩子的发育过程中会有许多能带来渐进式和扩展式成长的窗口，如果你在面对它们时头脑里有一幅完整的图景，那你就能充分地把它们利用起来。读完这本书后，你将牢牢掌握培养一个快乐、优秀、自信、富有同情心和成功的孩子所需的一切。

对我们的文化来说，这本书是在一个极为关键的时刻出版的。我们的孩子所面对的世界比我们孩提时代的世界危险得多。太多的人被“催促着”过快地成长——导致他们承受着巨大的压力，甚至暴力，情绪失控、精神崩溃等一系列心理疾病和身体疾病也随之而来。作为一个家长，你肯定想把最好的东西给孩子，因为你爱他。我相信，你的任务在如今至关重要，这不仅关系到你孩子的未来，还关系到我们所有人的未来。我们需要让更多的孩子敢于脱离群体，去追逐他们感兴趣的事物。我们需要以你提供的安全感所产生的情感联系和情感支持为基础来养育下一代。最重要的是，如果没有新一代中无畏的创新者和领导者，世界是无法发展下去的。这本书不仅能教你如何为你的孩子提供一个快乐、辉煌和成功的未来，还能帮助你为我们集体的成功做出贡献。

我的故事

我母亲没有经历过“唐娜·里德（Donna Reed）[①]”式的家庭生活。她的父母是很好的人，充满爱心，在她成长的岁月里给了她很多关爱。虽然

① 唐娜·里德（1921—1986），美国女演员，曾获第26届奥斯卡金像奖最佳女配角。她曾出演了20世纪50年代美国流行的情景喜剧《唐娜·里德秀》，为观众展示了那个时代美国理想城郊家庭的生活。——编者注

我的外祖母在我母亲5岁时就去世了，而我的外祖父在她9岁时也去世了，但他们已经给了我母亲一颗坚强的心，让她不仅能够生存下来，还能够茁壮成长。与生俱来的爱、交流和团结的能力使她成为一位坚强、出色的母亲（尽管有时候缺乏实用的育儿技能）。

我母亲创造了一个充满学习、创造和探索机会的家庭环境。一提起“玩具”她就嗤之以鼻。相反，她鼓励我们读书、画画、玩泥巴，或是从事任何我母亲认为“有价值”的创造性活动。最重要的是，她积极地和我们一起玩，把我们的游戏融入她的日常生活中。我喜欢玩“杂货铺”的游戏，当母亲切菜给我们做真正的晚餐时，我就在旁边把黏土捏成蔬菜的样子。游戏和探索时间里满满的全都是思想的联系和交流。母亲从来没有远离我，总是鼓励我跟她交流、分享和报平安。

向幼儿园过渡是个令人烦躁的过程。而我上学又很早，4岁半就去学校了。我很乐意跟大家分享我对新材料和新发现的反应，但很快我就发现，我老师的工作是把良好的行为能带来怎样的好处教给全班同学，而不是培养他们的热情。不久之后，我就掌握了在什么时候开口、什么时候闭嘴这种微妙的技巧。

说实话，我对怎么跟米德老师相处完全没有准备。长期的教学生涯消磨掉了她的耐心。一天下午，我们班赶着去排队，有人撞倒了一个花盆。因为我是领头的，米德老师认为我是罪魁祸首。没有经过公正的调查，她就对我大发雷霆。我掩饰不了对幼儿园的留恋，也完全不习惯大吼大叫的管教手段，我满眼泪水。这只招来了更多的责骂，她叫我“不许哭”。放学时，我满心痛苦地冲出教室，一路跑回家，一边哭一边尿裤子。当我回到母亲身边的时候我不知所措、心烦意乱，母亲了解我的情况后答应我，在我准备好之前，绝不让我再去学校。由于缺乏实用的育儿技巧，母亲让我在家待了3周。学校给我家打了个电话，警告说如果我再不去上学，这个学年就要重读，母亲只好跟米德女士单独沟通。当母亲向米德女士解释米德女士的行为给我造成了多大的精神创伤时，米德女士简直不敢相信：

“她才4岁！她不可能记得我一个月前吼过她！”

可我记得，不仅是当时记得，成年以后我还是记得！它改变了我整个受教育的历程。从那一刻起，我开始担心自己会犯错，我变得格外谨慎，尤其是在老师面前。作为一个成年人，我意识到我们总是低估我们对孩子的影响，以及我们在孩子情感结构上可能造成的持久影响。作为一名心理学家和教育家，我知道这些事情意义非常重大，它们塑造了我们孩子的神经结构，还能决定他们的人生历程。

到我为人父母的时候，我不仅力求做得跟母亲一样好，还希望自己能在此基础上更上一层楼。我打造了一个拥有大量印刷体字①的家，里头满是复杂的文字。我积极地把管理压力的技巧教给我的孩子，比如冥想、进行创造性观想和听音乐。我不仅希望我的孩子能够更好地应对学校的挑战，而且我也敏锐地意识到，他们这一代人面对的是一个紧张、焦虑的教育体系，这个体系被一种以分数为导向的、高风险的氛围笼罩着。在养大了我的孩子之后，我攻读了几个心理学和教育学的高级学位，这让我接触到了许多重要的育儿知识，而我们的文化漠视甚至排斥这些知识。现在，我的任务是与父母分享它们，以确保下一代得到他们应得的和迫切需要的。

《如何塑造孩子的大脑》会教你如何将最新的神经科学研究成果运用到你与孩子的日常体验中去，让你可以根据孩子的年龄段引导他度过神经发育的各个时期，这样你也可以充分利用必要的知识和经验，引导你的孩子走向情感成熟和学业成功。

通过把孩子的神经发育阶段与相应的年龄关联起来，你可以帮助他展现并最终扩展他的潜力。不仅如此，这些讲求实用的信息将引导你的孩子走向情感成熟，这样他就可以获得并使用他的能力。实现这一切只需要简单的三个步骤。

① 英文原文为print-rich，此处的印刷体字是指将家中物品的名字用大号的印刷体文字清晰地标记在对应的物品上，方便孩子将物品、文字及读音对应起来。——编者注

A. 与宝宝建立亲密关系，支持他的情感发展。

B. 依据宝宝的年龄和神经发育阶段，挖掘他的学习潜力。

C. 把减压技巧、创造性观想和帮助孩子集中注意力的练习教给他。

步骤A和步骤B将指明宝宝生命中每一个重要的发育标记。它们可以教你如何将宝宝的语言、认知、情感和社交发展结合起来。这种平行发展不仅会转变为心理和身体的成熟，还会转变为道德的成熟。在这条路上的每一步中，我都会教你怎样帮助孩子把这三个步骤结合起来。

当你了解了你的孩子从一个发展阶段成功地走向另一个发展阶段所需要的条件时，你就能够去构建他学习生活的环境，为他创造一个成功的通道。当然，时机决定一切。神经科学告诉我们，当宝宝的大脑对特定类型的刺激有独特的接受能力时，最佳的时间线或机会窗口就会出现。因此，当你在正确的时间强化适当的观念和引入合适的工具时，宝宝的大脑将处于一种增强的状态，从而更容易接受适合他们年龄的知识和技能。结果，宝宝的反应范围会随着学习的轻松愉快而呈指数增长，因为他会自然地吸收信息。因此，你和你的宝宝可以体验到每一个教育里程碑的喜悦和满足。

《如何塑造孩子的大脑》为你提供了各种锻炼和活动，它们不仅易于掌握，而且有趣，此外还能增强孩子的自尊心，让他建立起更强大的内心。每项锻炼和活动都与孩子的年龄和发展阶段相契合，让你有机会更多地了解孩子，从而为孩子营造一个独特的环境。通过关注和了解你的孩子，你可以创造出独特的学习模式，这不仅有助于孩子的语言、认知和社交能力的发展，而且还有助于他们道德和精神的发展。

步骤C在儿童的早期发展过程中引入减压技巧、创造性观想和集中注意力的练习。事实上，教会你的孩子如何应对压力，以及如何集中注意力的练习是神经科学的工具箱里的重要工具之一，但它经常被其他儿童早期发展书籍所忽视，这也许是因为它被低估了，所以遭到了漠视。在《如何塑造孩子的大脑》中，减压技巧伴随着儿童早期发展的每个阶段和年龄段。例如，按摩、瑜伽、创造性观想、冥想、音乐、气功等都被融入于孩子成长的各个阶段。这些技巧、技能和工具不仅能帮助你的孩子，也能帮助你，减轻你的焦虑，调节应激激素——皮质醇，让你可以更有效地获取和处理信息。你只使用了大脑的一小部分，这种说法是不正确的。实际上，在你接受了减压训练后，你的大脑会被完全利用起来，就像一支管弦乐队一样。此外，神经科学研究还表明，当你感到紧张、焦虑、害怕或坚持不住时，你会过度分泌皮质醇，从而改变大脑结构和冲动控制……尤其是对一颗正在发育的大脑而言。

《如何塑造孩子的大脑》将向你展示如何把减压技巧融入宝宝的日常生活中，教他怎样去管理压力、降低焦虑、集中注意力。减压技巧会告诉你的孩子如何获取自己内心的资源。只凭这项技巧就能帮助他建立起一个强大的内心，这将增强他的自尊心，提高他管理压力以及毫不费力地处理信息的能力。然而，那些不能向内寻求减压技巧，也没有学会如何应对压力的孩子，可能会发现自己无法成功地学习或发展。皮质醇可以改变大脑，而持续的压力会让你过度分泌皮质醇，进而不可逆转地改变大脑。

一周7天，每天24小时无休不断更新的新闻、技术以及持续不断的信息的过度刺激，催生了一个比10年前的儿童所经历的世界危险得多的世界。电子游戏和电视节目的渗透能让你看到孩子们是如何过早地接触到不适当的、超前的社会素材的，但疲惫不堪的父母却经常用它们来帮助自己。大卫·艾尔金德（David Elkind）博士在他的著作《匆忙的孩子：成长太快》（*The Hurried Child: Growing Up Too Fast Too Soon*）和《教育不当：处于风险中的学龄前儿童》（*Miseducation: Preschoolers at Risk*）中，对儿童成长速度超过其心理成熟所能适应的程度所造成的危险做了解释。加速地暴露于不适当的和超前的素材之下会使孩子感到焦虑和失控。根据艾尔金德的说法，“早期的错误教育会对孩子的自尊心造成永久性的伤害，让他们丧失学习所需的积极态度，阻碍天赋和潜在才能的发挥”[3]。从某种意义上说，那些被迫在错误的时间做错误的事情或学错误的东西的孩子，会开始表现出与压力相关的行为。当他们到达具体操作的终点，开始进入抽象操作时（大约在五年级），他们会选择放弃而不是去尝试，遇到一点挫折就会停下来。此外，有大量研究支持这样一种观点，即从出生到5岁之间的孩子如果受到了这种压力，在以后的生活中不仅会出现心理问题，还会出现智力和身体问题。因此，你可以看到把下一代人的脑力置于风险之中的危险，这对我们所有人来说，都是一种人力资本和自然资源的损失。相反，当孩子在儿童早期就接受了有意识的培育和适应他年龄发展的教育时，他们会以一种自然、自发的方式发展，并积极、成功地去探索和体验眼前的环境。

接下来的锻炼和活动做起来都很有趣。它们适合孩子成长的每一个阶段，并将帮助作为父母的你更好地了解你的孩子。最重要的是，这些好玩的互动会帮助你的孩子在情感和智力方面同步发展，同时兼顾孩子道德和精神的成熟。

到最后，你将完全有能力给你的孩子提供他毕生所需的策略和技能，以应对他在这世界上遇到的任何情况……并且获得成功。

以下为作者在写作导言的过程中所参考的资料清单：

1. Montessori, Maria. *The Absorbent Mind*. New York: Henry Holt, 1995, p. 8.

2. Carrel, Alexis. *L'Homme Cet Inconnu* (Place of Publication Not Identified: LULU COM, 2018).

3. Elkind, David. *Miseducation: Preschoolers at Risk*. New York: Knopf, 1987, back cover.

Part One

第一部分

01.

发掘你内心的基因治疗师

了解隐藏在你神秘的父母力量背后的科学

科学告诉我们，儿童早期的经历实际上具有构建和改变大脑的能力。这意味着你不仅为你的孩子提供了DNA——你还在塑造它，只有运用这种力量，你的孩子才能激活他的全部潜力。

孩子的DNA并不能指引他的命运：你才是掌舵人，指引他的方向。先天基因和后天培养像是一场精致的舞蹈，就像弗雷德和琴吉（Fred and Ginger）那著名的舞蹈设计一样：如果一方跳得太快，另一方就会摔倒。科学告诉我们，儿童早期的经历实际上具有构建和改变大脑的能力。这意味着你不仅为你的孩子提供了DNA——你还在塑造它，只有运用这种力量，你的孩子才能激活他的全部潜力。你是一位真正的基因治疗师，以你为孩子创造的体验为基础，操纵和引导着孩子的基因表达。孩子出生之后，你放弃引导他基因表达的时间越长，他的发展就越取决于机会。在这一章里，我将对你神秘的父母力量的细微之处进行解读，并教你如何发挥它的全部效力。

作为一名人类行为学专家和家庭与儿童发展专家，我拥有心理学博士学位和教育学博士学位，经常有人问我如何才能唤醒孩子的潜力。我的回答总是以同样的方式开头：这种力量掌握在父母手里。你不仅仅是决定因素之一，你还是孩子个性、智力和未来最大的决定因素。你的力量远远超出了激发潜能或推动成功的范围；作为父母，你有能力塑造并且要（在很大程度上）对孩子的大脑结构负责。作为父母，你对孩子的人生轨迹负有最终的责任。幸好，你已经拥有了你所需要的一切，可以给你的宝宝他所需要的东西。

你孩子的基因可能是一幅蓝图，但那仍旧只是一个三维人的二维模型。关于人的个性、智力和未来是先天决定，还是后天形成的古老争论已经有答案了，事实是两者的影响力不相上下。大自然提供了基因，但这些基因是通过对它们所处环境——由你创造和控制的环境中的刺激做出反应而表达出来的。所以，不难看出你是你孩子真正的基因治疗师，你的存在和你创造的环境积极地决定了你孩子的哪些基因会被表达出来。宝宝的大脑会随着它受到的刺激而发展和成长，这意味着宝宝的每一次生理和情感经历都会影响到他大脑的生物层面上的发育。责任很大——而权力也很大。遗憾的是，太多父母不知道他们有多大的影响力。

你的宝宝出生时就有大约1000亿个神经元和超过50万亿个神经突触。这看起来似乎很多，但这只是神经连接的一小部分，仅仅在他生命的头一年里，他就会建立超过1000万亿个神经连接。宝宝24000个基因中的12000个在大脑中建立起了这些神经连接，它们决定了中枢神经系统将如何产生和运作。然而，这12000个基因还不足以激活所有这些神经连接。因此，是你家宝宝在情感和生理上的强化体验，明确规定和决定了这些连接。因为大脑是高效的，实际上，它会丢弃未使用的神经元，同时强化那些持续使用的神经元。这个过程被称为突触修剪[1]，它能使你孩子的大脑正确地发育。简单地说，刺激会增强连接，而修剪会去掉那些没被使用的连接。尽管突触修剪贯穿一生，但在儿童早期是最活跃的。突触修剪意味着每一次体验都很重要。每一次摸、看、嗅和互动都会对孩子大脑里的线路产生积极或消极的影响。每一次体验，无论是积极的还是消极的，都是增强、削弱或巩固突触的信号。你可以把它想象成黄色树林里分出的两条路①——除非你孩子的大脑总是走那条最常走的路。

因此，要么让环境去改变你家宝宝的大脑结构，要么由你有意地通过塑造和影响宝宝的环境来改变它。这不是一个可以或应该交给别人的建设过程——大自然已经煞费苦心地表明它偏爱父母的指导。生物学通过亲子联结确保你拥有比你孩子生命中任何人都更大的力量来刺激其大脑发育，以及基因的开启和关闭。还记得你第一次抱着宝宝时感受到的那种无条件的爱吗？这是一种生存本能（也是自然界最强大的刺激），它的存在是为

① 这一意象出自美国诗人罗伯特·弗罗斯特（Robert Frost）的《未选择的路》（*The Road Not Taken*）。——译者注

了确保你愿意在你宝宝生命中这段至关重要的大脑结构的形成期里待在他身边并参与其中。这种感受的质量是由亲子关系决定的：时间投入的多少以及关注、照顾和养育的质量，这对你家孩子的生理和情感发育都是至关重要的。

爱的行为，比如拥抱、用你的声音抚慰孩子、回应他的需要、和他一起阅读一本书，听起来可能很简单，但这是刺激孩子大脑发育所必需的和最有效的基础。你与宝宝的互动和给他的刺激越多，他的神经胶质细胞就越多。细胞数量的增加也会导致神经活动的增加，不难理解这是如何促进更快更复杂的思维模式形成的。你正在修建高速公路和基础设施，为以后的高流量学习做准备。

亲子关系的影响怎么强调都不为过。无法建立稳固的亲子关系和缺乏养育不仅剥夺了孩子成长所需的大脑刺激，还会造成严重的神经损伤。正如劳丽·拉尔森（Laurie Larson）在她对母亲触摸孩子的重要性研究中所指出的那样，没有得到爱抚或抚摸的婴儿可能会因为缺乏身体接触而死亡。当这种稳固的亲子关系存在时，影响是巨大的：这可能会让你家孩子的智商有20%到40%的提升。[2]美国心理学家弗洛伦斯·古德纳夫（Florence Goodenough）因其在儿童心理学方面的研究而备受尊重，她认为环境因素，包括复杂的语言交流，在一个人的智力分数中占20%到40%的比重，她认为这个分数是衡量认知发展的一个指标。[3]你的在场和照顾，可能就是决定孩子最高成就和平均成就之间差距的关键因素。

孩子天生会学习

婴儿天生就会学习。他们是小小科学家，通过以熟悉为目的的尝试来探索他们的世界。培养孩子的大脑不需要正规的训练或花哨的学位。你的孩子——每个孩子——都是和著名的医生及教育家玛丽亚·蒙台梭利所说的“内在老师”一起降生的。[4]蒙台梭利认为，孩子们不需要接受正规教育，就可以在幼年时期对他们所经历的社交、情感和智力行为有较深的认识。他们会自然而然地去探索。她认为，孩子们真正需要的是一个拥有丰富玩具和工具的环境，以帮助他们掌握建立自信和获得能力所必需的技能，而自信和能力会让他们自尊自爱自强，使他们最终取得学业上的成功。你的孩子通过在环境中不断地尝试来进行学习。到他够不着的地方去探险，去发现世界看起来、摸起来、尝起来是怎样的，这种行为会刺激宝宝的神经元，进而大量增加大脑中的神经突触连接。在未知领域的每一次远足，都会提升你孩子的智力和情感水平。

但是，在你孩子的探险世界里最重要的元素——能确保他充分发挥潜力的因素——就是你。如果他一回头就能看到或呼唤你，也能听到你的声音，他的情绪就会稳定，这能巩固每一次尝试所取得的智力提高、生理发育和情感发展。紧密的亲子关系带来的安全感会降低焦虑，形成一个强大的核心，这是情感成熟所必需的资源，这就是为什么孩子在她母亲的膝上学到的东西比在其他地方学到的更多。当你的孩子在学着信任你时，他也在学着信任自己。在你孩子一生中的其他任何时候，你的存在都不会如此珍贵，也不会对他的成长如此有帮助。

亲子关系越紧密越好

直到3岁，你的宝宝都把你看作他身体的附属物和延伸。他还不明白你们两个都是单独的个体。就像你害怕你的孩子被陌生人绑架或从你怀里拽出来一样，每次你们分开，你的孩子都会感受到分离焦虑。这种焦虑会让孩子的大脑分泌大量的应激激素，特别是皮质醇，尽管皮质醇在人体中有其他的重要功能，但它分泌过多时，就会对孩子的发育产生灾难性的影响。心理学家丹尼尔·戈尔曼（Daniel Goleman）对此做了解释："皮质醇刺激杏仁核，同时损害海马，迫使我们的注意力集中在情绪上，并限制我们接受新信息的能力。"[5]他解释说，当大脑处于战斗或逃避模式时，杏仁核就会凌驾于前额叶皮质之上。[6]海马和前额叶皮质是大脑中负责学习、记忆和高级思维（执行功能）的区域。因此，如果压力使宝宝正在发育的大脑沐浴在皮质醇中，它还会阻碍大脑建立高级思维和推理的能力，而这些是孩子成长所必需的。

不相信？根据弗林（Flinn）等人2001年发表在《发育与精神病理学》（*Development and Psychopathology*）上并被《神经科学行为》（*Neuroscience Behaviors*）杂志引用的一篇研究报告，当孩子远离父母时，他的皮质醇水平会有显著的升高，这可能导致神经生物系统出现长期的功能障碍，对孩子的情绪健康、消化系统甚至是免疫系统产生负面影响。

这意味着你必须陪伴他。你的存在不只是一种奖励或积极的影响；你的缺席会对你的孩子有消极的影响。更重要的是，托儿所、临时保姆和家庭保姆没有能力理解孩子的发育需求，因此无法有意或用心地引导孩子从一个阶段过渡到下一个阶段。时机就是一切。为了释放你孩子的天赋潜力，必须在他成长的最佳时期刺激和引导他的大脑神经元。如果你不在场，他的发育就会交给运气，你的缺席会导致应激激素皮质醇的过度分泌，这可能会改变大脑的神经和情感结构。当皮质醇分泌过量，或持续时间太长时，它会像强酸一样冲刷发育中的大脑，改变其结构并影响神经递质。

我不是说你不能有事业，但你必须提供补偿和做出调整来让孩子适应，以打消你的孩子在等待与你团聚时所感受到的压力。在我们的社会里，做到这一点很不容易——身为一名职场母亲，我可以证明，职场父母经受了非常现实的障碍、挫折和斗争。但我相信，这些障碍提升了我们的义务，还让我们更需要深入地了解哪些情感资产对孩子的成长和成功影响最大。没有什么比你花费的时间更重要。

你的时间比你的金钱更有力量

你可能和许多人一样，认为更多的钱能换来更多的机会，但在为孩子买更多东西，申请更好的学校，赢取会员资格和成功机会的激烈竞争中，高质量的陪伴时间必然成为牺牲品。国际学生评估项目（Programme for International Student Assessment, PISA）在2009年进行的一项研究表明，你的社会经济地位在对孩子学业成就的差异造成影响的各种因素中，只占10%的比重。[7]这是一个文化神话。

1984年，在英国的一个研究项目中，莎拉·贝利斯（Sarah Bayliss）和她的团队想要确定家长的参与是否能够缩小来自贫困工人家庭的三年级学生和他们那些富裕的中上阶层出身的同学之间的教育差距。[8]他们发现，出身于贫困的工人阶级家庭的孩子，在有父母参与和支持的情况下，会比那些来自富裕家庭的学生表现得更好，甚至能超过那些接受专业人士一对一辅导的学生。这项研究中唯一的变量是，来自贫困家庭的孩子在情感上得到了父母的支持，父母参与了他们的日常活动。

在美国，一项类似的研究也证实了这一结果。伯顿·怀特（Burton White）博士进行了一项名为密苏里计划的研究，该研究为期3年，涉及300个家庭，它表明，如果父母接受过有关儿童发育的培训——包括如何在不抑制天生的好奇心和探索冲动的情况下建立纪律感——并将其运用于孩子的养育过程中，孩子就会茁壮成长。那些参与了研究的家长，他们的孩子到3岁时，语言和认知能力均高于平均水平。[9]因此，怀特主张教育应该从出生开始。对参与早期教育感兴趣的家长而言，怀特的研究还引出了一个极具开创性的项目。因为密苏里计划使官员们相信父母是早期教育中最强大的力量，密苏里州为PAT（Parents as Teachers，父母即老师）项目提供了资金，以教导父母如何积极参与孩子的早期教育。PAT项目非常成功，现在它在美国国内和国际上都有分支机构。在加利福尼亚州和密苏里州，PAT项目的纵向结果表明，那些从出生到孩子3岁时都积极参与养育和教育的父母，他们的孩子在语言、认知、社交和学习能力等几乎所有层面上的得分都显著高于同龄的孩子。[10]

根据密苏里计划的研究结果，怀特发现，3岁以后再去弥补语言和智力缺陷会更加困难；因此，致力于儿童早期教育是至关重要的。然而，教育工作者现在认为，父母参与早期教育的影响是累积的，而且在3岁以后还会继续。在孩子的一生中，父母在他们的早期教育中所起的积极作用很可能会一直给他们带来正面的影响。[11]

最好的消息是什么？产生这种影响并不像你想象的那么耗时；你在几周之内就能看到效果，而无须等待几年。教育学教授洛厄尔·马登（Lowell Madden）报告了对小学阶段的阅读能力低下者进行补救的情况，他说，在父母接受了如何与孩子互动的培训后，经过在自己家里亲子共读6到8周的时间，孩子的理解能力提升速度达到了正常水平的6倍。[12]更令人震惊的是，今天的研究人员认为，在美国，85%被当作可教育但智力有障碍的儿童，如果在成长期从他们的原生家庭那里得到足够多的刺激，他们的智力是可以达到平均水平的。对你和你的孩子来说，这意味着，无论你的收入或教育水平如何，只要你在孩子生命中的关键时期采取行动，你都可以掌握扩展孩子学习能力的方法。

所有这些研究加在一起，阐明了你的孩子需要社会经济优势才能拥有无限未来的看法只是社会的幻想，并驳斥了那些不实的看法。你只需要做好准备，充分利用孩子成长过程中关键的最佳机会窗口期。

成长关键期

那么，你是父母，你已经做好准备了……但你可能因为不知道该做什么而感到恐慌。促进孩子的社交、情感和智力成长不需要你是一名正式的老师，也不需要你有高等学位。作为孩子最重要的老师，你所能做的就是创造一个环境，这个环境不仅安全，而且有丰富的学习材料和可供操作、观察的物品。这些物品营造的环境可以帮助你的孩子发展情感技能，这反过来有助于他智力和社会性的成长，最终让他在学业上和个人生活上获得成功。

例如，语言能力开始发育的时间比你想象的要早，婴儿在子宫里的第4个月就开始通过听你的声音来学习节奏、韵律和发声了。如果你想成倍地扩展他的潜力，你必须学会用复杂的语言说话，并积极地倾听。在这本书中，我将教你如何与你的孩子交流以促进更高层次的神经发育；你将学习积极倾听的技巧，这些技巧能让你觉察到危险信号，发现隐藏的才能，并把孩子分享给你的重要反馈内在化。此外，你还会理解为什么那句老话“当有人和孩子说话时，孩子才会说话”会把你辛辛苦苦为孩子搭建的“脚手架”拆得支离破碎。

语言、阅读和宝宝大脑发育之间的联系怎么强调都不为过。要经常和宝宝说话。在语言和阅读方面，时机是特别重要的。由于脑干的发育在大脑皮质之前，婴儿首先获得了对五种感官的控制，这意味着他们开始能够分辨和模仿声音，即使他们不能理解这些声音。语言的接受能力在怀孕4个月后就出现了；著名的语言科学家和心理学家帕特里夏·库尔（Patricia

Kuhl）博士说，宝宝在子宫里通过听你的声音开始学习母语。因此，你的孩子可以学习他听到的任何语言。如果你的孩子在出生至5岁之间这段窗口期内持续接触多种语言，他可以把它们都学会（只要每种语言每次都是专门由一个人在说），而且他可以比他生命中其他任何时间都更轻松、更快地学会它们。语言习得的重要窗口在5岁时开始关闭，所以，如果孩子是从青春期开始学习一门新语言的，他还是能学会说这门外语，但可能会有母语的口音。到了适当的时候，语言习得会发展为阅读和写作。[13]

老师们普遍认为阅读是孩子学业取得成功的重要因素之一。提高孩子读写能力的关键在于尽早地、经常地给他读书。我指的是早期：虽然新生儿不能理解你在说什么，但仅仅依靠你的声音和节奏，你身体给他的温暖，还有你们一起度过的时间，他的联想地图就得到了拓展。慢慢地，你的孩子将学会预测接下来会发生什么，并开始模仿你的朗读。让你的孩子把他记住的东西“读”给你听，不要费心去纠正他，这样做，你就是在为他铺平道路，让他开始把符号、声音和词语联系起来。你还可以通过用大号字体标记物品以及指明房子内外和附近的物品，来创造一个到处都是文字的环境。

父亲的重要作用

虽然几乎任何一个男人都能成为某个孩子的父亲，但在孩子的生命中，成为父亲的意义远不止于此。让我们来看看父亲是个什么样的人，为什么他如此重要。

父亲对孩子的情感幸福至关重要；他们是有能力的守护者和纪律维护者。研究表明，如果父亲疼爱孩子，能够支持和参与养育，那他可以对孩子的认知、语言和社会发展做出巨大贡献，从而使他学业有成，获得幸福感、真实感、良好的自尊和强大的内心。[14]

•父亲如何影响我们的关系

孩子与父亲的基本关系会影响他从出生到死亡的所有关系，包括与朋友、情侣和配偶的关系。与父亲互动的早期模式将会投射到所有的关系中：它们不仅会影响你的孩子在与他人相处时对“自己是谁”这一问题的固有想法，还会影响你孩子认为可以接受和爱的对象的范围。

女孩们会寻找那些有着好老爸模式的男人，毕竟，她们知道如何“做到这一点”。因此，如果父亲是善良的、有爱心的、温柔的，她们会在男人身上寻找这些特征。女孩会在别人身上寻找她们在童年时体验过和熟悉的东西。因为她们已经习惯了这些家庭性和历史性的行为模式，她们认为她们可以在人际关系中驾驭它们。

男孩们会以他们的父亲为榜样。他们做任何事情都会寻求父亲的认可，并模仿那些他们认为既成功又熟悉的行为。所以，如果父亲虐待孩子，有控制欲和支配欲，他的儿子会模仿和效仿这些模式。然而，如果父亲是慈爱、善良的，会支持和保护孩子，那他的儿子也会想要成为这样的人。

人类是社会性动物，我们通过模仿行为来学习。事实上，所有灵长类动物都是通过社会模仿来学习如何在这个世界上成功地生存和活动的。所有的孩子都熟悉这些早期的互动模式，正是这些模式影响了他们对自己的感觉和他们的发展。你的孩子很容易受到这些早期模式的影响，并将这些行为品质融入他的社交活动中。

这并不是在高估父亲的重要性。例如，到八年级时，与父亲关系良好的女孩的数学成绩往往会更好。父子关系好的男孩会安全地成长，有稳定和持续的自我意识。此外，当孩子和父母分离时，父亲积极参与养育的孩子不容易感到不安。这可能是因为父亲通过给孩子更多的自由和空间去探索周围的环境，使孩子们感到安心，知道他们不会有事的。这种在不施加太多干扰的情况下跟在背后观察孩子的能力使孩子的个性得以发展。父亲的养育方式似乎既保障又挑战了孩子的情感成长，而母亲的养育方式则更具保护性。父亲容许孩子们出去探险的距离是母亲的两倍。还有，当宝宝面临一个新处境时，妈妈会立即跟上去，而爸爸则会留在后面，让宝宝自己解决问题。这两种行事风格对宝宝的心理成长都很重要。因此，父亲积极参与养育的孩子智商高，社交能力强，冲动控制能力强，暴力行为少。[15]我们是谁，我们想要成为谁，我们正在成为谁，现在我们知道，父亲对于回答这些问题起着关键的作用。

•不断变化的家庭角色

只有20%的美国家庭是由已婚夫妇和他们的孩子组成的。[16]填补这一空缺的是各式各样的家庭结构，在这些家庭结构中，有人采取行动，承担了父亲一职以及家庭中的各种角色。当“父亲们”全情投入的时候，还真能起到很大的作用，他们可能是符合传统认知的已婚男子，也可能是单身者、离婚者、丧偶者、收养者、继父，他们可能是全职爸爸，或是家庭的主要供养者——唯一重要的是，他要积极参与到对孩子的养育中来。

女性进入就业市场永远地改变了社会对父亲和母亲传统角色的看法。女权主义和女性的经济力量已经改变了传统的育儿趋势，现在有大约60%的女性是有工作的。[17]再加上未婚生育、离婚、低出生率和多种家庭结构等因素，你可以看到传统父母角色的转化和变化。经济、城市化和性别角色的转变使父亲的职能变得更加开放、灵活和不明确。

美国国家儿童健康和人类发展研究所最近的一项研究表明，父亲在照顾孩子方面的参与度比以往任何时候都高。导致这种情况的原因是多种多样的，但其中肯定包括母亲工作时间延长、工资变高，而父亲的工作时间减少了；还有心理意识的加强、应对技巧的改善、对心理疾病的干预、婚姻亲密度、社会关系和孩子有了更好的榜样等。

那些与积极参与育儿的父亲关系融洽并被父亲爱着的孩子往往很少有行为问题，而且在某种程度上还能预防孩子长大后酗酒和吸毒。当父亲的参与较少时，孩子们更有可能较早地辍学，在行为和滥用药物方面表现出更多的问题。研究表明，父亲和母亲在各自的角色中起着同等重要的作用，如照顾者、保护者、经济支持者，最重要的是，他们是社会和情感行为的榜样。事实上，在我们的文化中出现了一种较新的家庭结构，那就是由全职爸爸和职场妈妈组成的家庭，这一类型日益增多，部分原因是女性经济收益的强劲增长、最近的经济衰退、公司裁员增多，以及男性逐渐形成的强烈自我意识。

即使父亲不能留在家中，他们也有办法与孩子培育出健康的关系。例如，安吉拉·巴顿（Angela Patton）认识到了父亲在女儿生活中的重要作用，于是启动了一个项目。在这个项目中，年轻女孩去监狱探望父亲，参加父女舞会。这是一个成功的项目，已经在全美范围内开展起来了，它不仅帮助女儿与父亲取得了联系，获得了父亲的爱和支持，还让父亲们感受到了自己在女儿生活中的重要性。[18]

当父亲在离婚后与孩子分开时，他们可以通过很多方式与孩子保持亲密的关系。尽管父母离婚对男孩和女孩来说都是一种创伤，但父亲坚强、始终如一、充满温情的养育方式可以帮助他们成功地实现过渡。

以下为作者在写作本章的过程中所参考的资料清单：

1.Santos E., Noggle, C.A. “Synaptic Pruning.” In: Goldstein S., Naglieri J.A. (eds.) *Encyclopedia of Child Behavior and Development*. Boston, MA: Springer, 2011. https://doi.org/10.1007/978-0-387-79061-9_2856.

2.Ornish, Dean. *Stress, Diet, and Your Heart*. New York: New American Library, 1982, p. 71.

3.Goodenough, Florence. In L. Carmichael (ed.), *Manual of Child Psychology*. New York: Knopf, 1954, pp. 75–76.

4. Cooney, Adam, and Samantha Jones. “The Educational Theory of Maria Montessori.” *NewFoundations*. November 19, 2018. http://www.newfounda tions.com/GALLERY/Montessori.html (accessed April 22, 2019).

5. Goleman, Daniel. *Emotional Intelligence*. New York: Bantam Books, 2006, pp. 273–274.

6. Goleman, Daniel. *Emotional Intelligence*: Why It Can Matter More Than IQ. New York: Bantam Books, 1995.

7. “Executive Summary,” *PISA 2009 Results: Learning Trends*, 2010, accessed December 29, 2018, https://www.oecd.org/pisa/pisaproducts/46619703.pdf.

8. Bayliss, Sarah. *Study supports case for more parental involvement. London Times* Educational Supplement, 3561, 6.

9. White, Burton L. *The New First Three Years of Life*. New York: Fireside, 1996.

10. “Parents as First Teachers,” NeuroImage, June 27, 2014, accessed November 5, 2018, https://www.sciencedirect.com/science/article/pii/B9780080918204500106.

11. Elkind, *Miseducation*, 36.

12. Gross, *Parental Involvement*, 59.

13. Begley, Sharon. "How to Build a Baby's Brain." *Newsweek*, 30-31.

14. Cole, Beverly. "American Dads: Loving Their Kids To Success." Accessed April 22, 2019. https://englishhound.com/2018/04/15/american-dads-loving-their-kids-to-success/.

15. Adler, Jerry. "It's a Wise Father Who Knows..." *Newsweek* (1997):73.

16. Tavernise, Sabrina. "Married Couples Are No Longer a Majority, Census Finds." *New York Times*, May 26, 2011, http://www.nytimes.com/2011/05/26/us/26marry.html.

17. Thriving Workforce, "2016 Global When Women Thrive Report," https: //www.mercer.com/our-thinking/when-women-thrive-2016-report.html.

18. Patton, Angela. "A Father-Daughter-Dance—In Prison?" *TED Radio Hour*, April 25, 2014,https://www.npr.org/2014/04/25/301828303/a-father-daughter-dance-in-prison.

02.

从连环杀手到外科医生

如何将孩子的缺点转化为优点

既然你已经接受了你作为基因治疗师的角色，现在就该由你来提供环境和体验，把你孩子的弱点转化为他最大的优点。

连环杀手和外科医生之间只有一线之隔，你的孩子会落在哪一边完全掌握在你手中。既然你已经接受了你作为基因治疗师的角色，现在就该由你来提供环境和体验，把你孩子的弱点转化为他最大的优点。从注意缺陷多动障碍（ADHD）到攻击性，从社交淡漠到害羞，这一章将向你展示如何识别那些可能对你的孩子造成妨碍、使他倒向线的另一边的特质，以及如何将这些特质塑造成资产。

解决问题的时机就在此时此地

有一条普遍真理在整个儿童早期发展研究领域引起了共鸣：你的孩子需要你的关注。如果你注意观察和倾听，你不仅能意识到你的孩子什么时候准备好学习了，还能更好地发现出现的问题并及时解决它们。美国国家健康研究所的儿童发育和行为部门在对有阅读障碍的儿童做了研究之后发现，一个12岁的儿童所需的“干预时间”比有类似问题的5岁儿童多4到5倍。尽早干预是成功实施全面补救的关键。

例如，如果你家孩子的听力有问题，但在出生后的头几年里没有被发现或没能得到治疗，那他就会遵循错误的发音、节奏和语法。他或许是听不清声音，又或是弄错了你语言特定的节奏和语调。虽然孩子的听力可能会在日后得到纠正，但他在讲话时仍然会保留错误的节奏、韵律或语调——类似于口音——因为他的大脑还在遵循在他的听力受损时所形成的那些错误的模式。然而，如果你在场并且能够意识到问题的存在，语言病理学家可能在语言习得的关键窗口关闭之前把他的语言障碍纠正过来。

考试分数不代表一切：塑造孩子的天赋和气质

作为一个真正的基因治疗师，你的父母力量之强在于它远远超出了提升智力的范畴。你正在塑造基因的表达，这对孩子的才能、天赋潜力和整体个性都有影响。任何一位老师都会告诉你，要在学业上取得成功，这些因素与智力同样重要。

无须介意社会上那句陈词滥调“你得生来有才”，研究告诉我们，父母把孩子带到正确的方向上去所造成的影响在统计学上是显著的，完全可以改变世界。我们认为天赋是与生俱来的，然而天赋并不总是一出生就能表现出来。已故的认知科学家、英国埃克塞特大学教授迈克尔·豪（Michael Howe）对绘画大师、音乐大师、网球冠军、游泳冠军和超级明星进行了研究。他的研究结果表明，在这些领域取得了极高成就的人，年轻的时候并不一定表现出了他们天生的才能和禀赋，除非他们在这些领域得到了——你猜对了——他们父母的鼓励和支持。因此，如果没有父母的特别关注，即使是聪明或有天赋的孩子也不可能充分认识到他们天生的能力。[1]

哪怕是莫扎特——6岁时他就在作曲、音乐理论和演奏方面被公认为神童——也在他父亲的塑造和督促下，更上了一层楼。

天才和有才华的成功人士确实有一些值得注意的共同特点。但开发孩子天赋最主要的因素是，作为父母的你为他提供信心、支持和鼓励，只要这样做，你就有机会发展你孩子的天赋，这一点得到了反复的证明。这是天资和发展的核心。只有了解和关注你的孩子，并察觉和承认他的激情、天赋和能力，你才能创造一个有利于积极探索和体验的家。然而，如果你不恰当地运用你的父母力量，你那天才儿童的才能就不一定会被觉察到。

然而，作为一个真正的基因治疗师，你的角色也适用于把那些可能阻碍孩子成功的个性特征扼杀在萌芽状态。以害羞为例。曾经有人认为，害羞的倾向是永久性的；如果你小时候是个害羞的孩子，那你就一直是一个害羞的孩子——发给你的就是这张牌。今天我们已经不这样想了。我们现在知道基因的表达不是一成不变的，而是必须被激活才能表达。虽然你的孩子可能有害羞的遗传倾向，但如果这个基因没有被激活，或是与外向性格有关的基因被激活了，他就不会像以前那样害羞了。

心理学家大卫·瑞斯（David Reiss）在其著作《关系代码》（*The Relationship Code*）中描述了乔治·华盛顿大学进行的一项长达12年的研究。在这项研究中，研究人员考察了父母的干预对于720对与青少年害羞有关的基因的影响。研究结果表明，你如何抚养你的孩子真的很重要。“生物学不是命运。”瑞斯写道。《新闻周刊》上的一篇文章引用了他的话来描述这项研究：“许多遗传因素，虽然在心理发育中可能有很强大的作用，但只有在家庭的协助下才能发挥影响。”[2]这进一步证明了你才是孩子真正的基因治疗师。

重要的是，你要明白，你对首次出现的消极性格特征所做的反应会影响这些基因的表达和结果，并最终影响到你孩子的成长。如果你蹒跚学步的孩子很难相处，脾气暴躁，表现得很有攻击性，你很可能会对他的行为做出更加粗暴的反应。有问题的孩子会使父母把最坏的一面表现出来。当反社会行为的迹象出现时，它会触发你的消极反应，如此反复，就会启动一个对这一问题行为的消极反应循环。如果你没有意识到并加以注意，你可能会陷入这个循环，这只会刺激你孩子那刚刚产生的反社会特征。换句话说，如果你不小心，你就可能会在无意中强化你想要去除掉的特征。这是因为你与孩子的社会性互动以及反应决定了哪些基因会被激活，这与孩子的性情息息相关。

用一句话概括：当你不能正确地发挥你的影响力时，你可能不仅会强化那些损害孩子幸福和成功的特质，还有可能会让他永远发挥不出全部的能力。是控制和创造一个适当的环境来解决孩子的行为问题，还是继续消极反应和消极强化的循环，你的决定将左右你的孩子是走上一条健康的道路还是发展出一种行为障碍。为了弄清如何满足你孩子当下的需要，并创造一个可以放大或抑制他的先天特质的环境，你必须设身处地地去了解你的孩子。

长期以来，科学家和教育工作者都明白，孩子绽放他的才能和天赋并不是必然的；在某些情况下，他可能会失去发展自己的天赋和展现自己的能力的机会。就像蝴蝶必须先在茧中成长，以得到滋养和保护一样，你的孩子在准备飞翔之前也必须充实自己。父母从婴儿时期就开始参与教育和儿童发展是至关重要的。如果你错过了去影响这些关键的发展机遇的时机，你可能就丧失了机会。

根据心理学家本杰明·S. 布鲁姆（Benjamin S. Bloom）博士的研究，儿童在4岁时的智商水平就会达到他们成年时智商的一半。[3]因此，时间是最重要的——真的没有时间可以浪费。你和你的孩子正在一起踏上一段充满挑战的旅程，只有你——他的父母——才有能力认识到你孩子的全部天赋并指导他们。重要的学习不仅发生在关键的早期，也发生在孩子的大脑实际结构发育和形成的时候。从这个时候到成年，就是这种架构在影响你孩子的语言、认知、社交和情感能力。

然而，每个孩子都是独立的，天生就有一种独特的个性，他慈爱的父母马上就能觉察到它。遗传学家迪恩·哈默（Dean Hamer）博士表示："我们大部分是工厂的制成品。"[4]但今天的神经科学告诉我们，这只是故事的一半。在与世隔绝的状态中什么也不会发生。现在我们知道，虽然生来就有一套特定的基因来定义我们，但即便是产房里的气氛也会影响这些基因的表达。从受孕的那一刻起，胎儿的生存环境就会抑制或强化携带着他基因的DNA。从一开始就主要是你，妈妈或爸爸，创造了这些体验。例如，如果妈妈有压力，皮质醇会透过胎盘影响婴儿。如果妈妈的压力一直持续，那么她的孩子就会有规律地摄入过多的皮质醇，从而处于高度警惕状态。这个婴儿似乎从出生起就有类似于注意障碍（ADD）或注意缺陷多动障碍的症状，但实际上他是在对他所体验到的母亲的高度压力做出反应。所以当我们谈到环境对孩子DNA的影响时，环境在很大程度上指的就是他的父母……他的主场，他唯一的支持手段。

另一方面，研究表明父母和孩子之间存在着一种交互关系，正是这种关系决定了你和孩子之间的互动。例如，如果婴儿最初的性格是冷静和安静的，父母会做出相应的反应。然而，如果宝宝脾气暴躁，或患有（婴儿）肠绞痛且感觉焦虑，或高度警惕，父母可能会做出紧张甚至攻击性的反应。

罗伯特·普洛明（Robert Plomin）博士是现在很著名的《关系代码》的作者之一，他指出“父母的行为反映了他们孩子的基因差异”。他接着说，基本上，“如果你有一个反社会的孩子，你会在养育他的过程中映射回去”[5]。换言之，孩子的基因构成可能会让他一开始就很难相处，而这种挫折会让你非常焦虑，甚至导致你采取虐待的养育方式，这会对孩子的乖谬行为产生消极的强化作用。反之，一个“好带的”孩子会激发出宽厚、善解人意和富有同情心的养育方式。关键是要注意孩子从出生起的早期行为，并立即建立一个能引发更适当的儿童行为的环境。过去我们把这种方法称为行为修正，但现在我们知道它的作用远不止于此。

从某种意义上说，你采取的是有意抵触型养育方式，抵触通常是对乖谬的儿童行为的正常反应。不要对一个有问题的甚至可能是反社会的婴儿生气，惩罚他甚至虐待他，你可以有意识地后退一步，承认并接受你家孩子的行为，采取更加一致、包容和互动的方式，包括积极倾听和扩大交流范围。给你的宝宝表达情绪的空间，用共情的方式与他交流，在他意识到你的安抚声音是平静的之后，让他投入时间、精力去面对自己行为的结果，同时教他怎样和他人共情。我把这称为共情过程，可以在童年的早期阶段有限度地把它用作一种策略，这对你家宝宝的一生都有好处。它的工作原理会在下文中详细讲述。

了解共情过程的规则

第一步：由一位家长来和他讨论规则，创造一个安全的、值得信赖的环境，包括相互尊重。当我们建起了一个双赢的环境时，我们必须记住永远不要羞辱、贬低或轻视孩子的感情。千万不要苛求孩子，因为在解决冲突的过程中，关键是要为孩子树立一个榜样，并表现出对他的重视，这样他才会重视自己，进而重视他人。家长要以建设性的方式来开启对话，讨论问题。这种交流的关键是积极倾听，而不是辩解。每个人都要全神贯注地听说话的人讲。每个家庭成员都有一样长的发言时间，同时还要留出一段时间，让大家通过相互交流来解决问题。

第二步：让孩子们参与到对话中，并引导他们思考解决冲突的积极方法——从本质上来说，这是一场双赢的头脑风暴，大家一起探求能够解决问题的积极选项。

第三步：请孩子们选择一些积极的行为，作为当天在共情过程中讨论的问题的解决方案。

成功建立共情关系的五个原则：

1. 相互关系——相互尊重；
2. 内在价值——重视自己，继而，重视他人；
3. 有责任感和值得信赖；
4. 信任；
5. 承诺——义务。

每次互动对话都应该由家长指导，以便为孩子开发出自行应对压力的工具。这包括选择或改变，克服对改变的恐惧，采取主动，拒绝被动，以及成长。

最后，共情过程会让每个参与者都参与到冲突解决的过程中去，包括建立规则和产生影响。当你的孩子参与到这个过程中时，他更有可能会遵守规则。

建起影响孩子性格的桥梁

正如我们在本章前面部分所提到的，害羞是婴儿时期另一个明显的特征。害羞的孩子害怕改变，当碰上新的人、新的声音和新的玩具时，就会焦急地哭起来。害羞的孩子特别谨慎，在遇到意外情况时很容易发火。有大约20%的婴儿会表现出害羞的特征。

心理学家杰罗姆·卡根（Jerome Kagan）博士认为，害羞的特征很大程度上受到遗传因素的影响。因此，害羞基因是遗传的，并表现在对陌生事物过度反应的孩子身上。因此，神经化学已经决定了宝宝50%的性格，并导致一个意料之外的低阈值出现。卡根表示，在孩子4个月大时，他就能够“比碰运气更准确地”识别出孩子是否害羞。[6]然而，按照心理学家大卫·瑞斯的看法，基因不能决定所有的事情。[7]因此，宝宝性格中剩下的50%，包括他的害羞，都会受到他的经历的影响。正是这些经历可以教会你的宝宝如何自我管理和自我调节他的行为，这样他就会有社交能力。他会成为杰奎琳·肯尼迪（Jacqueline Kennedy）吗？当然不会。但最终他在和别人相处时会感到舒适吗？我可以大声回答你，会。你创造的环境可以教会你的宝宝适应他的害羞并做出调整，帮助他变得更适应社交。但首先你必须获得宝宝的信任，这样你才能改变他的行为。记住，信任是基于经历的。所以，如果宝宝能学会相信妈妈会来救他，即使他对一个新的人、新玩具或是喂食的稍稍延迟感到沮丧，那么他也能学会暂时停止他的反应，延迟满足。通过有控制地小幅提升挫折感和满足感来教导他，你正在为宝宝创造一个新的习惯，让他通过一个可靠的行为修正模式来克服害羞。

如果你对害羞的孩子过于宽容和溺爱，他很可能会一直害羞。然而，如果你邀请其他学步期的孩子在指定的一段时间内过来玩，例如5分钟，保证小客人会在短时间内离开，并且信守诺言，那么你就是在建立孩子的信任感和安全感，同时创造一种新的、积极的行为。很容易看出，你的基因不能决定一切，环境可以放大或抑制它们。因此，决定由哪些基因来控制哪些行为的因素取决于每个宝宝在其自身环境中所经历的积极强化和消极强化。宝宝一出生，根据父母的性情，他就会表现出能吸引或排斥父母的性格特征。因此，具有讽刺意味的是，先天因素和后天因素是通过父母反应的积累联系起来的。如果宝宝表现出能让父母感到温暖和温柔的行为，父母也会以同样的方式回应。如果宝宝冷漠、孤僻、喜怒无常、易怒，那么父母就更有可能惩罚他。这就形成了一个循环，在这个循环中，宝宝的基因或积极或消极地被强化。但是，如果你是一个清醒的家长，而且已经意识到了你家宝宝天生的气质，那么你就可以用一种增强或封堵他的个性特征的方式与他建立联系。

父母如何修改基因表达的另一个例子与语言智商有关。如果宝宝爱说话，妈妈和爸爸很有可能会跟他搭话，这在宝宝正在发育的大脑中建立起了大量的神经元间的连接。这样，爱说话的宝宝就可以从父母那里获得高质量的阅读时间，从而丰富和提高他的认知、语言和社交能力。这当然会带来自信和自尊，因为当爸爸妈妈为他的表现感到高兴时，宝宝也会按照快乐原则做出反应。这种积极的强化会提升他的能力，因为他现在可以超越自己的舒适区，更好地表达自己，从而有可能早早地成为一名阅读者。

可以建起影响宝宝性格之桥梁的行为有：

1. 父母对社会型或反社会型宝宝的反应；
2. 持续的行为修正，始终使用同样的方法去修改或改变遗传特征；
3. 培养那些我们想要的特征，同时对宝宝刚刚产生的反社会的行为表现出同情心和同理心；

4. 遵循共情过程（29页）；

5. 做值得信赖的父母，记住信任是基于经历的；

6. 做可靠的父母，这样宝宝就可以相信你说的话，慢慢地，宝宝不仅会信任你，还会信任他自己和外部世界；

7. 注意、识别和承认宝宝的天赋和缺陷，这样你就可以在可塑的大脑还在发育时及早有意识地影响它们；

8. 最后，适当的养育方式是在孩子发脾气的时候安抚他，并通过制定一个合适的学习模式进行干预。

在实验室里，我们看到了先天—后天模式是如何显现的。由于猴子在新陈代谢上与人类非常相似，因此它们经常成为这类研究的对象。为了了解它们的性格是如何发展的，科学家们首先研究了母猴和它的宝宝之间的关系。斯蒂芬·苏奥米（Stephen Suomi）博士发现，在他观察过的猴子中，有20%表现出与害羞的儿童一样的新陈代谢变化，比如心跳加快。此外，有5%—10%的幼猴表现出过度冲动的特征，它们会对抗和挑战年长的雄性，以及做出危险的行为。苏奥米博士的研究表明，害羞的猴子和过度冲动的猴子的新陈代谢是有区别的。在冲动的猴子的大脑中，血清素的水平低于正常水平。血清素支持冲动控制，同时抑制所有灵长类动物的冲动行为。由于血清素的代谢输入低，猴子和人类都表现出了低冲动控制的特征，并进行了超出他们能力范围的危险活动。低血清素的其他特征包括情绪爆发和对抗。血清素转运体的差异是罪魁祸首，因为它决定了有多少血清素被分配给细胞。携带了较长血清素转运体基因的猴子的行为更加平稳、沉着，这使它们的思考更加清晰，更有批判性。此外，苏奥米博士还说，那些遗传了较短的血清素转运体基因的猴子，“血清素代谢受损，这引发了攻击性行为，并导致了过度饮酒的倾向”[8]。

然而，无论是人类还是猴子，都不会被他的遗传基因束缚住。在这两种情况下，宝宝的社交能力发展在很大程度上都取决于母亲。当在实验室里以一只正在抚育孩子的母猴取代了原本的母亲时，它的抚育会让一只高度紧张或有压力的小猴子改头换面。实际上，养母在抚育上付出了更多的努力，通过避开会产生焦虑的经历，改变了宝宝的压力水平。这种行为方式教会了猴宝宝在面对压力时寻求帮助，而它的焦虑感往往会随着年龄的增长而消失。在这里所发生的事情是，养母实际上正在改变它收养的小猴子的生理特性。通过它的镇定技巧，它提高了养子新陈代谢中的血清素，使其达到一个更为正常的水平。苏奥米表示，“几乎所有的结果都可以被早期的经历大大地改变。生理特性只是提供了不同的可能性组合”[9]。

就是在这些可能性的范围之内，环境表现出了它最重要的影响力。虽然我们生来就具有一个遗传的、潜在的人格，但正是我们早期经历的影响塑造了这些特定的基因，决定了哪些基因会受到刺激，哪些基因会受到抑制。而这些早期经历在很大程度上取决于妈妈。在先天—后天模式中，父母的责任似乎是各占一半。在另一项研究中，研究人员在母鼠舔舐幼鼠给它们梳毛时，对幼鼠进行了观测。那些妈妈特别细心的幼鼠，其大脑基因的发展似乎被提升了一个档次，结果，这些幼鼠产生的应激激素较少。因此，从某种意义上说，它们对压力有了抵抗性。根据迈克尔·米尼（Michael Meany）博士的看法，那些由妈妈精心抚育的老鼠不太容易害怕新的和不寻常的经历，更愿意反复摸索着去体验周围的环境。而妈妈不够用心的幼鼠大脑基因受到抑制，因此产生了更多的焦虑和压力。这项研究中唯一的变量是妈妈在舔舐和梳毛过程中所表现出来的对幼鼠的关注。斯蒂芬·苏奥米博士认为，“基因和养育环境之间存在完全的相互作用”[10]。因此，尽管先天和后天的关系为宝宝如何适应生活搭起了框架，但他反应的结果并不完全是预先注定了的。

•敏感的孩子

在观察性格特征时务必要记住的是，你的反应在干预和补救中是至关重要的。例如，一个高度敏感的孩子更容易接收他周围的环境传达的信息，感受到其中的细微差别。当别人威胁他、轻视他或不喜欢他时，他往往能够觉察并感受到。斯坦利·格林斯潘（Stanley Greenspan）博士建议，应该对这样的孩子进行额外的抚育，以使他不感到害怕。[11]友善地对待这样的孩子，用同理心和决心来帮助他更自信地应对各种测试和考验。如果你能始终如一、坚定地引导宝宝适应充满压力的环境，这些性格变化早在2岁时就能显现出来。

•过度活跃的孩子[12]

活跃过头的孩子就像是永不停止的飓风，不论走到哪里都在制造风暴。但正是这样的宝宝最容易受到发育迟缓的影响，因为他过于活跃的行为和缺乏对冲动的控制会造成父母的负面反馈。一旦陷入消极强化的循环之中，这个孩子就会变得很有攻击性。作为父母，你可以通过构建一个有包容性和组织性，而且没有多少干扰的环境来应对这种过度活跃。这可以让宝宝学会自己管理压力并发展他的控制能力。通过角色扮演，特别是自我调节游戏，把什么是合适的、什么是不合适的教给宝宝，可以帮助宝宝更成功地适应环境。

•内向的孩子[13]

内向的孩子显得孤僻、超然，需要“停机”来恢复活力，通过独处来寻找平静和镇定。他是那种容易对过多的外界刺激感到不适和焦虑的孩子。他也是一个极具创造力的孩子，因为独处的时间给了他发挥想象力的机会。然而，他也有可能变得过于自我导向，缺乏社交技巧。对这样的孩子来说，重要的是注重平衡，要认识到他需要“停机”来恢复，但也要坚定地鼓励他专门增加社交互动的时间。

•注意力不集中的孩子[14]

注意力不集中的孩子似乎经常迷失在自己的世界里，做白日梦，而不去关注时间、方向和顺序。他总是显得时间不够用，跟不上手头的任务。对注意力不集中的孩子进行干预时，应该把激励他在一定的范围内逐步提升对时间和空间的注意力的游戏包括进去。通过教你学步期的孩子游戏的规则和方向，包括排序在内，他将迅速改善这种注意力不集中的状况，加强他对时间的关注。

•难相处的孩子[15]

从你的宝宝出生起，他就在追求自由、独立和对自我人生的掌控。因此，明智的父母会给宝宝创造机会，让他们体验掌控感。例如，从三双袜子中挑出一双在早上穿。在培养宝宝的独立性的基础上，你可以暂时悬置他对掌控欲的需求，这种性格特征会在以后他与同龄人相处时造成问题。

规训

我们都记得B. F. 斯金纳（B. F. Skinner）的实验，他告诉我们行为修正（积极强化和消极强化）是规训的关键。尽管在这方面有各种不同的理论，但有一件事是大家都赞同的，那就是孩子确实会对积极的和消极的强化做出反应。在斯金纳的实验中，他把幼鼠放在一个盒子里，根据需求在盒子里设计幼鼠所处的环境，以此来研究它对不同变量的反应，在这个实验里缺少的元素是爱和共情。当加入持续的积极和消极强化时，爱和共情是完成行为修正过程的必要元素。通过利用规则和结果来对期望的行为进行积极强化和对不期望的行为进行消极强化，你的宝宝将学会适应和调整他的行为，从而实现自我调节。[16]

从你家宝宝4个月大的时候起，你就要对他的性格有敏锐的意识。他喜欢社交吗？他平静吗？他焦虑吗？他好斗吗？这些都是你从一开始就能看到的。到他们2岁时，人们恰如其分地把这个阶段称为“可怕的2岁”（Terrible Twos），宝宝会用他最喜欢的新词来自我表达：不！宝宝在和你争夺掌控权，但他的狂热是有原因的：实际上他在进行认知飞跃。你2岁大的孩子会想方设法把他所能接触到的任何东西抓过来——清洁用品、药品、盘子、食物——他乐于尝试每样东西。就在这个时候，妈妈想到了常用的那句话：“别碰！”而宝宝则直直地看着妈妈，考虑继不继续碰。宝宝是在测试你对他行为的反应，在这里出现的挑战与此有密切的关系。这不仅是他了解周围事物的方式，也是他了解周围人的反应的方式。这就是阿尔伯特·班杜拉（Albert Bandura）所说的社会学习。你2岁大的孩子正处于一个重要的认知阶段，他正在寻找自我意识。说“不”在这个阶段很容易成为一个游戏，所以对你来说，提供创造性的选择是很重要的，这样你就能让你的宝宝在你的控制下感到独立。[17]

打是2岁孩子最喜欢的另一项活动，但经常会失控。这不仅是一项粗暴的活动，它也是一种游戏或挑战。和其他所有事情一样，早期干预在这里很重要。直到你的孩子开始学走路，规训才会被理解和生效。然而，满9个月之后，婴儿开始认识到什么是可以被接受的，什么是不能被接受的。在大约18个月大的时候，婴儿在情感上已经做好了准备，能够对规训做出反应了。但在此之前，神经系统还没有发育起来，规训不仅没有效果，而且也不适当。规训必须配合孩子的年龄，坚持不懈，适应孩子的特定发育时期。你2岁大的孩子非常喜欢影响事物，会击打、投掷它们或对它们采取粗暴的行动。期望一个蹒跚学步的孩子长时间坐着或和其他孩子一起玩耍，这要求太高了。无论如何，一个2岁的孩子和其他孩子在一起都会感到不舒服——当他们和其他人在一起时，他们会各玩各的，而不是进行社交互动。[18]

•学步期的孩子发脾气是什么意思[19]

在父母看来，学步期的孩子有时候就像个外星人。一分钟前，他还在开心地笑着玩积木，一分钟后，他就把积木扔在地上，开始大声尖叫。是什么导致幼儿的情绪从0上升到60？虽然答案取决于你孩子个人和当时的情况，但他在不同阶段的发展也与发脾气有很大关系。

•学步期的孩子发脾气：2岁[20]

你2岁的孩子实际上正在体验一种独立感，你能注意到你的孩子想要自己做一些事情。例如，他可能不想穿你选的衣服，或是抗拒按时睡觉、按时吃晚餐或玩某些特定的玩具。你2岁的孩子会用各种方式表达他的脾气：打、咬、哭、踢。与发脾气联系在一起的中心主题是你的孩子想“自己动手”，他想要随心所欲，拒绝被控制。

•学步期的孩子发脾气：3岁[21]

3岁以后，你的孩子很可能就没有那么情绪化了，这一点从发脾气上可以反映出来，他不再那么频繁地发脾气了，闹得也没那么激烈。但是，由于乱发脾气通常很有用，能让孩子得到他想要的东西，它作为一种策略可能会被强化。在这个年龄段，乱发脾气的表现与之前差不多，争吵、踢、叫、打。

•学步期的孩子发脾气：4岁[22]

现在，你4岁的孩子有更发达的语言和运动技能了，所以他更独立了。他现在的语言能力让他可以告诉你自己的感受，他在想什么，为什么生气。这使他能够与你合作来解决他的问题，必要时他甚至会妥协。他发脾气时动口会比动手更多。例如，他可能会说：“我恨你。”别往心里去。他的能力还不足以把自己的意思完全传达出来，而且他对“恨”这个词也不太理解。他的运动和身体技能都得到了提升，使他既能扔东西又能打别人。此外，他现在拥有了更好的运动技能，可以从你身边跑开或是躲起来。

虽然孩子发脾气会让人沮丧，但重要的是要记住，在2到4岁期间，你的孩子正处于重要的发展阶段。他们的发脾气通常是与他们的年龄相适应的，并不是故意要让你难堪或伤害你。不过，在孩子开始发脾气之前尽力阻止他也是很重要的，而当他们真的发脾气时，要用有助于教会孩子采取适当行为的方式来应对他们。例如，当你们正在超市里购物，你的孩子突然间开始闹脾气了。你该怎么做？

首要的是，对学步期的孩子，绝不要在惩罚他们的时候把他们丢在一边不管，所以就算你用计时隔离作为管教手段，时间也必须设得很短，而且不要把你的孩子隔离在你的视线之外。要明白，在发脾气的时候，你的孩子是不受控制的。所以，只要有可能就要保持眼神交流，即使这意味着要蹲下来和他的眼睛平齐。这会有助于改变紧张的局面，并开始让事情平静下来。

•控制学步期孩子脾气的技巧：2 岁

如果一个2岁的孩子最终如愿以偿，他很可能会停止发脾气。但就像任何情绪化的事情一样，当感情持续增强时，是很难化解的。最好的办法是改变孩子的环境：把他抱起来，带到别的地方去。这样做可以打破循环，缓解紧张的情绪，分散他的注意力。

•控制学步期孩子脾气的技巧：3 岁

孩子3岁时，如果你掌握着控制权，并且不鼓励负面的行为，那么他发脾气的频率就会降低，冲突也会减少。此外，如果你给孩子少量的控制权——例如，允许他从你事先选好的衣服或食物中做选择——你的孩子会有一种独立感，这能满足他这一发展阶段的需要，他需要以一种培养自己安全感的方式来推动自己。就像在2岁时一样，分散注意力在阻止你3岁的孩子发脾气的过程中仍然起着很大的作用。

•控制学步期孩子脾气的技巧：4 岁

因为4岁的孩子有更发达的运动和身体技能了，他可能会在发脾气的时候尝试攻击别人。千万不要让你4岁的孩子打你，这一点非常重要。让孩子懂得尊重他人是越早越好的，这一课——他生命中重要的课程之一，会让你的孩子首次理解真正的界限。此外，4岁的孩子有更好的运动技能，他会从你身边逃走或是躲起来，所以记住要保持镇定，保持冷静，控制自己。

结束了一天工作后，除了良好的幽默感和为人父母的视角之外，再没有什么东西可以应付这些具有挑战性的情况了。别把孩子的脾气看得太重，当然也不要把它们看成冲着你来的。它们都是成长的一部分，帮助你的孩子学习如何处理新的情绪和刚刚萌生的独立性。在这一切当中，最重要的是要记住，这些都会过去。

•预防学步期孩子发脾气

为了在孩子发脾气之前预防它：

1. 奖励正面的行为，不奖励负面的行为。

2. 明智地选择你的作战计划。如果你对你的孩子很严厉，在每件事上都对他控制过度，他最终可能会因为一些小事而爆发，失去控制。

3. 家长有家长的权力。也就是说，当你想让你的孩子为你执行某个特定的行为时，你要用陈述句而不是问句。比如说，不要问“你想不想睡觉”，而要说“该睡觉了”。

4. 如果孩子马上就要发脾气了，那就通过分散注意力和改变环境来应付。如果孩子还小，那就把他抱起来，带到别的地方去。

5. 睡眠对我们的情绪很重要。一个疲惫的孩子比一个休息好了的孩子更容易发脾气。

6. 周密安排和遵守惯例是防止发脾气的好办法，因为当你的孩子处在一个受控制的环境里，知道别人对他的期望时，他会有安全感。

7. 要有点幽默感。别反应过度，也别往心里去。

8. 让你的孩子做好改变的准备。你的孩子和其他人没有什么不同，由于他的不成熟，他在过渡时特别容易受到伤害。因此，如果有什么事情是他必须结束或开始的，在你让他离开或参加一个新活动之前，先给他提个醒，并给他一点时间。

9. 遵守你的承诺，不要许下你做不到的诺言。你孩子的思维是具体的，因此更情绪化，所以如果你食言，你会伤了他的心。

10. 最后，记得在一定范围内给孩子自由。给你的孩子提供一些选项，让他从中选一个，以这样的方式来构建你可以接受的选择。

有时候，你已经按照上面所列出的建议有意识地做了你能做的一切来防止孩子发脾气，但你的孩子还是失控了。是的，这样的事确实会发生。要知道，我们这些为人父母的人，很可能都曾经有过和你一样的经历。

这并不意味着你应该忽视孩子的行为，而是要对孩子的行为实行适当的规训。了解孩子的发育进行到哪里了，可以让你知道什么样的规训对处在当下年龄和阶段的他是有效的。然而，有时你的孩子太心烦意乱，以至于不能集中注意力并关注你的行动。在这种情况下，最好的办法是改变他所处的环境。把他从困扰他的事情里头带出来，到另一个房间，甚至是外头去。这样做可以转移他的注意力，给他恢复情绪的机会。然后，你就可以重申那些真正重要的事情，比如不要打人，不要碰周围的危险物品，还有哪些东西是值得去争取的，比如睡觉时间。

自孩子成长的最初阶段起，你教给他的就是如何管理自己的情感。实际上，大自然会通过让他对外在和内在的鼓励和奖励做出反应，帮助你保护他、确保他的生存。因此，信不信由你，你的孩子需要规章制度。规章制度就是这样带来安全的，以一种非常实际的方式，一种充满爱的、坚定的方法可以形成一种纪律模式，这种模式甚至可以帮助一个难相处的孩子在一定范围内获得积极强化和自由。

孩子们是社会学习者，他们通过模仿来学习，所以如果可能的话，引导你的孩子做一些积极的事情，并立即用抱、搂、微笑或积极的话语来强化它。很快，你的宝宝就会感受到你身上冒出来的暖意，并且会努力去引发它们。最重要的是，你想看到宝宝怎么做，自己就要那样做，记住，你的孩子是一个社会学习者，会模仿你的行为。如果你像我一样，喜欢在打电话的时候走来走去，那你的宝宝也会这么做，就像我的宝宝一样。孩子的模仿会让你笑，也会让你哭，但最重要的是，从中你应该可以认识到，你有多么重要。不管你到哪里，那双小眼睛都在盯着你呢。

因为宝宝会模仿你的行为，所以你不难看出打屁股这个行动是多么有害。事实上，研究表明，经常被打屁股的孩子会变得更加好斗。[23]打屁股不是只会产生暂时性的影响，还会让宝宝感到难堪和深深的羞辱，因为这既刺痛了身体，也伤及了灵魂。此外，学步期的孩子一般都会忘记他们最初被打屁股的原因，往往也理解不了规训的目的。学步期的孩子会把大部分时间用于全神贯注地在环境中考验自己，同时在没有一个成熟的道德准则约束他的情况下挑战自己的行为极限。他的工作包括对周遭环境的全面探索，那里的一切都是新鲜有趣的。这个时候，你可能会发现自己正在努力想要搞清楚你在寻求什么样的行为，同时确定实现它的最佳方式。很容易看出父母是怎样发现自己和孩子在“拔河”的。这是一种缓解压力的方法，不仅对你，对你的孩子也是如此。而且，由于父母们已经承受了太多的压力，经常要同时做两份工作，所以他们很容易就会养成习惯，采取看似能够很快解决问题的办法，并把打屁股作为一种规训手段。然而，即便是在这种情况下，父母也必须抑制打孩子屁股的冲动，同时保持克制并寻找更积极的方法纠正孩子的行为。通常，父母会认为孩子的淘气或不良行为是故意的，而实际上，他们可能只是想引起整天不在身边的父母的注意。

你今天所选择的管教手段将在很大程度上决定你正处于学步期的孩子长大后是快乐的、适应能力强的年轻人，还是不快乐的、坏脾气的年轻人。总是打屁股会让孩子变成一个没有同情心的恶霸。而过多的计时隔离会让孩子极度需要关注，从而使他不能舒适地进行社交。相反，以身作则，想要孩子怎么做，自己就怎么做，把自己树立为孩子的榜样，可以教会孩子在正常的社会交往中该做什么和不该做什么。最重要的是，我所说的共情过程会把父母和孩子联系起来，让他们一起关注他们共同行为的结果。

在这里，孩子们通过共情过程参与到对他们的规训中来进行学习。通过分享一系列解决纪律问题的可能性，你的孩子更有可能坚持在他的协助下制定的解决方案。在这一过程中，你对孩子的共情行为为他树立了共情的榜样，他不仅会模仿它，还会把它传承下去。

了解你的孩子就是了解他的一切，包括他行为的主要动机。积极地倾听你的孩子，同时轻抚他的手，看着他的眼睛，这样做能让你和他有效地沟通，听到他的想法。借助我教给你的共情过程，你和你的孩子都有机会卸下心防谈论你们的感受，给孩子创造一个安全的空间，让他可以在理解和爱的氛围中比较轻松地表达愤怒和恐惧。因此，你的孩子会投入精力去改善他的行为。当你的孩子学会掌控自己这艘船时，他就能防止情绪不受控制地爆发出来。以下就是如何教你的孩子自我实现和减少攻击性的方法。

现在你可以让你的孩子做你的向导，告诉你他有什么烦恼。打屁股不会带来爱或尊重，只会留下恐惧、愤怒和羞辱，它们会像伤痕一样在你们未来的关系中反复出现，甚至在孩子成年之后仍是如此。认识和理解你的孩子，真正地读懂他，这样你才能够设定步调：不仅是为了他的未来，也是为了你的。

年龄较小的孩子（1岁以下）不可能理解纪律的概念，对他们来说，重要的是在事情失控时简单地改变环境，或者温和地抑制诸如打、踢、咬这样的危险行为。紧紧地抱着宝宝，用安慰的语气跟他说话，远离他关注的对象，你就能迅速停止他的攻击性行为。在制止孩子踢打的时候，最好是让他面对着你，同时你要抱着他，用抚慰的声音和他说话，平静地对他的不良行为说“不”，用你的举止来表达爱，帮助他共情。

如果你给了孩子选择权，那你可以通过帮助他表达和培养他的独立性来支持他。让你的孩子从你事先选定的3个选项中做选择，给他建立一个最终由你说了算的框架。这会给你蹒跚学步的孩子一种掌控感，引导他追求内在和外在的奖励。把你的孩子放在具体的情境中去理解他，如果他不吃你放在他面前的各种东西，那可能只是因为他还是个在学习走路的孩子，不能长时间坐在高椅子上或桌子旁。对5岁以下的孩子来说，重要的是要他在吃饭的时候充满快乐，而不是搞得像在战场上一样。这对你和他的消化都有好处。所以要顺其自然，记住，只要他睡得香，每天排便，那他就做得很好了。

如果你的孩子性情焦虑或高度紧张，过度活跃或情绪化，哪怕在较短的时间内也不能安静地坐着或集中注意力，那他可能有注意障碍或注意缺陷多动障碍。另一个行为上的危险信号是宝宝8个月大的时候还没有表现出任何故意抓握、咿咿呀呀或挤眉弄眼的迹象。这意味着到宝宝2岁时，他会在社交和认知方面有困难。所有这些反应都预示着未来的问题，因为它们表明宝宝可能正在经历认知或社交延迟，甚至是两者都有。所有这些问题都是真正的问题，你需要为你和宝宝去寻求专业人士的帮助。

你应该寻求什么[24]

0—1个月	在0到1个月大的时候，宝宝应该对外界的声音、光线和颜色有反应。宝宝会对柔声细语、摇晃、抚摸和所有的亲密行为做出积极的反应。他很喜欢你的声音、你的触碰，还有被你抱着和搂着，他会积极地看和听——通常是一对一的关注。在宝宝成长的这个阶段，他的生命中只有一个人：你。实际上，宝宝甚至不认为你是独立于他的个体。
2个月	宝宝让你知道他只能用声音表达他的愿望和需要。如果他有困难，他会哭，如果他觉得舒服，他的需求得到了满足，或是他觉得满意和开心，他会咯咯地笑。但请记住，从宝宝出生的那一刻起，你就是他的整个世界。他没有时间感和空间感，所以当他看不见你或听不到你的声音时，他会感到焦虑和恐惧。如果你离开了很长一段时间，他会觉得自己被抛弃了。这会使他血液中的皮质醇升高，并会对宝宝大脑的发育产生长期影响。如果你要外出并将宝宝交给你的伴侣以外的人时，要确保宝宝熟悉看护者。
3个月	在这个时期，宝宝更加活泼了，会用眼神跟人交流，还会用惯常的方式（微笑或哭泣）来表达他的快乐或痛苦。他会用不同的音调对妈妈、爸爸和家庭中的其他看护者哭叫，以这样的方式和你交流，让你确切地了解他的感受。就是在这个阶段，宝宝开始对他社交圈子里的不同对象进行区分，甚至可能开始对他喜欢和不喜欢的人进行区分。
4个月	现在宝宝的个性开始显露出来了。在玩创造性游戏时他会咯咯地笑，如果做游戏时被打扰，他可能会变得急躁。他仍然会接受提供给他的任何活动或物品，例如像躲猫猫这样的游戏或是一个新的毛绒玩具。在这个时期，我们可以看到宝宝在查看摆在他面前的玩具，他对所有东西都很感兴趣。宝宝对自由最初的渴望也是在这时萌芽的。现在，当有人抱起他时，他可能会哭，或是挣扎着想摆脱。在4个月大的时候，宝宝已经成了一个小小的社交动物，想要参与和建立某种关系。从这时起，宝宝开始采取行动以吸引别人的注意。

续表

5个月	不论是什么事，只要有可能，宝宝都想插手。从某种意义上说，他正在超越自己的经验，抓住玩具，表达情感，并开始学着跟别人有来有往地开社交玩笑。在情感上，随着大脑发育得越来越成熟，宝宝已经意识到了要怎样才能调和他的一些压力负荷。
6个月	在这个阶段，宝宝可能会对非家庭成员做出消极的反应。他喜欢与他体形和年龄相近的小人儿。现在宝宝正在学习怎样与他人互动。因此，这是你作为父母得到的第一个机会，可以开始用你的意志来影响宝宝的行为。例如，如果宝宝碰到了危险或易碎的东西，你可以对他说“不要碰”，然后小心地把宝宝从不许他碰的东西旁边抱走。此外，改变宝宝所处的环境，把他从他的“作案现场”带走，也会使他把自己与其行为的后果联系起来。关键是要坚持不懈。
7个月	从出生的那一刻起，宝宝就在寻求自由。现在他开始学习怎样把自己的意志强加给别人。当宝宝通过建立自己的权威来抗拒指导时，给他一个安全的空间让他开始独立是很重要的。在这个时期，当宝宝做鬼脸或是故意要宝时，要把他的感情视为重中之重。此外，宝宝现在意识到了，在他被抱起、搂着的时候，父母和其他家庭成员可以按照他的意愿弯下腰来。第一次噘着嘴要亲亲也出现在这个时期。
8个月	宝宝开始理解自己与别人之间的区别了。他可以认出镜子里自己的脸，甚至可以和它互动。而且，你的宝宝现在意识到了他对你的依恋，他没有把你看作一个单独的人，而是把你当作他的一个附属物。因此，他既对你有强烈的占有欲，同时又追求更多的独立。从某种意义上说，他会在伸手去探索周围环境的同时回过头来，以确定你还在那里，他是安全的。就是在这个时期，宝宝会在陌生人出现时第一次主动保护自己。
9个月	社会学习在9个月大的宝宝身上变得很明显。当他为获得认可而进行表演时，他既是为了好玩又是为了掌声，希望从他所爱的人那里得到积极的反馈。在这个阶段，你的宝宝开始在模仿别人的时候评估他们的情绪。例如，如果你笑起来，宝宝也会学着你笑。当他一边参与躲猫猫、“宝宝有多大”和“光在哪里”这一类的游戏，一边寻求你的积极回应时，它们会成为快乐的源泉。
10个月	10个月大的时候宝宝会表现出各种各样的情感，当占有欲抬头时，嫉妒也会随之抬头。此外，这种焦虑的焦点往往是对他妈妈的一种质疑：兄弟姐妹会和他分享妈妈。你的宝宝可能会哭，甚至会攻击隔在他和妈妈之间的兄弟姐妹。现在你的宝宝有社会意识了，对积极和消极的反应很敏感。
11个月	现在，你家宝宝能把他对你的部分依恋转移到一个无生命的物体上，比如他最喜欢的玩具。此外，你可能会发现你的孩子在社会学习、模仿新的有趣的声音和动作时，正在发挥他的能力，并在家庭中找到自己的位置。

续表

12个月	12个月大的时候，宝宝会对你不带他出门表示不满。因为他没有时间感，当你离开时，他会感到害怕，有被遗弃的感觉。你在离开宝宝独自出行之前所要做的准备工作之一是让他熟悉你不在的时候照看他的人。然后实际演练一下，离开宝宝一小段时间，一开始只要10到15分钟，让宝宝做好准备。接下来，在你真正离开他的时候先跟他说说话，确认他最喜欢的安抚玩具或毯子作为你的替代品就在他身边。告诉其他看护者，当你不在的时候，绝对不要让宝宝独自在房间里哭，而是要摇晃他、安抚他，直到他自己调整好为止。如果你的出行时间不会太久，并且你通过逐步延长离开的时间使他对此有所适应，宝宝会学会自我安慰，并期待与其他看护者在一起的时间。
13个月	宝宝现在可以参加社交聚会了。他能享受走路和玩耍的乐趣，虽说他是以自我为中心的，因此他想成为人们关注的焦点。你可以第一次真正看到他的人格表达，因为他和其他人一起尽情欢笑，充分展示自我。
14个月	宝宝更愿意坚持自己的意见了。现在，作为一个刚开始学走路的新手，他甚至会表现出一点点愤怒，他会扔手边的玩具来表达他的沮丧。在2岁之前，宝宝仍然是自己玩自己的，他更喜欢独处，宁愿跟自己的玩具玩。但他也喜欢在朋友和家人面前表演。一旦宝宝开始学走路，就该把你的房子打造成一个安全的空间了，把尖锐的物体、药品、清洁用品等都拿走，放到宝宝够不着的地方去。
15个月	现在宝宝能够通过具体明确的动作来表现他的情绪。他的行为里包含着欲望和意义。当孩子宣示他的感受时，他心里有个目标。宝宝意识到了他的影响力范围，并且，那些支持他的人不在场的时候他能觉察到。有时他把一个玩具分享出来，但他几乎立刻就会改变主意，收回他的玩具。
16个月	你的孩子在寻求独立。他在认知、社交、情感和身体上都日趋成熟。他现在正在发展自我意识，开始依靠自己的判断力。“不”一度成为宝宝最喜欢的词，而在他烦躁时，他甚至会因为沮丧而打人。这是孩子走向自主之旅的起点。这是他第一次在环境中测试自己，以获得能力和掌控感。
17个月	17个月大的时候，宝宝对方向有了清晰的理解，词汇量也增加了，他熟悉你表达赞同和反对的方式。他开始接受适当的限制。如果受到称赞，他会微笑；如果受到训斥，他会啜泣。宝宝现在还能分辨陌生人，当他发现自己处在一个不熟悉的环境里时，他可能会沉默不语。在这个阶段，让宝宝准备好应对任何不寻常的情况是很重要的，还要认识到宝宝现在会表现出一种逆反心理，这有助于他表达自己反对权威的意愿。
18个月	现在，你家孩子会开始把说“不”升级为你再熟悉不过的乱发脾气。随着宝宝变得社会化，他觉得有必要在体验新的、有趣的技能的同时按自己的意愿行事。因为你的宝宝仍不确定什么行为是适当的，也不太理解正确与错误的概念，所以他的行为不可预测。虽然你的孩子对分享没有兴趣，但他确实需要与他人交往的社会经验，并且可能会通过拥抱父母、奶奶或爷爷来表现亲密。

续表

19个月	你的小探险家现在开始超越他的极限，因为他不仅表现出在室内玩耍的兴趣，还想去室外探索。他每天都会扬帆出发，踏上探索之旅，当他回过头来寻求你的支持时，你就是他的避风港。虽然他喜欢社交，但还是不喜欢和其他孩子一起玩。此外，学步期的孩子的自我意识水平使他容易受到积极和消极的强化，因为他为获得认可而表演的意愿变得强烈起来。因此，要注重与安全有关的行为，如不要靠近街道，不要乱碰东西，不要咬人，不要打架，等等。
20个月	你的孩子还在自己玩自己的。事实上，当他和其他孩子接触时，他的焦虑会加剧。在这个阶段，自由玩耍是最重要的，因为宝宝会创造性地模仿他周围的世界。另一方面，宝宝不断增长的知识会使他更容易对未知事物感到恐惧：对暴风雨、新宠物、陌生人，以及众所周知的对黑暗的恐惧。安装夜灯和安抚宝宝这样简单的办法就能减轻恐惧和焦虑所造成的压力。
21个月	当宝宝表现出共情和同情心时，他的个性开始得到充分的展现。他对身边人的情绪很敏感，因为他开始自我调节，延迟满足。此外，宝宝的自我意识在增强，会有负罪感、羞耻感、怀疑感和同情心。他正在形成道德观，现在他有能力通过拥抱和亲吻来表达他的爱了。在和别人交往的时候，宝宝仍然拒绝分享，尽管他可能会把不属于自己的东西还回去。现在还不到让宝宝分享的时候，这样做只会制造焦虑和压力。跟在宝宝后面吧，让他自我调节，变得自主。
22个月	虽然你蹒跚学步的孩子即将走出自己玩的阶段，但他还是只会跟与他关系好的宝宝玩。他正在通过同龄人社会化来学习如何与其他孩子相处，如果他违反规则，抢走了一个玩具，他可能会发现自己是攻击性行为的接受者。他现在正在发展抑制性控制，还有可能尝试着为获得内在奖励而做正确的事情。这都是自我调节的一部分，与宝宝的性格有着非常真实的联系。你的孩子现在愿意服从并与其他孩子合作。这段自我调控时期预示着他即将获得自信心。因此，是时候着手帮助宝宝进行调整了，一点点延长他与妈妈爸爸分离的时间，让他逐渐适应这种情况。
23个月	你的宝宝正在表现出一种坚定的顺从，这是良心发展的开始阶段。从这时起，宝宝开始内化你的价值观和规则。在此之前，顺从多半是情境性的，但现在你的宝宝表现出了特定的行为模式和社会行为的内化。当孩子与妈妈爸爸关系亲密并且安心地依附着他们时，他是愿意合作的。指导应该是温和的，而不是强硬的。他对不熟悉的环境很敏感，可能会表现出对被拒绝的恐惧。虽然他喜欢独处，但他也深深被自己的哥哥姐姐所吸引，模仿他们的行为，蹒跚地跟在他们后面。这对妈妈来说是一个支持哥哥姐姐的大好机会，可以给宝宝安排一个特定的时间来和哥哥姐姐互动，以便使哥哥姐姐获得他们急需的休息时间。

续表

24个月	欢迎来到可怕的2岁，这个时候宝宝很容易变得沮丧。为了实现自我，孩子会在争取独立的过程中行使他的意志。在这个时候，妈妈爸爸可以通过给宝宝自己选择的机会来帮助他获得自制力、自信和能力。要了解你的孩子，了解他的气质和个性，这样你才能创造出一个安全、灵活、积极的环境。在这个阶段，宝宝说话已经很清晰了，因此可以告诉你他想要什么和他的感受。如果宝宝和家人关系亲密，他就会像信任父母一样信任自己。他会与他人互动，主要通过模仿来学习。这个阶段他的占有欲会抬头，如果有新的弟妹加入家庭，你会发现他表现出嫉妒的迹象。以TLC（全写为tender loving care，指温柔的爱抚）来处理这样的事件，可以帮助宝宝接受他的新同胞。相反，如果把怀有嫉妒和不安全感的宝宝独自丢在一边，可能会使他退回童年的早期阶段。
25到29个月	2至3岁的孩子在行为上很自恋：他的生活以自己为中心，他的主要愿望是满足自己眼下的需求。他的世界观是每个人都像他一样。孩子在这个阶段是最爱乱发脾气的，因为他试图操纵和指挥他周围的人。你的孩子正在改进他的互动技能，因此会去尝试什么对他有利，什么对他不利。他会告诉你他是高兴还是悲伤，是害怕还是焦虑。他对父母和兄弟姐妹有很强的占有欲，可能会对他人的入侵感到不满。与此同时，他又确实喜欢和其他孩子在一起，并且正在形成友谊的观念。当你的孩子挑战你的时候，提醒他注意规则，必要的时候可以采用计时隔离，要坚持不懈，永远不要让自己和你的孩子一样变得情绪化。保持镇定和冷静，温和地重复你的要求。
30到36个月	你的“小橡子”开始发芽了。他开始理解对与错的区别，并学着集中精力。他在家庭中找到了自己的位置，并且能够很好地展示同情心、羞耻感和内疚感。他越来越需要成为人们关注的中心，而他讨厌与兄弟姐妹分享这种关注。他沉迷于发挥明星般的影响力，不愿意放弃聚光灯。他正处于早期社会化的阶段，在为去幼儿园做准备。当然，第一次离开父母会造成压力和恐惧，这与分离焦虑有关。所以务必要支持你的孩子度过这个最重要的过渡期。最终，当他明白自己每天都要离开家几个小时之后，你的孩子会适应新的环境和新的规则。现在重要的是支持孩子，当他需要你的时候在他身边，并引导他度过分离的最初阶段。这段时间应该把上幼儿园所要掌握的行为规范教给你的孩子，这样他就可以实践、演练并做好准备。最重要的是为你的孩子找到合适的幼儿园。

孩子的攻击性

•倾向于攻击[25]

你可能会惊讶地发现孩子们很有攻击性。一旦你的孩子获得了运动控制能力，他就会舞动手脚来打人踢人。儿童攻击人的频率在大约2岁时逐渐增加，这个过程会一直持续到大约4岁。在这个年龄段，通过妈妈的社会化教育以及同龄人群体的社会化活动，孩子们会学会一条规则：打别人是不对的。

此外，在攻击行为方面也存在着性别差异——女孩们似乎能更快地学会用间接攻击来升级她们的暴力倾向。例如，我相信你们都记得《贱女孩》（*Mean Girls*）里的片段，女孩们告诉其他人不要和某个孩子玩，让那个孩子被孤立。这种消极的攻击行为甚至在幼儿身上也可以看到。根据弗洛伊德的理论，攻击性是为了生存而被构建到人的精神中的，但为了在群体中生活，我们必须驯服它。

•遗传与环境

对双胞胎的研究告诉我们，攻击性既是遗传的，也是由环境引起的：实际上，这两种因素各占一半。然而，有些儿童几乎不会有攻击性行为，同时也有大约4%的孩子在遗传上有攻击性倾向。正是这部分孩子把攻击性带到了青春期。神经科学告诉我们，这些在遗传上更具攻击性的孩子，其血清素合成水平似乎较低。这种综合缺陷会使他们在家庭和学校里引发各种问题，比如人际关系不好、学习和生活习惯差、有犯罪的倾向、吸毒和酗酒，还有，他们通常会有反社会行为。[26]

但我们可以为这些孩子做些事情来降低攻击和暴力的频率，这包括：

1. 父母的参与；
2. 行为矫正；
3. 处理冲动控制；
4. 社会干预和包容；
5. 心理治疗；
6. 必要时使用药物。

• 教导孩子如何应对攻击性行为[27]

所有这些措施都有机会改变习惯性好斗的孩子。最重要的是，孩子们可以通过信念感和一系列应对机制恢复主动性和控制力从而学会如何应对好斗情绪，并通过支持情绪弹性的环境来改变他们的反应时间。如果我们不把共情、利他主义和冲动控制教给那些习惯性好斗的孩子，那么暴力就会世代相传。我们知道，通过表观遗传学①，可以把利他主义和共情教给孩子并传递给后代。这需要孩子通过积极的环境、角色示范和其他补救措施，感受到被包容、被支持和与他人的联系。你想要看到怎样的孩子，自己就必须做怎样的人。早期干预是成功率最高的方法。因此，父母应该及早觉察到孩子有攻击性的迹象，以便在必要时寻求专业的心理帮助。早期干预是成功的关键。

• 攻击性高的孩子的大脑[28]

在好斗的孩子的大脑中，经常可以观察到促进暴力的神经递质过高。前额叶皮质和杏仁核也可能有问题。从某种意义上说，我们所有人都有的原始

---

① 与遗传学相对应的概念，是研究基因的核苷酸序列不发生改变的情况下，基因表达了可遗传的变化的一门遗传学分支学科。——编者注

大脑最常在具有攻击性的孩子身上被激活，并且会对它感知到的冒犯做出过度反应。社会信号方面的问题使有攻击性的孩子感到局促，这导致了一种低冲动控制的状态。因此，有攻击性的孩子因为没有健康的社会信号所提供的抑制因素在必要时踩刹车的速度很慢，结果更有可能在情感上崩溃。

•社会和暴力[29]

暴力能传染，所以问题是：我们如何防止好斗的、即将越界的孩子煽动暴力或加入暴力团体？我们自己的文化将某些暴力电影、电子游戏和漫画中的暴力浪漫化，这些都会过度刺激和鼓励可能已经有攻击性倾向的儿童。孩子们每天都要接收许多暴力信息，这会导致应激激素皮质醇的过度分泌，皮质醇会改变大脑模式，抑制冲动控制。一旦大脑回路发生改变，就很难恢复和补救。就像其他所有事情一样，在大脑发育的过程中，每个回路系统都会受到影响，这个时候会有至关重要的机会窗口出现。

•父母的参与[30]

作为父母，你能做的事就是采取一种综合的方法来处理你孩子的攻击性。记住，生理因素不是命运，父母可以学会有意识地做父母。你可以学会识别过度好斗的迹象，在儿童早期创造一个环境来帮助你的孩子学习自我管理，同时抑制他的暴力倾向。加强亲子关系是一剂神奇的灵药，它能为你的孩子创造一个安全的环境，既能增强某些基因，也能抑制某些基因。

理解孩子的愤怒

作为父母，你会发现有时候你的孩子似乎会在没有征兆或合理解释的情况下突然发怒。要了解如何帮助孩子克服愤怒，首先要了解这种情绪的来源，还要懂得儿童处理愤怒的方式与成人有何不同。

愤怒是遭受身体和情感伤害时的一种保护性反应。尤其是孩子，在他们发展出能够帮助他们管理情绪的应对技能之前，他们很容易受到情绪的影响。在此之前，发怒是孩子们用来抵御身体和情感痛苦的本能防御。

战斗或逃避反应属于大脑的情感中更原始的部分。当受到真实的或感知到的威胁时，我们人类的本能就是战斗或逃走。在现实中，为了生存，有时我们必须自卫和进攻。然而，沉浸在情感世界中的孩子们还没有学会如何区分真正的威胁和愤怒的情绪。

•幼儿的愤怒

幼小的孩子特别容易受到伤害，因为他们没有经验，不知道怎么处理他们的感受，管理他们的压力。一些幼儿会压抑他们的感情，或是用他们知道的唯一方式来表达他们的恐惧和焦虑，一般来说就是发怒。当你的孩子到上学的年龄时，他们应该就有能力辨别愤怒并找到合理的方法来应对这种感情了。

•学龄儿童的愤怒

到四五年级时，孩子们开始批判性和抽象性地思考，一些人可能会出现退化行为，比如控制冲动的能力差，这可能包括殴打他人和发脾气。他们还可能有头痛、胃痛、尿床和睡眠问题。

因为在这个年龄段他们开始学习抽象运算了，所以他们经常会在集中注意力和解数学题上遇到困难。最后，这些孩子的不成熟行为往往会使他们与朋友疏远。

作为父母，你的职责是教导你的孩子如何处理他们的情绪并熟练地做出适当的反应。现在你已经了解了这种愤怒的来源以及不同年龄段的孩子是如何处理这些复杂情绪的，你可以开始帮助你的孩子应对他们的愤怒了。

•帮助你的孩子应对愤怒

你有发现过你的孩子在大发雷霆吗？当你的孩子极度沮丧或充满攻击性时，你和他的交流有困难吗？

当孩子们还在成长，还在学习如何应对愤怒时，他们往往会本能地用发怒来对抗身体和情感上的痛苦。作为父母，有很多方法可以帮助孩子度过这些情绪激动的时刻：

1. 一定要意识到并认同孩子的感受。如果你认同孩子的感受，那么你的孩子就不需要为这些感受辩护，也不太可能在愤怒中回应你。认同他的感受会让孩子愤怒的情绪缓和下来，并给他提供一个安全的空间，让他学会共情和应对技巧。如果你忽视孩子的感受和经历，那么在他拼命建立和确认自我意识时，他的愤怒会加剧。

2. 进行共情。倾听孩子的感受，别打断他，也别辩解，这样你就提供了一个能让他的愤怒消散的空间，因为他不再需要竭尽全力去维护自己的公平地位。通过理解孩子的感受，你帮助他调节了他体内的皮质醇——控制战斗或逃避反应的化学物质，它会因情绪紧张而升高。对孩子的愤怒始终保持包容的接受态度，可以教会他少一些情绪化的反应，多一些批判性的反应。归根结底，这就是先天和后天的平衡，因为孩子的行为会影响身体的化学反应，进而影响情绪控制。

3. 把解决问题的技巧教给孩子。当你的孩子创造性地解决问题时，就会调动他的大脑活动，打通神经通路。你的孩子逐渐学会在面对问题时尝试解决而不是情绪化面对，这样的情况越多，他的神经通路就越能帮助他控制冲动。父母可以通过问一些问题来教孩子如何识别、认同和恰当地处理自己的感受，这些问题可以促使孩子自己想出解决方案，比如“如果你选择了A而不是B，你认为会发生什么”或是“你认为你有哪些选择，你需要做些什么来找到解决方案”。

4. 为可接受和不可接受的行为订立明确的标准。这意味着，虽然我们想认可孩子的感受，但我们要让孩子明白允许他们有这些情绪并不意味着接受他们的不良行为。争斗有一些普遍的规则，包括不打人，不朝人扔东西，不破坏东西，还有不侮辱人。让你的孩子面对他行为的后果，你会发现这样做你的孩子更有可能遵守规则。通过限制孩子的攻击性行为，你在某种意义上为他的感情建立了一个安全的容器。

5. 把放松的方法教给孩子。通过教孩子渐进式放松、呼吸技巧和其他应对压力的自我管理方法，他们可以在面对愤怒时让自己冷静下来。这些技巧不仅会改变神经通路，也会影响冲动控制。就像其他习惯一样，你做得越多，就越擅长它。例如，如果一个孩子在屈服于打人的冲动之前学会了呼吸技巧，它会让孩子有一种掌控感，这样就减少了通过行为来控制自己的冲动的需要。

6. 试着用“投入时间”来取代“计时隔离”。作为父母，你是孩子生活中最主要的指引者，因此他需要你在他经历情绪变化的过程中陪伴他，无论那是什么样的过程。所以，要少用计时隔离，就算使用也不要让孩子单独一人。作为替代，试试“投入时间”吧——和他坐在一起，使用这本书里的方法，和他一起呼吸，问他一些关于他感受的问题。最重要的是要和他在一起，帮助他克服情绪。记住，你要教你的孩子社交暗示和与他人相处的技巧，而不要教他单打独斗。当孩子被单独丢下时，他们常常会反省，并为自己的行为感到内疚。这只会为自卑创造具体的理由，而自卑反过来又会产生不良行为。

7. 不要试图控制孩子的感情。重视孩子的体验是很重要的。例如，当你的孩子受伤或哭泣时，千万不要对他说："别哭了。"相反，你应该肯定孩子的体验，对他说："我知道这很痛。是我的话我也会哭的。"这会让你成为他的盟友，而不会让他毫无头绪地焦虑和冲着你愤怒。

作为一个盟友，你的孩子学会了信任你，意识到了你会一直站在他这边——无论是对是错——而且他可以依赖你。如果你的孩子能信任你，他就能学会信任自己和外部世界。如果说，例如，你的孩子告诉你他讨厌你，或是希望你让他一个人待着，那就让他确信你就在附近，以及无论发生什么，你都会在他身边，这是很重要的。

8. 不要把你的行为降低到孩子的水平。有意识地、刻意地扮演好你身为成年人的角色，在经历紧张的事件时也要始终保持这样的状态。小孩子真的会情绪激动，尤其是在捍卫自己立场的时候。作为父母，你的职责就是保持平静。你的平静会使你的孩子在混乱中感到安全。父母永远是孩子的试金石，是他们寻求安全感的对象。当父母发怒时，孩子会感到害怕。保持你身为成年人的角色，在教导孩子时感到生气是正常的，但当这种感觉过去时，你仍然会在那里，为孩子保留一个安全的空间。

9. 教你的孩子识别愤怒的信号。如果你的孩子能自我监控，他就能自我管理。通过识别与愤怒相随的感受，你的孩子可以觉察到他情绪的产生。这使他有时间在被情感之网捕捉住之前进行自我管理。如果你发现你的孩子过度劳累或脾气暴躁，作为父母，你可以通过和你的孩子一起休息，给你的孩子读书，或者一起度过一段舒适的时光，让他了解自己即将到来的情绪。

10. 教你的孩子如何把他的感情带到意识中去。通过识别驱动他行为的情绪，你的孩子可以学会巧妙地管理他的行为。写写画画是孩子将困扰他的问题表达出来的好办法，尤其是当他难以表达自己的情绪时。当我的孩子们还很小的时候，他们的情感强度就已经达到了没法回头的程度，我买了一个什穆（Shmoo，一个美国漫画人物），充气的那种，一打它就会弹起来。我允许孩子们在床上使用枕头或什穆来释放他们压抑的情绪。这些感情暴露出来以后，你就可以和你的孩子合作，以共情的方式来应对它们。

11. 让你的孩子参与到管理他怒气的过程中来。让你的孩子给你一些关于他如何积极管理情绪的建议。列出他可以做的5件事，比如深呼吸一分钟或者画一幅画，然后把清单贴在孩子能看到的地方，比如他卧室的门上或是冰箱门上。

12. 和你的孩子建立亲密的关系。一个与父母关系亲密的孩子能学会应对和管理自己的情绪，他会解决问题，处理信息，还能坚持一直面对问题直至它被解决。他也更有冒险精神，会创造性地探索解决问题的不同方案。与父母关系亲密的孩子容易感觉到他可以依靠父母。

在最后，请记住，作为父母你可以改变一切。遵循这些建议可以帮助你加深你和孩子的情感联系，给他提供必要的工具来应对他的愤怒。如果你注意到你的孩子在与他人建立关系方面有问题，像个恶霸，或试图伤害自己、他人或动物，务必要考虑为你和他寻求专业的帮助。

接触暴力会改变孩子正在发育的大脑

孩子们沉浸在科技中时，暴力程式也在改变他们的大脑。研究表明，电视上的暴力——无论是卡通、儿童节目、电影还是游戏——都会对你的孩子以及他的思维和行为产生不良影响。在大多数情况下，孩子们是通过体验和社会学习来进行角色建模的。因此，当儿童，尤其是幼童看到媒体上的暴力时，他们很难区分什么是真实的，什么是虚构的，他们往往会模仿或复制他们所看到的。此外，大脑中有一种类似于创伤后应激障碍的化学变化，如果看到的暴力太多，发育中的大脑会做出反应，就好像观看者真的被虐待了一样。

克雷格·A. 安德森（Craig A. Anderson）博士在一项关于青少年接触媒体暴力的研究中发现，即使是短时间观看暴力内容，也会提高青少年行为和语言的攻击性，产生攻击性思维和攻击性情绪。事实上，根据安德森的看法，童年时期频繁接触媒体中的暴力会导致日后的攻击行为，包括自虐和虐待配偶。[31]这项关于观看暴力内容及其对儿童影响的研究表明，皮质醇等化学物质会改变大脑结构，包括冲动控制，这表明儿童的大脑正在想象和储存他所看到的暴力画面。从某种意义上说，大脑是在演练和模仿儿童看到的攻击性行为。因此，当日后孩子面对冲突时，攻击性行为和攻击性反应就会成为一种可以接受的选择。

约翰·P. 默里（John P. Murray）博士把大脑的这种行为称作“编码攻击性脚本”，并指出后扣带回——大脑中保存情感创伤的部分——在储存并检索这些神经图像，其方式类似于在创伤后应激障碍中出现的创伤性记忆闪回。[32]过度观看包含暴力内容的线上内容及沉迷包含暴力内容的电子游戏也会以同样的方式影响大脑功能。

印第安纳大学的文森特·马修斯（Vincent Mathews）博士所做的一项研究表明，即使每天只观看两小时的暴力内容也会直接改变大脑。[33]马修斯团队所观察到的大脑变化与那些患有破坏性反社会人格障碍的青少年相似。根据默里博士的说法，“观看媒体中的暴力行为会激活大脑的某些区域，这些区域与唤醒注意、检测威胁、情景记忆编码和检索，以及运动编程有关”。默里在研究中绘制了杏仁核和相关的大脑结构图，并使用磁共振成像（MRI）来确定观看电视上的暴力所导致的神经系统变化。他的结论是，大脑中的化学物质和观看暴力内容之间存在联系，即观看暴力内容会影响认知和运动行为。[34]

安德森博士指出，“对暴力电视、电影、视频、电子游戏和音乐的研究揭示了明确的证据，表明不论是短暂接触还是长期接触媒体暴力，都会提高攻击性和暴力行为的可能性”[35]。其他一些研究引用了卡伊·比约克维斯特（Kaj Bjorkqvist）完成的一项研究，他在该研究中得出结论：“即使只接触一次也会在当前情况下提高攻击性。”[36]纵向研究表明，童年时期经常玩有暴力内容的电子游戏的儿童在一生中更具身体攻击性。这一结论对单方面的暴力（例如施虐性暴力）而言尤其正确。而且在电视上观看暴力内容的孩子，其大脑还在发育，由此你可以看出在电视、电子游戏和网络上观看暴力内容有多危险。

有一项我们都很熟悉的心理学研究，在这项研究中，孩子们被包括塑料球棒在内的玩具包围着，他们在观看一部包含了打人场景的动画片。动画片一结束，孩子们就伸手去拿球棒，用它攻击房间里的其他玩具。我们知道，孩子们在心理上会受到他们所看到的东西的影响，因为他们是灵长类动物，所以是社会性学习者。心理上更具攻击性的孩子往往共情能力较差，甚至在学步期也是如此。我们在欺凌者身上看到了这一特点，他们更愿意使用攻击性策略来解决问题，而不是寻求和平的冲突解决方案。欺凌者就是共情能力差的孩子，他们的反应性往往强于主动性，更依赖下意识的反应来解决挫折，而且似乎更害怕融入社会关系。这使得他们会在“被咬”之前先“咬人”。这种对危险的感知，再加上缺乏共情能力，可能会导致出现虐待行为。此外，在电视上看到太多暴力内容的孩子更喜欢争执，因为他们已经摆脱了抑制基因的“慢行”警告。这些孩子无论在家里还是在幼儿园都会把他们的暴力倾向表现出来，因而更容易成为班级恶霸。与同龄人相比，他们更缺乏耐心，研究表明，在电视上观看了太多暴力内容（包括含暴力内容的动画片）的孩子更不愿意合作，也不愿意延迟满足，因此是不成熟的。他们还有强烈的权力意识，一旦欲望得不到满足，就会产生偏执的想法。

你真的就是你孩子第一位也是最具影响力的一位老师。他会成为什么样的人完全由你决定，这一切从子宫里就开始了。

当孩子还在子宫里时

有一个常见的误解，认为宝宝在子宫中时处于一种中性的无意识状态。今天，由于科技的发展，你可以看到你的宝宝怎样与他的内外世界互动。

母亲们早就意识到她们的宝宝在学习和积极地做出反应，无论是对子宫内的环境，还是对整个世界所施加的社会刺激和输入。事实上，从怀孕的第4个月开始，你的宝宝就在学习你的语言，识别你的声音并做出反应，同时还在倾听你所有的身体系统发出的声音——你的心跳，你血液流动的声音，以及体内的各种生理过程发出的声音，如排气、打嗝等，你的宝宝会通过你身体和声带的模糊回声听到这些。

而且，你社交环境中的声音，如音乐、唱歌、谈话、阅读和大声喧哗，也会传到宝宝那里。你的宝宝还会对从外界射入的光和由此产生的影产生反应，例如，当妇产科医生给你检查身体并把光线照进你子宫里时。

此外，如果你很快乐，正在跳舞和欢笑，你的宝宝会以在子宫里跳上跳下、踢动小腿和四处活动的方式做出反应，特别是对你的韵律、节拍和快乐的态度进行回应。

还有，你的宝宝会伸手去碰侵入他空间的东西，比如穿过子宫试图从羊膜腔中提取羊水的穿刺针。你的宝宝也会表现出各种各样的情绪，包括愤怒和恐惧。

如果待在子宫里的是正在一起成长的双胞胎，他们会相互影响，表达出他们的喜悦和爱，以及他们的挫折感和攻击性。例如，双胞胎会把他们的胎盘移到一起，这样他们就可以透过把他们分开的薄膜互相接触。

你的宝宝对你的声音特别敏感。在子宫里4个月的时候，他就开始学习你的语言了。他通过你那回荡在子宫里的模糊语音，听到了语言的韵律和节奏。到第7个月的时候，你的宝宝已经非常依恋你的声音，如果你用一种平静、抚慰的方式和他说话，就可以影响他的情绪。

有许多研究证实了宝宝与妈妈声音的联系。有一项这样的研究，研究人员让宝宝戴上了奶嘴和录音器。当宝宝听到妈妈而不是其他女性的声音时，他的反应是更加用力地吮吸奶嘴。最终，宝宝甚至会根据妈妈声音的节奏调整自己的吮吸速度，试图以此控制妈妈发出不同的声音，这与他对其他人声音的反应正好相反。

这项研究是由哥伦比亚大学的威廉·菲费尔（William Fifer）博士完成的，它不仅证明了你的宝宝依恋你的声音，也证明了宝宝有快速学习和适应的能力。[37]

宝宝对爸爸的、兄弟姐妹的或其他人的声音有着不一样的反应。所以，尽管你的宝宝可能在子宫里听到过他父亲、兄弟姐妹和其他人的声音——也许是通过阅读睡前故事和唱摇篮曲——他仍然对你的声音有着独一无二且特殊的依恋。这是理所当然的，正是你的声音陪伴了他9个月，它通过你的腹部与声带，在子宫里回荡，与宝宝结合在一起，让他沉浸在爱与联结的美妙音调中。

•怀孕期间你的压力如何影响宝宝

随着我们的社会日益朝着重视生活的方向转变，你可能意识到了压力是如何影响你的幸福的。然而当你怀孕时，你也应该意识到你的压力可能会对宝宝的发育造成影响。

当你有压力时，你的战斗或逃避系统会让你分泌皮质醇，这是一种能帮助你摆脱危险的应激激素。你的大脑沐浴在皮质醇中，暂时改变了它的结构，这样你就能做出快速、本能的反应。

当你觉得受到了攻击时，无论是在身体上还是情感上，你都无法停下来思考或运用你的执行功能。你的身体以它的智慧帮助你迅速行动，以保护你的生命安全。这与你的原始祖先赖以生存的系统是一样的。

问题在于，时至今日，你面临的大多数威胁都是情绪上的，而不是身体上的，但是你的战斗或逃避系统并不能识别这当中的区别。因此，皮质醇被不断地分泌，最终消耗你的身体，就像电池液一样，这会对身体和感情造成不可估量的伤害。

现在你怀孕了，同样的压力也会对在你体内生长的婴儿造成伤害。据伦敦帝国理工学院的维维特·格洛弗（Vivette Glover）教授说，怀孕期间压力过大会使婴儿出现早期认知问题的风险增高。[38]

例如，应激激素皮质醇可以穿过胎盘。羊水中的皮质醇含量过高会影响婴儿大脑中多巴胺的分泌。这表明妈妈一直有压力会导致过度敏感的宝宝出生后抗压阈值较低。

此外，怀孕期间母亲的压力会永久地影响她的宝宝。例如，应激激素的受体可能导致胎儿的生理变化，使其在出生后更容易受到压力的影响，这与多动障碍有关。在子宫里所感受到的压力也会在将来引发自体免疫问题。

•子宫里的压力对语言学习能力的影响[39]

你知道宝宝在子宫里就开始学习，所以压力也会影响他们的发展吗？

西雅图华盛顿大学学习与脑科学研究所的帕特里夏·库尔（Patricia Kuhl）博士的一项研究表明，婴儿不仅能听到妈妈的声音，识别妈妈的音调变化，而且在子宫里就已经开始学习妈妈的语言了。这是语言的基础。事实上，宝宝在出生几个小时后就能分辨出妈妈的“母语”和其他妈妈的“外语”。

因为妈妈的声音会被她的身体放大、增强，所以子宫里的宝宝能够伴随着其他声音一起听到它。宝宝也已经能够理解他们所听到的声音。通过在子宫里听到的语言模式和节奏，你的宝宝正在学习你的主要语言。因此，一些研究者认为母亲可以促进孩子的语言发展，无论是在子宫里还是在出生后。

•学习识别声音

当前的研究表明，我们甚至可以在宝宝出生前就开始教育他们。我们现在知道，胎儿非常敏感，来自母亲的刺激会直接影响到他。有些研究使用了脑电图传感器，它可以在子宫里寻找记忆神经的痕迹。这些研究表明，不断重复的声音成了记忆的一部分。因此，如果这声音再次出现，记忆就会被激活。当胎儿总是重复听到一个声音时，他对那个声音的记忆会刺激他的识别能力。因此，胎儿的脑电波模式显示出对已识别声音的痕迹记忆。

赫尔辛基大学的认知神经科学家埃诺·帕塔宁（Eino Partanen）和其他研究者所做的一项研究发现，婴儿的大脑不仅能学习重复的声音，还能识别单词及其变体。帕塔宁的研究表明，识别声音（包括元音）的神经信号在新生儿身上可以以记忆痕迹的形式被观察到。[40]

同样地，到出生前10周时，胎儿会运用他的各种感官来了解子宫内的世界，为出生做准备。超声波显示，胎儿会对声音做出反应，在子宫里手舞足蹈，当母亲发笑时，他会上下移动。还有，在听到母亲的声音时，胎儿的心率可能会降低。更令人惊奇的是，胎儿能触摸自己的脸，吮吸他的拇指，伸展四肢，并且有足够的协调能力用手指抓住自己的脐带。通过超声波观察，甚至发现胎儿会去舔子宫壁和用脚推开子宫壁。此外，产前胎儿睡眠大部分发生在快速眼动期。胎儿白天和晚上的大部分时间都在睡觉，还会做梦——很可能是关于他们自己的环境的。双胞胎从20周开始就会互相玩耍，甚至会表现出恐惧和愤怒。

在太平洋路德大学（位于华盛顿州塔科马市）的心理学家克里斯蒂娜·穆恩（Christine Moon）博士、瑞典卡罗林斯卡学院教授及诺贝尔会议

（Nobel Assembly）成员雨果·拉格克兰茨（Hugo Lagercrantz）博士与帕特里夏·库尔博士共同署名的一项研究中，研究人员让新生儿叼着安抚奶嘴，再用计算机测量新生儿在听到他的母语时吮吸奶嘴的频率。每次吮吸都与元音的出现有关。当不熟悉的元音出现时，婴儿会停顿下来，而在听到下一个熟悉的元音时他又开始吮吸。研究使用了两组元音——17个外语发音和17个母语发音。[41]

这项研究表明，婴儿早在10周时就能记住母亲发出的基本声音。此外，听觉的神经感觉机制在30周时已经发育完整，所以语音学习能够在子宫中进行。此外，过去的研究明确证明了胎儿对音乐节奏有反应和记忆。[42]现在我们知道胎儿正在为语言能力的发展奠定基础，实际上，他在部分地学习一种语言。这项研究和其他类似的研究表明，还在子宫里的时候，婴儿的大脑已经非常复杂了，有能力倾听和学习语言。[43]

以下为作者在写作本章的过程中所参考的资料清单：

1.Howe, Michael J.A. *Genius Explained*. Cambridge: Cambridge University Press, 2001.

2.Reiss, David. *The Relationship Code: Deciphering Genetic and Social Influences on Adolescent Development*. Cambridge, MA: Harvard University Press, 2003, p. 426.

3.Bloom et al., *Taxonomy of Educational Objectives, Handbook 1*. London: Longman, 1956.

4.Hamer, Dean H., and Peter Copeland. *Living with Our Genes: Why They Matter More than You Think*. London: Macmillan, 1999, p. 11.

5.Hayden, Thomas. "A Sense of Self." http://webshare.northseattle.edu, accessed November 8, 2018, http://webshare.northseattle.edu/fam180/topics/temperament/asenseofself.htm.

6. Underwood, Anne. "Shyness, Sadness, Curiosity, Joy. Is It Nature Or Nurture?" *Newsweek*, March 14, 2010, accessed December 29, 2018, https://www.newsweek.com/shyness-sadness-curiosity-joy-it-nature-or-nurture-174968.

7. Reiss, *The Relationship Code*, 426.

8. Hayden, Thomas. "A Sense of Self." *Newsweek*, 60.

9. Underwood, "Shyness, Sadness, Curiosity, Joy. Is It Nature Or Nurture?"

10. VoosenDec, Paul, et al., "Extra Licking Makes for Relaxed Rats," Science | AAAS, December 11, 2017, accessed December 29, 2018, https://www.sciencemag.org/news/1997/09/extra-licking-makes-relaxed-rats.

11. Underwood, "Shyness, Sadness, Curiosity, Joy. Is It Nature Or Nurture?"

12. Hayden, Thomas. "A Sense of Self." *Newsweek*, 62.

13. Ibid.

14. Ibid.

15. Ibid.

16. Papalia, Diane E., et al., Human Development, 35.

17. Ibid.

18. Miller, Susan, and Larry Reibstein. "Good Kid, Bad Kid." New York: Newsweek, 1997, 64–65.

19. Hayden, Thomas. "A Sense of Self." *Newsweek*, 56–62.

20. Ibid.

21. Ibid.

22. Ibid.

23. Papalia, Diane E., al., *Human Development*, 298.

24. Hayden, Thomas. "A Sense of Self." *Newsweek*, 2000, 56-62. http://webshare .northseattle.edu/fam180/topics/temperament/asenseofself.htm.

25. Rose, Charlie. "The Brain Series-Aggression." AREA 17, March 5, 2015. Audio, 52:45. https://charlierose.com/videos/20942.

26. Ibid.

27. Ibid.

28. Ibid.

29. Ibid.

30. Ibid.

31. Anderson, Craig A., et al."The Influence of Media Violence on Youth," *Psychological Science in the Public Interest* 4, no. 3 (2003), doi:10.1111/j.1529–1006.2003.pspi_1433.x.

32. Murray, John P., *Thoughtless Vigilantes: The International Encyclopedia of Media Studies*, 2012, doi:10.1002/9781444361506.wbiems115.

33. Springen, Karen. "This Is Your Brain on Violence," *Newsweek*, March 13, 2010, accessed December 30, 2018, https://www.newsweek.com/violent -videogames-change-

teen-brains-106937.

34. Murray, *Thoughtless Vigilantes*.

35. Anderson et al. *The Influence of Media Violence on Youth*.

36. Bjornkvist, Kaj. "Violent Films, Anxiety and Aggression: Experimental Studies of the Effect of Violent Films on the Level of Anxiety and Aggressiveness in Children," World Cat, November 11, 2018, accessed December 29, 2018, https://www.worldcat.org/title/violent-films-anxiety-and-aggression-experimental-studies-of-the-effect-of-violent-films-on-the-level-of-anxiety-and-agressiveness-in-children/oclc/58507862?referer=di&ht=edition.

37. "What Babies Learn In the Womb," *Parenting*, July 08, 2014, accessed January 16, 2019, https://www.parenting.com/article/what-babies-learn-in-the-womb.

38. Glover, V. "The Effects of Prenatal Stress on Child Behavioural and Cognitive Outcomes Start at the Beginning." In: Tremblay R.E., Boivin, M., Peters, R. DeV., eds. Glover V, topic ed. *Encyclopedia on Early Childhood Development* [online]. http://www.child-encyclopedia.com/stress-and-pregnancy-prenatal-and-perinatal/according-experts/effects-prenatal-stress-child. Updated April 2019.Accessed April 25, 2019.

39. Mann, Denise. "Babies Listen and Learn While in the Womb." January 3, 2013 https://www.webmd.com/baby/news/20130102/babies-learn-womb#1. Accessed April 25, 2019.

40. Partanen, E., Kujala, T., Huotilainen, M., et al. "Learning-induced neural plasticity of speech processing before birth." PNAS. 2013.

41. Begley, Sharon. "How to Build a Baby's Brain." *Newsweek*, 28-31.

42. Skwarecki, Beth. "Babies Learn to Recognize Words in the Womb." Science | AAAS. December 10, 2017. Accessed December 31, 2018. https://www.science-mag.org/news/2013/08/babies-learn-recognize-words-womb.

43. Zuckerman, Catherine. "A Musical Milestone." *National Geographic*, January 2019, 31.

03.

与父母亲密无间的孩子势不可当

拥有安全感的孩子更易成功

你们之间的关系越紧密，你的宝宝在探索他的世界时就会感到越安全，而他探索得越多，他的大脑就会变得越发达。

你和宝宝之间的关系是构筑他未来的“脚手架”。与父母亲密无间的孩子什么事情都能做得更好。哪怕是你的触摸或声音这样简单的事情也能极大地刺激孩子神经系统的发育。你们之间的关系越紧密，你的宝宝在探索他的世界时就会感到越安全，而他探索得越多，他的大脑就会变得越发达。

在你的宝宝出生之前就要着手为建立你们之间的信任打下基础。不仅要加强妈妈和孩子之间的积极联系，而且要利用整个家庭动态来为孩子的安全感奠定基础。在这一章中，我会教你如何利用接触、信任和联系的力量来建立一种纽带，让你的孩子势不可当。

生活中总有一些奇妙的时刻能够永远地改变你。哪怕你置身其中，也能意识到它的重要性。第一次看到你的宝宝，把他拥进怀里，就是这样的时刻。我们的生命和繁衍，还有我们对这个新来的小生命的那种彻底的爱，是世上最神秘的事情。这是大自然确保我们这个物种生存的方式。害怕和无法抗拒的爱立刻把我们撕裂开来。害怕，是因为宝宝明明没有带着任何指示来到这个世界上，你却突然意识到了为人父母的巨大责任；而爱来自大自然的秘密策划，它要你以自我牺牲、承诺、责任和义务来保证宝宝健康快乐。很快，你就会了解你宝宝的一切。你将分辨得出他疲惫、沮丧、愤怒或饥饿的哭喊。你将可以区分反射性的微笑、真诚的微笑或是预示麻烦将至的咧嘴而笑。从一开始，宝宝就会回应你。在宝宝生命的开头几天，你就掌握了保证宝宝生存的要点。想象一下，正如你在学习了解你的宝宝那样，宝宝正在发育的大脑也在以比你快一千倍以上的速度学着了解你。因此，从出生到幼年，他听到的最重要的声音、看到的最重要的脸，都是你的。

你唱的每一首歌，给予的每一个拥抱，和他玩的每一次躲猫猫，让他发出的每一次咯咯笑，都是在努力地为宝宝的未来搭建“脚手架”。例如，宝宝的艺术和音乐天赋、体育才能或社交技能都是通过因你和他之间的互动而启动的神经通路来发掘的。要让这个过程成功，你和孩子之间的亲密关系是最重要的因素。你的孩子不仅需要你的爱，也需要你的时间和关注。如今，正电子发射体层成像和核磁共振成像等新技术为我们提供了一扇了解婴儿大脑的窗户，这样你就可以亲眼看到它对特定外界刺激的反应方式。

你的宝宝是个活力满满的小吃豆人（Pac-Man），在哪里都能找到有趣的事物，这包括物体的响声、说话声、光线、阴影、颜色、挂饰以及其他各种体验。回应宝宝的兴奋感和好奇心，当宝宝发现你在肯定他的探索时，你给了他一种幸福感。关注并积极倾听宝宝的声音，可以使宝宝产生幸福和被珍惜的感觉。最终，宝宝的行为会变得集中，因为他想要引起你的积极回应。你的回应对他来说就是一切，因为你是他的世界，他通过与你的互动来定义自己。从某种意义上说，与宝宝的这种合作会开启或关闭他特定的遗传倾向。因此，正是你精心打造的这些体验让宝宝独一无二。

神经科学提供的翔实数据向我们强调了儿童早期经历的重要性。这些数据有力地表明，如果养育孩子的方式不能刺激他的大脑成熟，大脑的一些重要区域会处于极不发达的状态。我们发现，这种情况不仅存在于某些孤儿院（在那里婴儿常常连续数小时得不到照顾），还存在于母亲工作时间过长的家庭，或是母亲因讨厌育儿和受产后抑郁及其他情绪或身体问题困扰无法与婴儿建立联结或亲密关系的家庭。长期缺乏养育和照料会导致婴儿出现健康问题，其中包括创伤后应激障碍和发育不良。

与宝宝建立亲密关系的5种方法

他终于来了，给你带来全新的欢乐。你把新生的宝宝抱在怀里，凝视着他，觉得……什么都没感觉到。与你所想象的和别人所告诉你的不同，你并没有被喜悦或幸福淹没，也没有被爱和甜蜜的情感征服。你会想：我对他的到来一直很期待，现在他来了，我却一点感觉都没有。我这是怎么了？

首先，要知道并不是只有你一个人是这样，其他人也有同样的感受。可能有很多原因让你觉得无法和新生的宝宝建立亲密关系，但你今天感觉如此并不意味着永远都会这样。

母亲和孩子从婴儿期早期开始关系就很亲密的话，会对信任和安全感的建立有帮助。这里有5种简单的方法，可以让妈妈和宝宝建立牢固的关系：

1. 在孩子出生后尽量多花时间进行肌肤接触。研究表明，这种接触有助于你释放内啡肽，从而使你的宝宝感到平静和安心。很快，你的宝宝就能通过触摸、气味，甚至感觉将你和他人区分开。

2. 和你的宝宝说话，唱歌给他听。无论是唱摇篮曲还是简单地告诉他你是如何给他换衣服的，让宝宝从一开始就尽可能多地听到你的声音。新生儿从出生时起就可以分辨出妈妈的声音。

3. 和宝宝进行眼神交流。虽然新生儿的视力还在发育之中，但他们可以看到他们眼前大约12英寸[①]的地方，所以当你抱着你的宝宝时，一定要和

---

① 英美制长度单位。1英寸合2.54厘米。——编者注

他对视。你的孩子会开始识别你的特征，并因对你的熟悉而感到平静。

4. 确保主要由你和你的伴侣来为宝宝喂食。母乳喂养有助于在母亲和孩子之间建立亲密的关系，但奶瓶喂养也可以加强你和宝宝之间，以及宝宝和你的伴侣之间的联结。喂宝宝的时候抱紧他，用眼神交流，轻声唱歌或说话，把你所有的注意力都放在新生儿身上，让他在吃奶的过程中感到平静和被抚慰。

5. 回应宝宝的需要。你是宠不坏孩子的。事实上，你和宝宝的关系越亲密，他就会越信任你。如果你的孩子在对你的依恋中获得了安全感，他长大后更有可能成为一个独立的成年人。

但是，如果你觉得你无法和宝宝建立亲密关系，那又是出了什么问题呢？

为什么你不爱你的孩子

屋子里很黑。你快要睡觉了，你最后一次看了看你睡着的孩子……这个你无法去爱的人。在这一刻你是如此的脆弱，也许还感到内疚，你问自己，为什么？你被教导说所有的母亲都爱她们的孩子，会为她们的孩子做出任何牺牲，包括生命，但出于某些原因，你无法爱自己的孩子。

根据我在教育和心理学领域多年的工作经验，我发现了父母与孩子建立不起亲密关系的几个原因。

• 产后抑郁

最明显的原因是产后抑郁。在怀孕和分娩期间，你的身体所经历的化学变化经常会影响你的情绪，并会造成一种强烈的失衡，足以导致产后抑郁。幸运的是，如果你遇到的是这个问题，那它是可以解决的。药物治疗、心理治疗和行为矫正都可以帮助你恢复健康，并与宝宝建立良好的关系。但，如果你的问题不是产后抑郁，而是情绪问题，那么你必须在内心寻找这种情绪的根源。只有这样，你才能找到与宝宝恢复健康快乐关系的方法。

• 原生家庭的影响

你出身于某个原生家庭，这个家庭就是你的历史。正是在这里，在你自身发育的早期阶段，你可以找到你无法与孩子积极相处的原因。也许你被忽视、虐待过，或者你的父母竞争心强、控制欲强、好嫉妒、爱骂人，是“毒爸毒妈”。很多时候，你为了安全度过童年而建立起来的防御心理会让你感受不到对后代的亲昵和爱。

•父母满腹怨气

你可能是个宏图未展的妈妈，从来没有实现过人生目标，也没有高光时刻，在生活中感受到了太多的不满足和不快乐。如果你的情况是这样的，你也许会觉得抚养孩子的责任对你来说太重，你承受不起。随着时间的推移，这会引发怨恨，最终令你起初对宝宝的爱消失殆尽。我发现，如果你是因为怀孕而结婚，又或者怀孕改变了你对未来的期许，那么情况往往会变成这样。

•通过竞争和控制来进行补偿

有些父母会和他们的孩子竞争。如果你在原生家庭中遭到贬抑，你可能会感到自卑。还有，如果你的婚姻生活困难重重或不幸福，你的孩子可能会被你当成维持这段关系的一个卒子。在这种情况下，你会成为你儿子或女儿的竞争对手，争夺你伴侣的注意力。然而，嫉妒是无止境的，你也可能会为了你儿子或女儿从别人那里得到的关注而产生竞争的念头。如果你是一个竞争心强的父母，那你可能还在为了满足自己童年时的需要——被人关注——而奋斗。这可能会使你贬低孩子的成就，同时通过压抑孩子的自我意识来贬低他们，这样你就会觉得自己很高大。

如果你小时候爸爸或妈妈总是在控制你，你可能会有失控的感觉。因此，成年之后，你很可能有一定的控制欲。这就是过度控制发生的内在逻辑。如果在童年时期你有一位好嫉妒的家长，你往往会把这种嫉妒反射到你自己的孩子身上。正是对关注的强烈需求导致了你将那些报复情绪投射到孩子身上。所以，如果你的孩子得到了包括家庭成员在内的其他人的过多关注，你可能会控制你的孩子，试图压制孩子的自尊。

• 父母漠视孩子或过度保护孩子

最后，你可能是一个漠视孩子的父亲或母亲，正在努力应对自己童年时被忽视的经历。你可能会发现自己在通过消极的互动虐待你的儿子或女儿，无论是在情感上还是身体上。会成长为这种父母的孩子往往自己曾受过虐待。如果你在心理上缺乏满足感，没有同情心，难以和人建立联系或需求过高，那么你的孩子不仅会被漠视，还会被拒绝。

还有一种情况，可以让你试着去自我管理那种伴随你无法爱上孩子而来的内疚感，那就是成为一个过度保护孩子的父母。这可以让你通过过度控制孩子的生活来补偿你的敌视情绪。

• 寻求帮助

如果你是一个无法参与育儿的父母，不能积极地支持、重视和认可你的孩子，你应该立即寻求专业人士的帮助。没有什么是不可改变的——通过内省和自我分析，你可以认识和承认自己的发展历史。通过窥探你的童年模式，你可以揭示并恢复你的心理资源，这将使你有能力整合童年创伤。一个好的心理咨询师会帮助你确定你的家庭特征，以及压力、焦虑和支持的触发器。通过更清楚地认识你自己的养育方式，你可以有意识地学习如何摆脱你所受的伤害并治愈它。这将打开你的心灵和头脑，通过学会爱自己，你也能学会爱你的孩子。

你有力量[1]

世界上没有一种力量比得上妈妈的力量。你对宝宝婴幼儿时期的发展影响最大。技术革新和前沿科学告诉我们，你宝宝幼年的经历至少跟他的性别和基因组成一样重要。

宝宝出生时有大约24000个基因，这么多基因全部得到表达是不可能的。所以，正是宝宝的经历塑造和影响了这些基因，决定了他将如何成长、思考、学习和处理信息。在20世纪90年代以前，科学告诉我们婴儿的大脑以及脑内的流程是由基因决定的。但是神经科学家现在告诉我们，基因只是原材料，而对这些材料进行塑形的是宝宝的经历。例如，你的宝宝可能刚出生就表现出害羞的特征，然而，通过TLC、大量的拥抱和亲密接触，以及精心安排他与别人接触，可以把他培养成乐观和自信的孩子。显然，遗传信息只是故事的一半，幼年的经历对大脑中神经回路的连接方式有着更大的影响。

科学第一次承认，你，作为妈妈，无论是在产前还是产后，都在塑造你的孩子的过程中起着至关重要的作用。你是真正的基因治疗师，是孩子潜在设计的基础。你要对孩子的语言、认知、社交和情感发展负50%的责任，为孩子将来的人生成就做出贡献。除了你在受孕时所贡献的DNA之外，你还会在孩子的成长过程中发挥着更大的影响。神经科学告诉我们，不论是孩子出生后还是出生前，我们都可以通过为他营造成长环境、为他创造成长体验来增强或抑制他个人的基因，当他还在子宫里时，你主要是通过你的饮食、身心健康和压力管理来控制环境。你与宝宝互动和回应的方式会提高或降低他基因的反馈。通过这种方式，你可以有意识地强化某些行为和抑制其他行为。作为父母，你的力量是如此强大……你可以在宝宝出生前和出生后影响他的基因库中基因的表达。

读到这里，为人父母的巨大责任可能已经让你心惊肉跳、手足无措了。不过，有《如何塑造孩子的大脑》帮助你，你大可以松一口气，别那么紧张。要正确地刺激你的宝宝，你并不需要花哨的玩具、识字卡或儿童教育方面的学位。你的孩子天生就有求知欲，他有备而来，而且有吸收信息的能力。你的宝宝是台纯粹的学习机器，开放自己面对所有经历，他就像一块海绵，吸收了所有的环境刺激。《关系代码》的作者心理学家大卫·瑞斯博士明确地说，你的孩子是一个小研究员，通过他的家庭了解他的世界。你的小研究员会用他的感官来确定他那小小的影响范围。刚开始时宝宝全靠嘴来探索，能塞进去的东西都往里塞。然后，宝宝开始运用他的触觉来识别和操纵各种形状、不同大小、不同质地的物体，还会把玩具、餐具等扔下去来引起你的注意。

教育宝宝并不需要昂贵的玩具、课程、游戏或书籍。你所要做的就是创造一个安全的环境来支持你的孩子对知识的自然渴求。刚开始时，了解你的孩子是很重要的。注意他不断发展的个性：什么会让他平静，什么会让他兴奋，最重要的是，什么会让他焦虑。一定要注意你的宝宝的大脑是如何工作的，并将他的发育阶段与适当的育儿实践相结合。有了这些信息，你就可以成功地进行干预，在正确的时间采取正确的措施。

在你的养育方案里必须加进去的一个关键课程是减压。只有能够自我管理压力，你的孩子才能充分发挥他的个性和智力资本。在儿童成长的早期，帮助孩子减轻焦虑尤其重要，这样他才可以进入那种既放松又警觉的状态，从而把大脑中更大一部分的创造性资源利用起来。平静的宝宝可以更好地传递和处理信息，记住图像的时间会更长，并获得必要的冲动控制来集中注意力。而压力过大的宝宝会产生过多的应激激素，这会对他的大脑结构和发育产生不利影响。压力是孩子成长过程中重要的因素之一，因为它会影响一切，包括孩子的自我意识，他的学习能力和学习欲望。你可能对减压技巧并不熟悉，这只是因为它经常被其他教学所掩盖，但它仍然是你能做的重要的事情之一，可以帮助你的孩子充分发挥自己的能力，取得成功。最棒的是你马上就能看到积极的结果。在本书后面的部分，你会学到可以应用于儿童生长发育早期的减压技巧。你可以教你的孩子如何减轻他的焦虑和管理他的压力。一旦他的焦虑和压力得到控制，他就可以进入心底里那个放松的地方，在那里他可以找到自己内心的声音。这是一种类似于冥想的意识状态，在这种状态下，他可以触及自己最深层的部分，并因此而获得大脑中更大一部分自然、肥沃的资源。学会放松技巧的好处立刻就能显现出来，会带来大量的创造性灵感，促进创新。一旦你的小探险家掌握了自我管理压力的技巧，他就会获得内心的平静，就像牡蛎一样，沉静会让他得到内心的智慧这颗珍珠。最终，放松的头脑会像一支管弦乐队那样运转，正如一颗橡子能长成一棵橡树那样，你的宝宝会生根发芽，发挥出他的潜能。

大卫·艾尔金德博士说：“在20世纪20年代，心理学家约翰·沃森（John Watson）支持婴儿‘可塑性’的概念，这是能力概念的核心组成部分：如果婴幼儿是有能力的学习者，那就可以通过早期学习‘塑造’他们。”[2]无论是在语言、认知、社交还是情感发展上，你都是提高孩子发展状态的关键。你有意识地为孩子构建的体验可以扩展他的生物能力。据艾尔金德所说，麦克阿瑟基金会的一项与创造力和天赋有关的研究发现：“如果说有一个单一的主题贯穿所有的回答，并将它们联系在一起的话，那它就是家庭生活和父母的指导在塑造这些非凡的创造性头脑方面所起的关键作用。”[3]这一研究还发现，天才儿童的父母有一个共同点：他们不会给孩子施加压力，而是创造了一个充满情感纽带、社交互动和印刷体字的支持性环境。因此，在讨论麦克阿瑟基金会的研究结果时，艾尔金德指出：“父母给予孩子的支持和鼓励以及他们在家庭中创造的知识氛围似乎是关键因素。”[4]通过了解你的孩子并关注他的天赋、才能和兴趣，你可以构建一个环境来帮助他发现他真正的天职。通过积极地倾听你的孩子和观察他的行为，你可以决定如何才能更好地影响他的智力成长。例如，在大脑发育的某些时候，孩子特别需要你的特定刺激。如果孩子的学习内容与他的年龄和发展阶段相适应，他就会表现出永不满足的学习欲望，并且能够把自己的兴趣激发出来。因为你的孩子是一个独立的个体，他会有不同于其他孩子的愿望和需求。因此，如果你注意并积极倾听你的孩子，你会发现他的天赋和才能，这样他就可以对这两者进行开发。做孩子的启蒙老师似乎是一项艰巨的任务，但无论你是否有意识地承担了这个角色，你确实就是。无论如何，宝宝都会向你学习。无论他是从你的关注、引导、联系和爱中学习，还是从你的忽视、漠视或缺席中学习，你与他的互动都在激活他大脑中的神经连接或突触。突触的每一次噼啪作响都是在构筑他总有一天会要成为的那个人。

教育家玛丽亚·蒙台梭利发现，孩子天生就有一种内在的认知，她称之为“内在的老师”。她和荣格学派的心理学家詹姆斯·希尔曼（James Hillman）博士一样，相信在你的孩子身上有一个内在的声音，一个自然的自我，等待着展现。正规教育来得太晚，对孩子幼年时期的发展影响不大。

因为你的孩子天生就有好奇心和求知欲，所以他渴望刺激。因此，在儿童成长的早期，让孩子沉浸在一个充满印刷体字的环境中是很重要的，在这个环境中还应包含他可以触摸、操作和观察的对象。在宝宝那个结构化、安全的环境里进行早期的探险可以给他一个机会，让他能一天一天地扩大他影响和体验的领域，同时还能掌握必要的技能，以便突破他的舒适区向外扩展。与父母关系亲密的孩子以父母所提供的安全感作为立足点，有能力和安全保障去完成这一任务，这最终会给他带来良好的自尊心。你的孩子就是这样学习的。通过每天把他的触角延伸到未知的领域，你的孩子在一秒秒、一天天地建立起他的联想集群，也就是积累在他大脑中的印象和图像的集合。相应地，每一天你的孩子都会从他前一天停下的地方继续前进，而不是从他原来的起点重新开始。你的孩子在每次旅行中都掌握了新的概念，开拓了新的边界，他就是这样进步的。

每一次邂逅都会激发他天生的好奇心，让他更了解自己的世界，了解它的样子、感觉、声音、气味和味道。玛丽亚·蒙台梭利说："孩子们必须有表达自己的自由，从而揭示出那些在一个不允许他们自发行动的环境中会被隐藏或压抑的需求和态度。"[5]他所寻求的正是你的帮助，以充分展示他的能力。通过提供一个充满爱的、有支持力的、印刷体字丰富的、有趣的、能启发思考的安全空间，你搭起了必要的"脚手架"，可以确保将来你能获得他的信任，而他也能取得成功。

多年来，到底是质量（陪伴质量）重要还是数量（花在陪伴孩子上的精力和时间）重要的争论一直没有停止，但在为人父母方面，数量就是质量。如果你不能满足孩子的愿望和需求，如果你不能让他依靠，如果他不能以他与你的经历为基础建立信任，那么他就不能以健康的方式将这些感觉传达给自己和他人。在这种情况下，你的孩子会陷入感觉不到他周围的环境是安全和稳定的、不知道有什么东西可以依靠的焦虑之中。这些感觉会导致恐惧和绝望，终结或削弱孩子的开放性和学习意愿。你的孩子需要看到你，和你在一起，与你交流和互动。你也需要和你的孩子在一起，这样你才能了解他是谁，认识并回应他的愿望和需求，帮助他到达他注定要去的地方。每天匆匆忙忙地抽出几分钟来是不能解决问题的。亲密关系就是一切：它是如此重要，它植根于我们的物种本能之中，以确保我们的生存。

有些事情孩子只有在你身边才能学到，在其他地方是学不到的。在儿童成长早期，你对孩子的安全感、自信和能力的影响力是最大的。他的整个世界都围绕着你转，正是他与你的联系积极地强化了他的自我意识。就是这种安全感最终推动你的孩子向前发展，使他情感成熟，智力发达。大卫·艾尔金德博士说："如果孩子在幼年时有着强烈的安全感、良好的自尊和对生活及学习的热情，那他们就能为适应这个高速变化、问题重重的世界做好充分的准备。”[6]艾尔金德告诉我们，如果你的孩子和你关系亲密、经常被拥抱、得到了悉心呵护，如果你在一个印刷体字丰富的、安全的环境中（其中有大量可以操纵、触摸、检查和分析的物体）与孩子交谈或玩耍时使用复杂的语言，那么他获得内在潜力的机会将是最大的。亲密关系的建立从最初就开始了，从你第一次看着宝宝的眼睛时起，这个过程就启动了。每次你喂养和照料孩子的时候，你也在满足他的愿望和需求，这就是在创建信任之根。因为他可以指望不管发生什么你都在他身边，他会放松下来，开始信任自己、信任你和整个世界。就像寻找点金石的炼金术士一样，你的宝宝冒险闯进了未知的领域，此刻你需要确保当他回头看时你会在那里陪着他，安慰他说他不会有事的。此外你的宝宝爬回你身边寻求你通过温暖的微笑给他的认可和关注，就像炼金术士通过不同阶段的实验走向圆满一样。随着你对宝宝了解的加深，你很快就会发现，他会为了你的微笑、为了你的关注做任何事情。这一认知巩固了你迄今为止搭建起来的“脚手架”，它可以支持你的宝宝情绪稳定，并逐步走向成熟。

父母这种支持和引导的价值是不可估量的。你的孩子和父母关系亲密，感情上也成熟了，他会获得一些特殊的属性，包括集中注意力的能力。他能长时间坐着、集中注意力、记住图像，还能成功处理信息，这将使他比感情不太成熟的孩子更有优势。自我意识和良好的自尊让他拥有了强大的内心，这激发了自我激励。此外，他更好奇，更倾向于冒险，更能承受意外的失败。在参与解决问题的过程中，他可以更长时间地保持紧张，并且可以把他的努力放到一边来培养自己在认知和社交方面取得成功所需的特性。换句话说，你所珍视的孩子学会了重视自己和认可他人。如果你的孩子安全地依附于你，那他通常会比同龄的孩子更成熟，不仅会自我激励，还会发展得更全面，与同龄人相处的技巧也更娴熟。按照艾尔金德的说法，“在任何时候，一盎司①的动力都抵得上一磅②的技能”[7]。

P. 埃斯特拉达（P. Estrada）、F. 阿塞尼奥（F. Arsenio）、R. D. 赫斯（R. D. Hess）和D. 霍洛韦（D. Holloway）认为：

> 父母与孩子的情感关系会影响学龄前儿童的认知和社交能力。在婴儿时期安全地依附于父母的儿童，之后会以有利于认知发展的方式完成认知任务。与安全依附程度较低的婴儿相比，他们解决问题的方式具有更多的好奇心、毅力和热情，而挫折感则较轻。安全地依附于父母的孩子还会以促进认知和社交发展的方式利用成人的引导和关注。在解决问题的任务中，他们更能从母亲的帮助中获益，并与教师进行有效的互动。[8]

我们往往认识不到抚触的重要性。然而抚触是如此的重要，以至于宝宝在子宫里还只有4个月时，大脑中感知触觉的部分——初级感觉皮层实际上就已经开始处理触觉刺激了。在怀孕的第10周，你的宝宝会发育出特定的皮肤神经，从出生的那一刻起，宝宝就能分辨出柔软和粗糙的东西之间的区别，他更喜欢柔软的。蒂凡尼·菲尔德（Tiffany Field）的研究表明，每天给早产儿做3次按摩，每次15分钟，他们的体重增长速度会比没有做按摩的早产儿快47%，这项研究中唯一的变量就是按摩。接受过按摩的婴儿压力减轻了，这从他们的皮质醇水平降低，皱眉和捏紧手的次数减少上可以看出来。此外，那些接受了按摩的早产儿能比没有接受按摩的早产儿提前大约6天出院。[9]根据生物心理学家索尔·尚伯格（Saul Schanberg）的研究，如果把幼鼠与它们的母亲分开，使它们得不到母亲的舔舐，幼鼠分泌的生长激素就会减少。[10]然而，当实验室的技术人员用沾湿的画笔模仿老鼠

---

① 英美制质量单位。1盎司等于1/16磅，约合28.35克。——编者注

② 英美制质量单位。1磅约合0.45千克。——编者注

妈妈的舔舐时，幼鼠会继续按原来的生长速度生长。研究表明，当对婴儿进行触碰时，这种触碰会刺激迷走神经，进而刺激胃肠道，将胰岛素等激素送入血液。胰岛素有助于食物的顺利吸收，使人类婴儿发育得更快。按摩或抚触疗法也能减轻压力；接受了按摩的婴儿，皮质醇水平会下降，而皮质醇水平升高会破坏免疫细胞。虽然你的宝宝不知道被抚触的原因和理由，但他知道被抚触的感觉有多好，当你给他按摩时他是多么放松。[11]

抚触还能促进宝宝快乐、健康，并培养他全面成长的能力。通过拥抱和抚摸，你向宝宝传达了他被爱、被珍惜、被认可和重视的信息。这种普遍的幸福感，与抚触直接相关，已经被证明既能减轻宝宝的压力，又能增强宝宝的免疫系统；因为皮质醇会降低淋巴细胞比率，削减T淋巴细胞的数量，降低抗原水平，这些都会使婴儿更容易染上各种疾病。

存在于宝宝生命当中的你就是他真正的天赋。你不仅可以培养和鼓励他的情感走向成熟，还可以促进他的认知发展。此外，当你和你的宝宝在每个重要的发展阶段展开合作时，你会体验到一种压倒性的轻松感。当然，时机决定一切。蒙台梭利博士断言，孩子的大脑会在特定的时间接受特定类型的学习。[12]因此，正如第1章所探讨的那样，存在着一个窗口期，让你的孩子可以学会不止一种，而是许多种语言，还不会有外国口音。也存在着一个让孩子开始学习数学的最佳时期，以及适于让孩子学习音乐、体育等的时期。就是因为这样，你必须知道这些窗口何时出现，这样你就能做好准备，把正确的学习工具和你孩子的意愿结合起来。这样做，孩子的语言、认知、社交和情感的发展自然会得到提升和完善。当你注意到这些心理准备的黄金时期时，你的孩子不仅能获得积极的自我意识和独立感，而且他掌握的知识也会以高度协调的方式不断增加。运用这种方法，你可以好好利用机会窗口期，把情感健康、社交能力和广博的智慧结合起来。当大脑按照它的本性发展时，它会把对于特定的学习最有效的最佳时间框架揭示出来。借助大脑自身的生物结构和范围，你可以充分利用最好的教学时机和机会。更重要的是，如果你在最佳的时间教你的孩子正确的信息，他不仅是有所准备的，还会乐于接受它们。在正确的时间教授正确的概念和技能会有额外的好处，那就是让学习变得轻松。最后，当你和你的孩子一起踏上探索之路的时候，你也会一起感受到与学习相关的内在乐趣。

和孩子一起阅读

宝宝还在子宫里就开始给他念书吧。如果你经常在同一时间给宝宝念同一本书，他会对你的声音和这个熟悉的故事做出愉快的反应。研究表明，当宝宝在子宫里听到妈妈的声音时，他们吮吸的速度会加快。[13]当他们在有规律的间隔时间里听到同样的故事时，他们的反应是相似的。

因为你的孩子从怀孕4个月时到出生前这段时间里，都是通过一个回音室听到你的声音的，他能识别你的语言，包括音素、韵律和音调。等他出生后，你给他念他在子宫里经常听到的那本熟悉的故事书，就能轻易地让他平静下来。

研究表明，教你的孩子阅读最重要的策略就是反复地念书，念给你的孩子听，越早、越频繁越好。即使一开始宝宝不能理解故事的意思，他也会在你认真表述每一个词时通过专注地听你的声音来回应。现在他对这两者都很熟悉了，尤其是如果你一直重复地念同一本故事书的话。很快，你的宝宝就会尝试与你进行语言交流，给你讲他自己的故事。当他学会说话，开始储存记忆和语言时，他会适时地认出故事书上那些熟悉的字母的。

到宝宝蹒跚学步的时候，他就可以和你一起阅读了，他会假装认识单词，懂得故事。千万别去纠正他，要相信他最终会把书页上的字母和他反复听到的单词联系起来。

5岁之后再教孩子阅读，他会学得很辛苦，虽然肯定能教会他，但他错过了最佳时机。5岁的孩子正在失去大自然赋予他们的独特机会。在此之前，阅读不带丝毫刻意的应用，因此它会带来充满兴奋和热情的体验。从某种意义上说，当你让孩子在理想的时间阅读时，读写能力就会以最自然的方式产生。只有这样，他才能轻松地将故事书页面上的符号与听到的字母联系起来。然后，无须任何有意识的努力或决心，你的孩子开始阅读了。

由于早期读写能力的萌发是从出生前开始的，读写能力的习得是随着环境而产生的，也是环境影响的结果。所以，根据心理学家列夫·维果斯基（Lev Vygotsky）的理论，在一个文化社会中，父母和孩子在社交互动方面越成功，孩子在学习读写方面就越成功。[14]事实上，可将你孩子读写能力的萌发视为一个动态的整体，与他所处的环境形成一种互惠关系。[15]在这种模式下，读写成为一个互动和生成的过程。[16]你的语言习惯会对你的孩子定义阅读过程本身产生影响，并为他提供最终学习的材料。[17]既然你的孩子会模仿你的阅读行为，那么你作为父母的影响力就不会减弱。

你还应该创造一个印刷体字丰富的环境，这一概念加入了阅读研究中使用的一系列术语。阅读出现在生命之初的观点现在得到了一些研究的支持。这些研究表明，在阅读中功能和形式是合二为一的。虽然“萌发”这个词表明阅读和写作都是从孩子及其环境中发展出来的，但正是同化和适应的策略使这种进化的效率产生了变化。[18]

让·皮亚杰（Jean Piaget）认为，认知是通过儿童与环境的互动而发展起来的。他还发现，孩子们的思维是循序渐进的，从一个阶段到下一个阶段，形成了一个结构，指明了每个阶段应该教给孩子什么，包括阅读。与此同时，皮亚杰还特别指出，创造一个印刷体字丰富的环境，把孩子一天中接触到的所有物体名称用大号的、彩色的印刷体字写出来，是很重要的。[19]例如，在宝宝的婴儿床上贴一个大标签，把“C-R-I-B”这个单词拼出来，使字母形状清晰、颜色鲜艳，以引起宝宝的注意和兴趣。你可以继续用这种方法处理家里的物品，比如宝宝的麦片盒、高脚椅，你家的餐桌、冰箱等。带着宝宝去杂货店时，可以做一个游戏，用手指着熟悉的物体，用印在它们上面的名字叫它们，比如，洗衣粉。即使是在街上散步也能成为一次学习的经历，如果你提醒他注意沿途的路标，他最终会认得的。所有这些都会刺激宝宝的联想集群，形成新的神经连接和突触，从而刺激他的大脑成长。当你以一种生动的方式调节你的声音来强化这些经验时，你就提高了宝宝对他整个身体听到和感受到的语言的接受能力。正是这些简单的步骤激发并吸引了宝宝的注意力，激发了他阅读的意愿。

艾尔金德也强调充实的环境非常重要，并警告我们，在学龄前，在正规的教师指导下进行学习是危险的。[20]他指出，在智力快速增长的时期，孩子会寻求刺激来丰富自己的智力。因此，只要你为孩子提供一个充实的环境，让他可以观察、探索、操作、交谈、写作、阅读和思考，就可以为孩子提供最好的服务。[21]据艾尔金德所说：

> 婴幼儿并不只是坐在那里无所事事，等待着父母来教他们阅读和数学。他们正花费大量的时间和精力去探索和理解他们眼前的世界。健全的教育支持和鼓励这种自发的学习。早期教育之所以会把人教坏，并不是因为它试图去教，而是因为它试图在错误的时间教授错误的东西。当我们忽视孩子必须学习的东西，而把我们想教的东西强加给他们时，我们就是在把婴幼儿置于毫无成效的危险之中。[22]

从本质上讲，通过创造一个安全、诱人和有趣的印刷体字丰富的环境，你可以增强孩子的能力。如果你创造了一个印刷体字丰富的环境，当中充满学习的热情和兴奋，你的孩子就会有学习的动力。这样的环境加上积极的强化，创造了必要的氛围来激活动机，当动机被激活时，阅读技能就会随之产生。这样，阅读会在正确的时间以无缝、无压力的方式展开。

关注你的孩子

最重要的是要了解你的孩子。当你积极地关注你的孩子时，你就能在旁边引导他，觉察到他的发展阶段，并积极地干预。在3岁之前，你影响孩子早期教育的机会是最大的，因为这是为以后的发展奠定基础的年龄。你不仅能适时窥见孩子学习的意愿，而且还能及时识别出从轻微到中度的听力损失和语言障碍。通过及早发现孩子的困难，你可以迅速介入。早期干预可以在你还能发挥作用的时候修复和补偿这些问题。例如，听力损失和语言障碍之间是有联系的。这一点很重要，因为3岁以后再对语言和智力方面的缺陷进行补救是很困难的。你需要在陪伴孩子的过程中观察你的孩子有没有成功地从一个学习阶段过渡到另一个学习阶段。然后，在出现问题时，你可以立即觉察到它们并妥当地进行干预。

宝宝的大脑在出生后继续发育，创造所有的成长都不可或缺的神经连接或突触。在某种意义上，你可以说，从一开始宝宝的大脑就能学习任何东西，但它不知道如何去学。神经科学告诉我们，宝宝在子宫里和出生后的经历，连同遗传因素，将决定他的大脑是如何形成神经回路的。然而，正是这些最早的经历决定了这些神经回路的形成。语言发展方面的研究表明，宝宝的大脑具有神经可塑性，但这种可塑性会随着时间的推移而减弱。据帕特里夏·库尔博士所说，作为其结果，婴儿的大脑在听觉皮层建立了一组神经元，这些神经元会对每个单独的音素做出反应，当耳朵捕捉到特定的声音时，这些彼此独立、截然不同的神经元簇就会发出信号。当一种特定语言发出的特定声音被反复听到时，听到这种声音的神经元会建立一条与那些听到其他声音的神经元不同的轨迹，或者说，它与其他神经元产生了距离。当宝宝1岁时，这些听觉轨迹已经形成，构成了一幅完整的听觉地图。现在你的宝宝再也听不到他在自己的经历中没听到过的特定音素了。这是因为，在缺乏经历的情况下，大脑永远无法形成能对那些特定音素做出反应的神经元簇。每过一个生日都会让你的宝宝离那些没有经历过的声音更远一些，因此这些声音是不会被他的大脑追踪到的。日子一年年过去，他学习母语以外的语言会越来越困难。随着宝宝的成长，为每个特定的神经元指定任务的工作也在进行。最终，能够听到不熟悉的声音和音素的神经元越来越少。经历在语言发展中非常重要，甚至延伸到了词汇领域。[23]

•9 种发展宝宝说话能力的方法

你的宝宝是社会性动物，他的语言能力取决于你对他的努力所做的回应。通过吸引宝宝的注意力并让他参与到学习过程中来，你可以用多种方式强化宝宝的说话能力：

1. 玩躲猫猫或拍手歌之类的游戏。我曾经给我的孙子们唱：“如果感到幸福，你就拍拍手。”与词语有关的游戏有助于提高语言能力。

2. 给你的孩子一些物品，并充满活力地说明它们是什么。例如，热情地说：“这是你的勺子！这是你的苹果酱！”通过把动作与语言和情感结合在一起，你可以帮助孩子在大脑中建立联想，这有助于提高他的语言能力。指着灯说：“这是灯。”用手指指示，你就帮孩子把动作与语言和物品联系在了一起。

3. 教授语言和增强宝宝语言能力的关键是说、说、说。在说的同时尽可能地使用肢体语言。带有情感的语言可以增强语言联系。

4. 进行互动。如果你在喂孩子，那就通过问问题来进行双向对话吧。例如，“我们有苹果酱。你喜欢苹果酱吗？”当你在建立联想时，突触就会连接起来。和你的孩子进行互动活动，就是在鼓励他思考你说的话。这就是学习的过程。比如，问他：“你想玩吗？你想吃东西吗？你想洗个澡吗？”这样可以鼓励他思考。用复杂的语言和孩子交流可以提高他大约20分的智商。[24]

5. 教他分辨身体部位。例如，这是你的鼻子。这是你的脚。这是你的嘴。然后问你的孩子：“你的鼻子在哪里？你的脚在哪里？你的嘴在哪里？”带着感情，提高你的音调，这会让学习变得激动人心，并吸引孩子的注意力。

6. 唱歌、背童谣、读故事，或者让你的孩子给你讲故事。玩诸如玩偶盒、陀螺或球一类的东西，教你的孩子识别每样东西，同时向他展示它们是怎么玩的。例如，玩偶盒会弹出玩偶，陀螺会旋转，球会反弹。

7. 拍照，让你的孩子看看他长什么样。让他看看镜子里的自己并且问他：“镜子里的那个人是谁？”然后通过问“是你吗？”来教你的孩子识别他自己。这是创建联想集群，以提高学习能力的一种方法。

8. 把物品归类。把所有的动物玩偶放在一起。把所有的洗澡玩具放在一起。把所有的烹饪玩具放在一起。然后让你的孩子辨认它们。“所有的动物玩偶在哪里？所有的洗澡玩具在哪里？所有的烹饪玩具在哪里？”这样他就能学会如何运用和拓展自己的知识，并像指挥一支管弦乐队一样使用他的大脑。

9. 全天候播放巴洛克音乐作为背景音乐。巴洛克音乐能使大脑处于阿尔法状态①，这是一种类似于冥想的状态。它能将更多的血液吸引到前额叶皮质，帮助你的孩子更好地处理信息，帮助他将图像记得更久，并帮助他更有效地使用大脑。巴洛克音乐，特别是广板乐章中的巴洛克音乐，节奏与孩子的心跳是一致的，所以它让孩子处于一种平静和放松的状态，给他一个更好的机会来实现他的全部能力。

---

① 人脑中出现了α波时的主观感受。此时，人会感觉自己进入了一种愉快的、松弛的安静状态。——编者注

学步期的孩子，其语言能力的发展与他们跟妈妈进行语言交流的强度和长度有着独特的联系。经常跟妈妈说话的学步期幼儿，其词汇量能达到大约131个，比不常跟妈妈说话的孩子要多。[25]到2岁时，与健谈的妈妈在一起的学步期幼儿，其词汇量会成倍增加，达到大约295个单词。这里的关键是重复。用对话的方式和孩子说话、使用复杂的语言、经常重复一个单词是快速掌握语言能力的途径。

由于宝宝的大脑具有神经可塑性，他很快就能分辨和模仿他反复听到过的音素。不仅如此，在5岁之前，你的孩子可以学会任何一种语言，只要他经常听到这种语言——唯一要注意的是，他所听到的每种语言都要专门指定一个人，只由这个人来跟他讲这种语言。例如，如果一个家庭中有4个人说4种不同的语言，那么每个成员只能专门用一种语言对宝宝说话。到12个月大时，宝宝就不能辨别他没有听到过的音素或声音了。他只能识别他一直在听的音素和他的母语（他每天听到的语言）的声音。然而，到孩子10岁时，这种神经可塑性减弱了，无论再让他学什么语言，现在听起来都很陌生。就像所有的大脑发育一样，语言习得和神经突触的排序及编列都与在特定的时期出现的独特的接受能力有关。因此，要在最佳的学习时间让孩子获得恰当的体验，为孩子发挥他的潜力提供最好的机会。

早期行为模式是如何在我们的原生家庭中形成的

多年前，我看了《夜间连线》（*Nightline*）对布鲁斯·斯普林斯汀（Bruce Springsteen，美国摇滚歌手、作词作曲家）的一次采访。他说他所有的歌都与他童年时发生的事情有关。我永远不会忘记我听到这些话时的感觉。他还说，他仍在努力处理那时候他与家人（尤其是与父亲）和朋友在相处过程中产生的情感问题。在每个人的生命中，从出生到死亡，真的只有两个人最重要：母亲和父亲。这是心理学的一条真理。你所有的人际关系都建立在你幼年时与这两个人的互动上，因为你与他人建立联系的全部模式都是在你的原生家庭这个熔炉中锻造出来的。

你所认为的你在这个世界上所处的位置是通过这些经历所创造的神经轨迹精心打造和磨炼出来的。你的是非感，你的自尊心、自信心和能力，都与你和父母的关系紧密相连。你愿意冒险，敢于走出自己的舒适区，这是你和父母关系亲密的结果。你就是这样建起一颗强大内心的，它能让你听到你内心的声音，找到你真正的天职。这样你才能获得自身的资源，学会行使自己的权力。安全感激发了动力，这种动力可以传递给你的孩子，并继续传给下一代。正是这种安全感使你的孩子能够通过学习获得各种可能性。准备这样一场盛宴所需的要素包括刺激、热情和兴奋，所有这些都能吸引感官，让它们产生参与和投入的欲望。表观遗传学告诉我们，大脑发育的这种扩展，如果习惯了，是会导致遗传性状改变的，这种变化有可能会延续到下一代。

此外，戴夫（Dave）和沃尔夫（Wolf）的一项研究考察了家庭环境对学校学习的影响，特别是对语言能力的影响。他们发现，是父母的行为，而不是他们是谁，决定了孩子在学校早期的学习发展。借助对父母的访问以及观测技术，戴夫和沃尔夫试图调查家庭内的环境过程变量，即儿童和家长之间与在学校和家庭中学习有关的互动关系。[26]

戴夫和沃尔夫认为，在改变一个孩子的社会经济地位方面我们几乎无计可施，但在更具影响力的环境过程方面我们可以做的事情很多，这将改善他们日后的语言能力、认知能力和社交能力。在他们对4岁和5岁儿童的研究中，戴夫和沃尔夫对环境过程变量进行了探讨，这些变量包括家庭的工作习惯、学业指导和支持、激励、语言发展、学术志向和期望。这些变量与成就高度相关。[27]

因此，早期教育面临着新的问题，这些问题牵涉到整个社会结构，从家庭结构本身，到投射在这些“处于风险中的”儿童和与他们相对立的“超级婴儿”身上的社会等级制度缩影。这些问题的答案会影响到社会结构本身，以及置身于其中的每一个人。[28]例如，企业完全可以为员工建立良好的托儿所，让你有机会在工作时间探视你的孩子。这会减轻宝宝的压力，降低他大脑中皮质醇的含量，而皮质醇会让发育中的大脑产生破坏性的改变。这种接触孩子的方式也可以减轻你的压力，因为你知道你可以定期看到你的孩子，通过让他重新获得与你的联系和安全感来让他放心，让他知道自己没有被抛弃。在小范围内，这样的托儿所项目已经存在，但如果企业和政府合作，这种育儿方式就可以成为规范而不是特例。

父母积极参与的影响怎么强调也不为过。孩子们需要时间与父母互动，提出问题，最重要的是，有时间创造性地思考。埃斯特拉达（Estrada）等人的一项研究考察了孩子4岁时母子关系的情感质量与孩子小学和中学相关认知功能的后期结果之间的相关性；他们报告说，作为情感关系指标的综合得分与认知功能的所有指标高度相关。而情感关系与母亲的智商、社会经济地位，或孩子的性别无显著相关。[29]在儿童成长早期，父母的参与是否充分将会决定孩子大脑的结构以及冲动控制的发展。研究表明，持续的幼年剥夺可以明显地改变海马，这是与记忆和学习有关的区域。杏仁核，管理情绪和战斗或逃避反应的区域，也会随着持续的压力而改变。海马会变窄，杏仁核会变大。在正常情况下，前额叶皮质是“船长”。但当你处于压力之下时，大脑前额叶皮质的批判性思维过程会变慢，杏仁核会变大，从而成为新的“船长”。这意味着是你的情绪而不是你的理智、你的思考在驱动你的行为。如果压力是暂时的，那么生物变化也是暂时的。然而，如果压力或剥夺一直持续下去，那么海马和杏仁核结构的改变也将是永久的。例如，如果你的孩子受到虐待或漠视，没有得到过拥抱、依偎和亲昵的对待，他的大脑就会表现出类似创伤后应激障碍的特征，这反映出他的幼年正在遭受剥夺。

神经科学告诉我们，在儿童早期发育过程中，积极联系的经历可以对宝宝的神经胶质细胞起到支持作用，甚至能促使它们增殖，通过大脑的连接线路或突触，传递神经信号的正是这些细胞。当宝宝的神经胶质细胞增加时，这个过程就会加快，这种机制有可能加速学习。因此，不难理解信号传输的增强为何不仅能培养更快速的思维模式，而且还能培养更复杂的思维模式。在天才儿童身上，神经胶质细胞的扩充和大幅增加是很常见的，这是儿童早期父母的行为明确地从细胞水平上影响大脑的发育和功能的另一个例子。

再来看看害羞的孩子。前沿科学解释说，实际上可以在大脑中观察到害羞。虽然害羞使你的孩子与众不同，但它也会在他以后的社交生活中制造问题。如果你了解你的孩子，你会立即发觉他的害羞倾向。例如，当陌生人出现时，他可能会依偎在你身旁，或是为了安心紧紧地抓住你。当身边有陌生人时，他会变得局促不安或表现出焦虑的特征，而当他和其他人在一起时，他通常会变得很容易发怒。然而，你最有权去改善你孩子害羞的行为，方法是营造一个环境，让他可以在你的支持下安心地与非家庭成员在一起。

虽然害羞在很大程度上是由遗传因素决定的，但你孩子的害羞基因代表的只是一种可能性，它并不是一定要表达出来的。如果你为社交活动安排专门的时间，在这段时间里你绝不离开孩子身边，并且确保这些互动为时短暂和令人愉快，那么，一点点地，你那害羞的孩子会开始信任你，信任他自己，并且很快就会信任别人。因为信任是建立在体验的基础上的，所以在这段时间里一定要让孩子能够信任你，不要让他失望。通过为你的孩子创造一个新的习惯，你可以使他变得不那么敏感，同时培养他和其他孩子一起玩的兴趣。迟早，你害羞的孩子会开始摆脱他的羞怯，获得社交能力。有趣的是，根据杰罗姆·卡根（Jerome Kagan）博士的研究，即使是在子宫里，害羞的孩子的心脏也比不害羞的孩子跳得更快，大约每分钟140次。[30]就算在子宫里，害羞的孩子也表现出高度的警惕性，尤其是在他监视自己的小世界时，他对输入的信息会有更强烈的反应。在过去，父母被告知要随遇而安，学会忍受孩子的羞怯。然而，今天，科学使我们变得更聪明，它告诉我们，虽然你的孩子可能有害羞的倾向，但这可不一定是命中注定的。

作为父母，你也有能力影响甚至提高孩子的智商。早在20世纪60年代就有新观点指出，“智商并不是从出生起就固定不变的，在婴儿期和幼儿期，通过正确的刺激可以显著提高智商”[31]。心理学家本杰明·布鲁姆认为：“在某个特性（即智力等）快速发展的过程中，环境对其产生的影响最大。”[32]据布鲁姆所说，从胎儿时期到4岁，大脑的发育比从4岁到18岁要快得多。因为在那段时间里，你的孩子作为一个动态的整体，与他所处的环境之间有一种相互作用的关系，由此你可以体会到你的影响力有多大。亲密关系的力量怎么强调都不为过，不仅可以尽早地对剥夺做出有效的补偿，而且只要父母能在恰当的时间觉察到正确的信息，往往可以弥补孩子的缺陷。

做可以引导孩子学习的支持型父母并不是——也不必是——一件劳神费力或需要投入大量精力的事。实际上，你几乎可以立即看到积极的结果。这与你有没有受过高等教育、财力是否雄厚毫无关系；无论你的收入水平或受教育程度如何，你都可以提高孩子的学习能力。在大脑发育过程中，只要你在行动和大声说话，你的所作所为和话语就会鼓励或抑制宝宝天生的学习能力。每一个拥抱，每一次依偎，每一个故事，每一首摇篮曲，都会在孩子的大脑突触中引发噼啪作响的神经冲动，建立起一个联想集群，这将决定他未来的走向。改变孩子的家庭环境可比提高父母的教育水平或社会经济水平简单得多。[33]

天才儿童

在大多数情况下，天才儿童的父母会给予他们特别的关注，让他们觉得自己很特殊。如果不是因为你参与到他的兴趣中，无论这种兴趣是科学、数学、语言、音乐、艺术还是别的什么，你的天才儿童可能连自己的天赋是什么都找不到，更不用说发展他的天赋了。尽早发现孩子的天赋，你就可以支持他走向卓越。有两种常见的陈词滥调：一是“天才是天生的，不是后天培养出来的”；二是“是金子总会发光”。这两种说法妨碍了我们理解父母在识别天赋和创造合适的环境方面所起的作用。而且，天才、冠军和神童并不总是能早早地或明显地展现出天赋来。因此就需要一位有洞察力的家长从旁观察，在他创造的那个丰富多彩、趣味盎然的环境里，他的孩子在追求什么。艾尔金德告诉我们，“孩子是大自然的礼物，但孩子的形象是由人类创造的”[34]。确切地说，如果没有你的特别关注，你的天才儿童是不能发挥他所有的能力的。

尽管婴儿或学步期的孩子似乎整天都在玩耍，但实际上他在观察和理解周围环境上耗费的能量、时间和精力超乎你的想象。你的孩子在探索环境的过程中，会自发地学习各种技能。因此，必须对他进行积极的照顾。正如蒙台梭利博士提醒我们的，“帮助婴儿发展心智”是你的首要任务。[35]她进一步指出，这是教育的新方向：一种在心智的发展过程中帮助它成长的方法，可以增强其活力并加强它的种种能力。据艾尔金德所说，许多天才儿童有一个共同点，那就是他们的父母通过关注他们在各个领域的才能来培养他们强烈的自我意识和卓越感。如果没有父母的特殊贡献，超常儿童可能永远无法发挥他们的潜力。[36]通过积极、热情地参与孩子的生活，你会重视他的努力，从而支持和鼓励他取得成功。通过在家里营造一种能激发创造力的氛围，并以能刺激宝宝感官的物品和材料充实孩子所在的环境，再加上你永不变更的协助和支持，他会自发地扩展他的参照系和知识范围。作为父母，你在营造适宜学习的氛围方面是至关重要的，因为体验是迫使你的孩子对他周围的环境采取行动的工具。智力的成长始于子宫，在儿童早期它仍在快速地成长。这就是为什么如果你在一开始就给予积极的照顾，你就可以引导你的孩子形成自己的思想。只有这样，你的孩子才能实现他生命的圆满，融入他的命运之中，才能遵从他自己的权威，塑造他自己的未来。

然而，如果你不努力满足孩子对关注、照顾和亲子联结的需求，你就无法发现孩子关键的愿望和需要，也无法为孩子的大脑结构搭建起完善的"脚手架"。我们经常听人说幸福是一种选择，但我认为幸福更像是一种条件。按照这个推论，如果你成功地将大脑发展的模式与正确的学习体验结合起来，你的孩子将走上真正幸福的道路，这将影响到他在今后的生活中所做的每一件事和遇到的每一个人。

不同的成长阶段需要不同的学习模式，虽然这些阶段是独特的，但成功应对每一个阶段的重要性将它们联系在一起。据埃里克·埃里克森（Erik Erikson）所说，如果你的孩子没有完全和及时地通过他的发展阶段，那么他的禀赋和智力就无法最大限度地发挥出来。就像毛毛虫为了完整地孕育出大自然赋予它的美丽而把自己包裹在茧里一样，你的孩子也需要一个安全且充实的茧，让他在里头慢慢成熟。[37]

从孩子出生的那一刻起，你就必须参与孩子的发展。如果你不抓住时机，你就会错过窗口期。本杰明·布鲁姆博士的研究为早期教育在影响智力发展方面的价值提供了充分的支持，他的研究告诉我们，大脑在这段快速发育的时期是最容易接受环境影响的。[38]到4岁时，你孩子的智商将达到他成年时最高智商的一半左右。

现在，有了孩子在幼年时期如何发展的知识，你可以轻松、适时地指导你的孩子充分利用重要的学习机会，这些机会与他的年龄相适应，因此对他来说是可利用的。不管你喜不喜欢，你永远是他的第一位老师。让你的家以孩子为中心，并且让家适应孩子成长的需要，这样你的孩子就能够轻松地学习和进步。

总结

•宝宝的发育：4 到 7 个月大

在4到7个月之间，你的宝宝会经历许多重要的发育变化。为了不错过社交、生理、情感、语言和认知发展方面的成长里程碑，你要注意以下这些事情：

社交方面的成长里程碑

宝宝在这个年龄段所能达到的社交里程碑是有了行动和反应之间有因果的概念。在这个阶段，你的宝宝会意识到他所做的事情——做鬼脸、扔东西、挥舞拨浪鼓、哭泣——能引起观众的反应。因此，他第一次认识到他对他的世界有影响。实际上，宝宝是在测试自己的环境。在4到7个月大的时候，你会发现宝宝学会了微笑和大笑，他逐渐能感知颜色了，面对陌生人时还会感到焦虑和害羞。在社交方面，你的宝宝已经开始模仿周围人的行为和表情。现在是时候为你的孩子创造一个安全的、与他的年龄相适应的并且有趣的环境，让他进行体验了。

生理方面的成长里程碑

1. 翻身的能力
2. 坐起来时能保持平衡
3. 能拿住拨浪鼓
4. 把所有的东西都往嘴里塞

5. 开始用手扶着奶瓶
6. 会把够着的东西换到另一只手上去
7. 能够在腿的协助下，用腹部向前挪动
8. 能够更好地控制身体和头部
9. 在休息时会抱住脚，把脚指头塞到嘴里

到7个月大时，宝宝总体的运动技能使他可以：
1. 用腿支撑全身的重量
2. 能站着蹦
3. 会扶着婴儿床或家具来支撑自己
4. 几乎可以靠自己坐着，同时还能伸出手臂来让人抱

情感方面的成长里程碑

在情感方面，这个年龄段会出现的成长里程碑有对温暖、拥抱和其他形式的爱的表现有所反应。你的宝宝会意识到周围的人，包括会对陌生人产生焦虑。宝宝的情绪有时可能会高涨。宝宝会很好奇和情绪化。他会让你更加了解他的感受。他可能会在行为上表现出高度的自信，而如果玩具被拿走或是在游戏时被打扰，他可能会哭。虽然随着宝宝的成熟，发生上述情况时他的情绪会逐渐减弱，但当他认为自己的所有物被人拿走时，他会很容易生气。当宝宝对有趣的姿势和表情做出反应时，你会开始看到他的幽默感。宝宝出生后很快就能模仿你的面部表情，尽管他还从来没见过自己的脸。

语言方面的成长里程碑

在4到7个月之间，你的宝宝可能会开始发元音和双音节音，还能把元音和辅音连在一起发。在这个阶段，宝宝说话时会注意观察并模仿别人的嘴巴动作。你的宝宝也会通过改变口形来创造新的声音。他会开始注意音调和其他人音调变化的方式，他会对熟悉的声音做出反应，模仿他所听到

的声音，经常是一口气模仿几个声音。在这个阶段，让他接触复杂的语言有助于提高智商。

认知方面的成长里程碑

在这个阶段，你的宝宝开始认识到事物的持久性：他开始明白，如果你离开，你还会回来；他最喜欢的玩具不会在第二天消失；如果他藏了什么东西，他可以找到它。像捉迷藏和躲猫猫这样的游戏正适合这个年龄段的孩子。而且，宝宝能对他只看到一部分的东西是什么做出预想。他会操纵物体，会受到视觉和触觉的刺激。因此，他可以操作、触摸和堆叠的物品在这个阶段对宝宝的发育是有帮助的，因为你的宝宝开始对玩具和积木进行分类了。

在差不多7个月大时，宝宝就开始挑战权威了。你从他故意忽视或拒绝接受指示上就可以清楚地看到这一点。他还会表现出更亲密的行为。例如，他可能会在早上伸出手来迎接你，希望你能把他从婴儿床里抱出来，在被抱回来的时候拥抱你，甚至会给你一个期待已久的亲吻。

危险信号

在这个年龄段需要注意的一些危险信号包括：发育迟缓、生理性出生缺陷、听力障碍、自闭症、唐氏综合征[①]、阿斯佩格综合征[②]、胎儿酒精综合征[③]，以及心脏缺陷等先天性问题。如果有这些问题的迹象，一定要跟孩子的儿科医生谈谈。

---

① 由于第21对染色体增加1条而引起的包括智力低下、短头、鼻梁低平、睑裂外角上斜、内眦赘皮、伸舌、猿掌、小指向内弯曲、先天性心脏病等的多发性先天畸形。——编者注

② 出现在儿童期，社交活动异常，同时伴有以兴趣与活动内容的局限、刻板和重复行为为特征的一种广泛性发育障碍。——编者注

③ 孕期过量饮酒引起的胎儿精神和躯体生长发育迟缓，并伴有头颅、颜面、肢体和心血管缺陷的综合征。见于严重酒精依赖的母亲所生的部分子女。——编者注

•你家孩子大脑的发育：1 岁时

你有没有想过，为什么你那个刚学会走路的孩子没有以你认为应该是“正常”的反应来回应你？或为什么你的宝宝总是一遍又一遍地打开和关上壁橱的门？

人类是地球上少数在出生时仍是“未完成体”的物种之一。我们出生时，大脑还远没有完全发育成熟。随着时间的推移，人脑的发育会变得相当缓慢。计算机断层扫描、核磁共振成像和正电子发射体层成像等新技术都表明，你的大脑到青春期后期仍在发育。因此，宝宝和学步期的孩子的思维方式是受他的发展阶段影响的。你的宝宝会以具体的方式看待世界。他推理和回应的方式与这个特定的阶段直接相关。因此，在与孩子交谈时，以及在对他的行为进行预测时，一定要考虑到孩子的发展阶段。

突触修剪

婴儿的大脑天生就有大约1000亿个神经元；虽然这听起来很多，但到宝宝满1岁时，他的神经元会比这多一倍。实际上，到成年时，宝宝的大脑体积会增加5倍。而到了2岁或3岁时，大脑拥有的突触连接数量却是成年时的2倍。这是因为，随着年龄的增长，我们的大脑执行着一种“不用就废弃”的功能，有效地“修剪”了多年未使用的突触连接。

宝宝来到地球后的头一年里，神经元的生长和突触的修剪一直在发生，这是受到环境刺激（或缺乏刺激）的结果。

在宝宝生命的第一年里发生了太多的事情，我认识的许多父母都对他们的孩子在这个时期所发生的变化感到不知所措和惊讶。

社会学习和认知学习

在他生命的头一年里，宝宝处在进行社会学习和解决简单问题的过程中，大脑在进行显著的发育。宝宝从什么事情都不会做发展到会说一门不熟悉的语言，会遵循简单的指示，如“拿起书”，会正确使用物品，如翻开书进行阅读和使用杯子喝水。虽然你的宝宝可能还不明白身体活动的细微差别，但他正在学习通过敲打东西、扔东西、推落东西和摇晃东西来进行探索。这是1岁孩子学习事物运作的方式。他可能会一次又一次地把一个毛绒玩具扔到房间那头去，但要知道，这样做并不是为了惹恼你，也不是在表达某种情绪。你的宝宝只是在做所有宝宝都会做的事情：为了理解一个动作而重复它。

与此同时，宝宝在这一年里也开始发展社交和情感联系。你可能想知道，为什么平时冷静的宝宝在七八个月大的时候会突然对陌生人感到害怕。其原因是大脑前额叶的发育突增，从而产生了依恋这种感情；由于熟悉你的声音和你的触摸，你的宝宝已经对你还有其他熟悉的看护者形成了一种依恋关系，但是当你离开或不熟悉的人靠近时，他们可能会突然感到恐惧。

在宝宝满1岁之前，他都缺乏行为控制。他可能开始明白打兄弟姐妹是错误的，他的大脑仍在努力克服这样做的冲动。因此，你必须对他的发展阶段有清楚的认识，并对此做出正确的反应。

针对1岁以下的孩子的育儿贴士

1. 尽可能多地和婴儿说话、唱歌，倾听并回应婴儿发出的咯咯声和嘟哝声。你和宝宝的关系越紧密，他听到你的声音、感受到你的抚摸、闻到你的气味越频繁，他就会感到越舒服、越安全。

2. 鼓励所有的看护者和来访者多和宝宝交谈。这在7到8个月的阶段尤其有用，这时他会开始对分离和陌生人感到焦虑。

3. 在宝宝出生后的第一年里，尽可能多地抱着宝宝。宝宝对依恋的反应强烈，在陪伴父母进行简单的远足时，他们开始变得社会化和文明化。

4. 通过创造一个安全的学习环境，让他可以在里面探索，来帮助宝宝实践和演练他在运动、感觉和认知方面的进步。操纵、触摸和观察物体不仅可以提高学习能力，还可以帮助宝宝在环境中测试自己。每一次体验都会增加他的洞察力和理解力，并刺激他大脑里的联想集群。因为你的宝宝直到1岁左右才开始具有控制行为的能力，所以如果他不自觉地打他的兄弟姐妹或发脾气，你应该理解和同情他。这时候应该温柔地改变他的环境，同时口头提醒他打人是不可以的，这会纠正他的行为。另外，当你的宝宝乱扔玩具或是从高脚椅上把东西推落下来时，他实际上是在做一个关于重力的实验。如果你也参与进去，和他一起玩，而不是通过责骂和试图控制他的行为来和他进行对抗，你的理解方式会使他的反应变得温和，同时还能帮助他通过洞察和认知来提高智力。

5. 给你的宝宝一个安全、开放的空间，让他们在监督下学习。例如，把起居室里尖锐和沉重的物品清理掉，让你的宝宝在地板上玩积木、动物玩偶、木制汤匙和适合他年龄的玩具。在你看来，这可能是一种不需要动脑筋的活动，但这种自由玩耍的形式可以让孩子的大脑与动作建立更多的联系。

2岁这一时间段被皮亚杰称为“前运算期”。这是孩子开始获得语言，使用心理意象和符号，理解简单规则的时期。他们只从自己的角度看世界。例如，在他们捂住脸看不见别人时，他们也会认为这意味着别人看不见他们。

甚至在2岁的时候，孩子们就已经知道有些规则是不应违反的。它们可能不是关于道德的规则。它们更像是游戏规则或他们的好恶，例如，不要让盘子里的胡萝卜和豌豆混在一起。但这是理解规则的开始，这些规则将构成更复杂的道德推理的基础。

3岁时仍要应对“前运算期”。在这个阶段，孩子们会区分幻想和现实：他们变得更有逻辑了，不再那么以自我为中心。他们可以更好地集中精力解决问题，开始理解时间、距离和速度之间的关系，以及其他支配着世界的规则。

•3—5 岁大的孩子：发育的指标

在你的孩子3—5岁大时，要关注孩子处理抽象概念、理解道德原则和思考规章制度这些能力的提升情况。

像所有父母一样，你关心孩子的成长，他的发展是及时的、超前的，还是迟缓的？如果你有所担忧或怀疑某件事出了问题，那么与其否认它，不如直面它。重要的是要记住，你的孩子是一个独立的个体，他将在平均发育指标的参数范围内，以自己的速度走向成熟。专业人士可以通过比较孩子的成熟度和适当的发展指标来确定一个4岁的孩子是否能胜任认知发展任务。

3—5岁孩子的标准发育指标

1. 你的孩子在表现出更强的自制力的同时，也取得了更多的独立性。

2. 他现在能解决问题并保持专注。

3. 对于图像，他可以记得更久。在遇上问题时，能够坚持去解决它。

4. 当你的孩子感到不安或无法控制自己时，他可以把自己的感受更清楚地告诉你。

5. 他的认知性语言发展和社交发展能通过更复杂的语言和逻辑来表现。例如，他能够领会时间等抽象概念，包括吃饭时间。

6. 他表现出了幽默感，并且喜欢押韵的词。

7. 他能数到十，还能辨别颜色、形状和字母。

8. 他可能已经开始阅读了。

9. 他可以轻松地完成简单的任务，例如刷牙、洗澡、睡前准备，以及拿住餐具。

10. 他的运动技能日益成熟，在这个阶段，他可以开始使用安全剪刀，并仿照和裁剪出形状来，他还能画出一个完整的人形。

父母们，了解你的孩子是很重要的。如果他们没有达到这些发育指标，那么赶紧向孩子的儿科医生求助吧。请专业人士做一个全面的检查，确保你的孩子发育正常。

以下为我在写作本章的过程中所参考的资料清单：

1.Underwood, Anne, and Marc Peyser. “Shyness, Sadness, Curiosity, Joy. Is It Nature or Nurture?” *Newsweek*, 1997, 60-63. https://www.newsweek.com/shyness-sadness-curiosity-joy-it-nature-or-nurture-174968.

2. Elkind, David. *Miseducation: Preschoolers at Risk*. New York: Knopf, 1987, p. 55.

3. Ibid., 20.

4. Ibid., 21.

5. Montessori, Maria. *The Discovery of the Child*. New York: Ballantine, 1972, p. 46.

6. Elkind, *Miseducation*, 51.

7. Ibid., 22.

8. Estrada, P., et al. (1987). “Affective quality of the mother-child relationship: ongitudinal consequences for children’s school-relevant cognitive functioning,” 210–215.

9. Van Boven, Sarah. *Giving Infants a Helping Hand*. New York: Newsweek, 1997, p. 45.

10. Ibid.

11. Ibid.

12. Montessori, Maria, and M. Joseph Costelloe. *The Discovery of the Child*. Vancouver: Access and Diversity, Crane Library, University of British Columbia, 2015.

13. Cowley, Geoffrey. *The Language Explosion*. New York: Newsweek, 1997, pp. 16–20.

14. Gross, *Parental Involvement*, 29.

15. Ibid., 28.

16. Ibid., 27.

17. Ibid., 24.

18. Ibid., 23.

19. Ibid., 25.

20. Ibid., 33.

21. Ibid., 32.

22. Elkind, *Miseducation*, 25.

23. Begley, Sharon. “How to Build a Baby’s Brain.” Newsweek. March 13, 2010. Accessed December 30, 2018. https://www.newsweek.com/how-build-babys-brain-174940.

24. Elkind, David. *Miseducation*, 65.

25. Begley, Sharon. “How to Build a Baby’s Brain.” *Newsweek*, 31.

26. Gross, *Parental Involvement*, 37.

27. Ibid., 37.

28. Ibid., 33.

29. Ibid., 39–40.

30. Underwood, “Shyness, Sadness, Curiosity, Joy. Is It Nature Or Nurture?”

31. Elkind, *Miseducation*, 56.

32. Ibid., 60.

33. Ibid., 39.

34. Ibid., 52.

35. Montessori, *Absorbent Mind*, 28.

36. Begley, Sharon. “How to Build a Baby’s Brain.” *Newsweek*, 28–32.

37. Papalia, Diane E., et al., *Human Development*, 33.

38. Elkind, *Miseducation*, 60.

04.

给父母的教养指南

避免过度刺激的危害，助力孩子的情感成长

童年是人生最重要的阶段之一，应该受到尊重和重视。孩子们有权享受他们的童年，不应该匆忙地走过这一阶段。

这一章必须从讨论玩耍的重要性开始。玩耍是童年生活的重要组成部分，绝不能仓促行事或把玩耍变成工作。实际上，为了减轻压力，给出进行创造性思考和深度思考的时间，让孩子体验无拘无束的快乐，纯粹的玩耍是必需的。此外，成年人不应该把玩耍变成工作，也不应该在孩子玩耍的时候教育他们。实际上，纯粹的玩耍比在商店里买的玩具更能培养创造力。想象力和自我表达对大脑的健康发展至关重要。童年是人生重要的阶段之一，应该受到尊重和重视。孩子们有权享受他们的童年，不应该匆忙地走过这一阶段。

想象游戏的重要性

有一天，我的外孙女在玩化妆游戏，邀请她的外公和我做她的观众。她决定举办一场时装秀，甚至向我们要了铅笔和纸，这样她就可以写下自己的名字，给我们签名。看着这个画面，我想起了自己的童年，在后院的门廊上策划剧情，在厨房的桌子上玩杂货店的游戏，在阁楼上用旧衣服装扮自己。

这是儿童时期的神奇想法，可以帮助大脑发展创造力。如果让这种创造力蓬勃发展，它将帮助科学家发现治疗疾病的新方法，帮助公司取得下一个技术进步和发明专利，并帮助领导人推动他们的国家走向和平。

当你的孩子还不到2岁的时候，他通过感官来了解世界。但当他成长到蹒跚学步的年龄，开始理解事物的运作方式时，他会运用自己的想象力来解释世界的奥妙。想象游戏可以说是你的孩子参与过的最重要的游戏，比所有的玩具、所有的其他游戏，以及所有你买给他来提高他学习能力的东西都重要。

想象游戏是一种富有想象力的游戏，它可以使你的孩子与他的感受和强烈的情感联系起来，控制他的行为，并克服他的负面想法及愤怒、恐惧和内疚的感觉。你可能听说过，治疗师和心理健康专家会使用娃娃来帮助儿童记录他在情感和身体上所受到的虐待。宠物和其他孩子，甚至是你，他的母亲或父亲，都可以成为孩子幻想世界中的演员。宠物给孩子们提供了一个可以交谈、打扮和玩耍的伙伴，它们可以不加批评地倾听，也可以自由地被操纵。此外，想象游戏既能减轻压力，又能自我安慰，这是童年时期两种非常重要的心理需求。

既然想象游戏如此重要，那你应该如何将其提供给你的孩子？这和其他事情一样，也是有既定规则的，身为父母，你需要知道这些规则。

鼓励孩子玩想象游戏

1.不要因为孩子的想象力而轻视他、羞辱他或是让他难堪，和他一起玩，成为他幻想世界的一部分吧，不过先决条件是他对你发出了邀请。

2.让孩子们用家里的东西做游戏，而不是从外头买一大堆玩具回来。还记得你用一张床单在两把椅子之间搭起的帐篷吗？或是你在床底下建起的“堡垒”吗？这些都是能真正刺激和激发想象力的东西——简单、实在的东西：旧衣服、积木、娃娃、黏土、壶、锅、珠子、彩色铅笔、蜡笔和可以做成请柬、图片、海报、菜单等的纸。

3.激发创造力的一个好办法就是在给他念书时以他为导向，也就是说，用开放式的问题来提供机会，让他通过你读的故事产生想象。这有很多好处，包括语言的获得和智商的提高。

4.关于创造性游戏最重要的一点是它应该是自由的游戏，让你的孩子来掌握游戏的走向。他会让你知道他是否需要独处的时间，或者他是否希望你参与到他的剧情中来——但你应该待在他附近。你必须创造一个安全、丰富和包容的环境，这样你就可以在他需要的时候陪在他身边，而如果他不想的话，你无须干涉。

5.最后，睡前时间实际上是一个深化想象力的好时机，所以要在睡前安排中留出足够的时间来做这件事。睡前程序应该包括妈妈或爸爸给孩子念一会儿书，这可以在孩子入睡前激发他的想象力。黄昏时分，当一个孩子处于半梦半醒之间的平静空间时，是他发挥想象力的绝佳时间，而睡前故事有助于引导这种体验。

现在你有了一些基本的指导方针，下面是一些具体的点子，你可以根据孩子的年龄来激发他的想象力：

- **从出生至3岁**：创建一个印刷体字丰富的环境，里头有大量与孩子的年龄相适应的物品供他操作、触摸、观察和互动，这些物品包括碗、锅、袜子、珠子、彩泥和乐器等。在你的孩子足够大之前不要使用彩泥或珠子，因为这两种物品都有引发窒息的危险。
- **3至6岁**：现在可以给你的孩子玩随时可以扔掉的旧钱包、旧帽子、旧鞋子，塑料杯和盘子，纸，工艺品，黏土，娃娃，医生玩具，玩具车，积木和大珠子。如果你受邀一起玩，你可以把游戏变成一场冒险：沙发变成了一只木筏，厨房地板就是你的小岛，等等。4岁以后，想象游戏变得更加复杂了，孩子们会用各种东西装扮自己，比如王冠、魔杖，以及用床单做成的超级英雄披风，来玩发生在家庭、学校和其他场景里的幻想故事。积木、黏土、玩具车、颜料、蜡笔和其他学习用品都是有用的工具。为你的孩子提供美术材料，让他可以给他的梦想涂上颜色，描绘他的故事，用他的想象力带你进入他的意识世界。

你的创造力能够一直维持到你去世的那一天。不论这种创造力是单纯的白日梦、写作、绘画还是听音乐——所有把我们带到此时此地的发明都是某人想象力的结果。所以，给你的孩子一个安全的处所来培养他大脑中的联想力是很重要的，这些联想可以让孩子获得灵感，给予孩子解决问题所需的刺激，让他们在复杂想法形成时灵光一现。

•让自由玩耍成为孩子生活的优先事项

如今的孩子在还没到上学的年龄时，就已经沉浸在一连串的活动和课程中了。作为父母，你想要你的孩子在生活中占据优势，因此认为活动和课程越多越好。然而，过度计划和过度刺激可能会阻碍孩子的智力发展，而不是帮助他。

自由玩耍对孩子的发展至关重要。世界上许多伟大的发现都是放松的状态下做出的。据传闻，阿尔伯特·爱因斯坦（Albert Einstein）在专利局做重复性工作时胡思乱想，结果提出了相对论；詹姆斯·沃森（James Watson）在睡梦中突然发现了双螺旋结构，也就是DNA分子的结构；艾萨克·牛顿（Isaac Newton）在花园里闲逛时，看到一个苹果从树上掉下来，从而提出了他的万有引力理论。

我们的自然状态是平和的，通过使我们的头脑平静下来，我们可以摆脱那些让我们的注意力分散的东西。这有助于我们规划我们所处的环境，让创造力开花结果。因此，你需要给你的孩子时间，让他进入他的自然状态，找到他的天赋。

当你的孩子还小的时候，你应该在安全的、印刷体字和材料丰富的环境中给他提供自由玩耍的机会。这样的环境有助于培养观察、操作、交流的能力和创造力。

到4岁时，孩子的智商已经达到他成年智商的50%；到了青春期，就有成年智商的80%了。与其不断地让你的孩子“做一些有成效的事情”，不如给他时间做自己……看看他是用什么样的神奇方式来利用这段时间的。每天至少要为孩子留出一次自由玩耍的时间。

•将自由玩耍融入你的家庭生活

·给你的宝宝或学步期的孩子一个有限而且安全的空间。比如，当你在附近看书的时候，让他在他的游戏区域探索。

·在给你的孩子自由玩耍的时间之前，一定要移走有危险的物品，如热茶和咖啡，各种毒素，有可能噎住人的物体，眼镜，刀子和其他尖锐的物体。

你可以自行设定最适合你的家庭结构的玩耍时间和玩耍方式。

户外游戏的作用

在这个科技时代，了解户外游戏在儿童生活中所起的作用是很重要的。

作为一种社会性动物，参与户外游戏可以使你的学龄前儿童社会化和文明化。游戏可以教会你的学龄前儿童如何掌握规则和遵守规则。在他努力争取胜利的时候，他能对指令、相互协助、友情、合作、竞争和动机有所了解。

户外游戏可以帮助学龄前儿童发展他的运动技能，使他的肌肉和骨骼更加强健。学龄前儿童不仅有机会通过户外的体育活动来减轻他的压力和焦虑，而且他也有机会接触到他的自然自我——他身上对大自然起反应的那一部分。

从认知上来说，你的学龄前儿童可以从户外活动和尝试中学到很多，比单纯地听别人说起这些事强。实际上，户外游戏是学龄前儿童走向独立的一步。通过游戏，不论是合作的还是竞争性的，你的孩子可以学会自给自足的技能，培养出自信心。这些全都可以转移到学龄前儿童的自我意识和内在动机上。而且，你的学龄前儿童是经由他的同龄人而被社会化的，当他与其他人玩耍时，他学到了分享、合作和宽容。

此外，在不仅要为了自己，还要作为团队的一分子去制订策略和计划，考虑如何进行竞争和获取胜利时，学龄前儿童还能学会批判性地思考。从某种意义上说，户外活动和体育运动可以教会你的孩子如何在环境中测试自己。他可以通过简单的户外游戏来体验认知和语言的进步，这些游戏包含了押韵、复杂的语法和句法。当你的孩子与其他孩子充分接触、结交朋友和进行社交互动时，他会在语音、复杂语意以及与同龄人群体进行互动所需的理解上取得进步。

为了充分利用户外活动的时间，所有的户外活动都应该与孩子的年龄相适应，并在家长的监督下进行。这里有一些游戏的点子，可以让你的学龄前儿童学到宝贵的技能：捉迷藏，你的孩子可以学习计数；侦探游戏，可以学习找线索；故事游戏，比如讲一个故事，并让每个孩子都参与进来，可以锻炼语言表达能力；记忆游戏，如电话游戏，可以锻炼记忆力；押韵游戏，如在跳绳时背诵的押韵童谣可以培养韵律感；还有绿灯行红灯停、各种球类运动、红色漫游者①、木头人等游戏。

与大自然有关的活动——例如在户外骑带辅助轮的自行车；收集树叶、贝壳和岩石；用沙子、树叶、树枝、贝壳和石头建造堡垒和城堡——需要认知技能、计划和执行力，这些都可以帮助你的学龄前儿童变得成熟，还能让他了解健康的社会交往和人际关系。

当你的孩子在户外玩耍时，他有机会减轻自己的压力和焦虑。事实上，你是在教你的孩子如何应对和管理自己的压力。户外活动可以提升免疫力和幸福感，还能让孩子身心健康、快乐。户外游戏也让你有机会教你的孩子什么是安全的，什么是危险的，包括来自陌生人的危险。

当我还是个孩子的时候，我的父母告诉我，“不要和陌生人说话”，但是我被允许在后院和其他孩子玩耍，或者在附近骑我的三轮车。这让我可以根据我的经验和周围的环境互动，探索、尝试新事物。然而，今天的孩子们有了“直升机式父母”，他们以过度保护来弥补他们离开孩子太久

① 这个游戏需要10名以上的儿童，把所有人分成人数相等的两组，两组面对面，各自手挽手站成一行，其中一组在对方组中挑选一人呼喊他的名字，被叫到者要离队去冲击对方的行列，如果能成功突破，就可以从对方组中挑选一人带回自己组，如果不能突破，则此人要留在对方组里。双方轮流喊人，直至有一组获得所有人为止。这个游戏的优点是虽然包含竞争，但当游戏结束时，所有人都是胜利者。——译者注

所造成的内疚感。如果你把关于世界的理论信息给了孩子，却又禁止他们进入那个世界，那么他们仍然是缺乏经验和不成熟的。这就是孩子们如今的处境。

一个朋友曾经问我，孩子们会记得父母的哪些警告。是我妈妈告诉我的“不要和陌生人说话”，还是“不要跟着陌生人走”或“如果被绑架了，大声喊‘救命’”等？在我们的新常态下，孩子们会接触到包含暴力和惊悚内容的信息，而他们还不够大，不知道怎么处理这些信息。然而，媒体每天都会向他们传递这些危险的信息。无论是安珀警戒[①]，不间断的新闻报道，还是孩子们在幼儿园里分享他们在家里无意中听到的信息，都会令孩子们迅速地意识到校园暴力的存在。尤其是小孩子，他们天生自恋，总害怕外部世界发生的事情会正好降临在他们身上。

发生于哥伦拜恩[②]、帕迪尤卡[③]、圣塔娜[④]以及近来发生在棕榈谷[⑤]、帕克兰[⑥]和圣达菲[⑦]的悲剧事件引发了一种恐惧心理，这种心理从幼年时期起就在所有学生当中蔓延。除了家庭之外孩子们最常待的地方不再让他们感到安全了。

如果孩子们对这些信息感到害怕，这样做通常会有帮助，召集一群家

---

① 在美国和加拿大，如果发生儿童绑架案，执法部门会通过各种媒体向社会大众播送警戒通告，这种警告被称为安珀警戒。——译者注

② 1999年4月20日，在美国科罗拉多州的哥伦拜恩高中，两名学生枪杀13人，伤24人，两名枪手随后自杀身亡。——译者注

③ 1997年12月1日，在美国肯塔基州帕迪尤卡市的希思中学，一名学生开枪打死3人，伤5人。——译者注

④ 2001年3月5日，在美国加利福尼亚州桑蒂市的圣塔娜高中，一名学生开枪打死2人，伤13人。——译者注

⑤ 2018年5月11日，美国加利福尼亚州棕榈谷市的一所高中发生枪击案，一名学生受伤。——译者注

⑥ 2018年2月14日，在美国佛罗里达州帕克兰市的一所高中，一名学生开枪打死17人，伤14人，后2019年3月又有两名幸存者因此案留下的心理创伤而自杀。——译者注

⑦ 2018年5月18日，在美国得克萨斯州圣达菲市的圣达菲高中，一名学生开枪打死10人，伤10人。——译者注

长，每周选一个上午，最好是周六，把孩子们组织起来，让他们与同龄的孩子一起练习和操演适合他们年龄的安全措施：

· 教孩子们不要靠近停在路边的汽车，不管是谁在叫他们，也不管那人在说什么。

· 不要帮助陌生人找小狗。向你的孩子解释，陌生人比他们大，能够自己找到宠物。

· 教育你的孩子，如果有人抓住他，就一边尖叫“救命！救命！”，一边像风车一样挥舞胳膊和腿。

· 教你的孩子在有人试图把他带走的时候抓紧任何可以把他固定住的东西。

· 教育你的孩子永远不要给任何人开门，不管是不是陌生人，除非身为父母的你事先给了他们明确的指示。

· 最后，让你的孩子保持警觉的关键是练习和演练这些技巧。

现在，在我们的文化中出现了一种新常态，一种非常危险的常态，尽管我们告诉孩子们要尊重长者，但我们必须反对这一规则，告诉他们，陌生人可能意味着危险，如果没有父母的特别指示，他们绝不能听任何人的话，无论那个人年纪有多大。

除了学校安全问题之外，另一个持续的焦虑来源是时间的限制。过去只有上了年纪的人才会说“随着年龄的增长，时间流逝得越来越快”，但现在我们都意识到了时间的压力。有了现代科技及其提供的便利，你可以用零碎的时间来进行额外的活动，从而在更短的时间里完成更多的工作。我们希望我们的孩子也能这样。你使用各种高科技的便利工具，如电视、电脑、电话、互联网，是为了可以把更多的时间留给自己和家人。不幸的是，它导致的结果恰恰相反。

孩子们正为匆匆度过童年而付出高昂的代价。1960年，在美国，只有不到一半的幼儿在上幼儿园之前上过早教班。如今，孩子们进早教班的时间比以往任何时候都要早。现在美国85%的幼儿都有学前教育的经历。他们开始体育活动的时间也比以往任何时候都要早，2岁大的孩子已经报名参加了专门学习网球、高尔夫或同时学习这两者的夏令营。这种匆忙的童年生活不仅会对孩子的情绪和竞争心产生严重的有害影响，还会影响骨骼和关节的生长，导致髋关节和手臂骨折，还有肩袖损伤。

孩子们每天都在为获得成功而紧张。就像他们的父母一样，他们的日程排得满满当当，活动不断。孩子们不仅过早地与父母分离，而且每天大部分时间都不在家，忙于参加课内课外的活动，这些活动可能持续到天黑，往往会超过晚饭时间。如果你停下来回想一下所有你想要提供给孩子的机会，比如运动、芭蕾、钢琴课或其他耗时的乐器课、课后培训和俱乐部，你就能明白为什么孩子们没有多少时间去思考、让内心回归平静或创造性地自由玩耍。想想看，正是在自由玩耍的过程中，你的孩子才有机会接触到自己最深层次的资源，那样他才能最好地学习，因为他的压力减轻了，他可以体验到一种平静安详的状态。可悲的是，孩子们经常和他们的宠物和玩具交流，而不是和他们的父母。每个孩子都知道宠物和玩具无条件地爱他们，还会带着完全的接受和肯定倾听他们。

和宠物一起长大的好处

我的好朋友苏珊是一位“马语者”，她帮助过许多患有创伤后应激障碍的儿童。有一天，我和她一起吃午饭，我请她解释一下为什么动物，尤其是马，能帮助患有创伤后应激障碍的儿童康复。她告诉我，遭受了虐待和家庭暴力的儿童，以及身心遇到了问题的儿童，会对马（和其他动物）有所反应，因为他们凭直觉认识到它们是可以信任的。

身心受到伤害和虐待的儿童无法发声，他们不论是情感还是肉体往往都处于麻痹的状态，不能表达自己。这些孩子就像被冻结了一样，然而，当他们跨坐在一匹强壮高大的马身上时，他们再次领略到了信任和放松，把自己托付给这个新盟友，跟随它移动。马既不评判也不批评，只是无条件地爱着你。它不仅会用非语言的暗示来回应孩子，比如发出声音、用鼻子蹭孩子、竖起耳朵，而且还很诚实，它不会让孩子有逃避的需要——没有虚伪，没有欺骗。此外，由于一个身心出了问题或受到虐待的孩子总是遭到不诚实的对待，他可能会第一次遇到一个可以依靠的朋友，它不会让他失望。

当一匹马驮着你的孩子时，孩子会感受到自己的渺小和无力，马的运动会让他放松，通过行动他能取回对自我的控制。骑马时，你的孩子可以与他最好的朋友和治疗师——他的马一起，找到一个会无条件地接受他、爱他的安全处所。

人类是从什么时候开始驯养动物的，这是一个尚无定论的问题，但在以色列发现的一处墓穴里，有个男人怀抱着一只幼犬。这处墓穴的时间可以追溯到12000年前（也有文献记载为11000年前），这或许可以证明人类在很久以前就发现了养宠物的好处。[1]今天，有许多人爱他们的宠物，把它们视为自己的家庭成员。不论你养的是猫、狗、沙鼠、鸟、马还是兔子，在一个有宠物的家庭里养育孩子的好处是非常大的：

· 宠物能给孩子无条件的爱。它们没有偏见，而且对独生子女、孤独的孩子，或有同胞争宠或情绪困扰的孩子来说，宠物是一个可以倾诉的对象。宠物可以安慰孩子、支持孩子、倾听孩子的烦恼，而不会做出评判或造成什么后果。玩的时候，宠物可以成为你孩子的伙伴和最好的朋友。

· 宠物可以教会孩子他不应该把自己的愤怒或恐惧发泄到别人身上。有些孩子会变成恶霸，如果他们没有一个安全的地方来倾诉和分享他们最真实的情感，他们可能会把这些情感投射到其他孩子身上。因为不管你的孩子说什么，宠物都会爱他，所以宠物可以成为他的知己，为他提供一个安全的处所，让他倾诉他的恐惧和愤怒，还能成为一个安全阀，防止他把自己的情绪转化为行动。

· 宠物可以教导孩子共情。照顾一只如此依赖你的宠物能教会你共情。你的孩子会学着去理解宠物的需求：它饿了吗？它需要出去吗？也许它害怕风、雨、雪，需要安慰。还有，共情是一种可以习得的技能，而会欺负人的孩子往往缺乏这种技能。

· 宠物可以教人自信和有责任感。孩子们可以通过承担照顾宠物的责任而获得自信。3岁大的孩子就可以完成一些简单的任务了，比如给宠物的水盆和食物碗添满。等他再长大些，就可以给宠物梳毛和带它出去散步。

· 动物有助于孩子的社会化，还能提高他们的语言能力。你可能看到过，即使是还在学说话的小孩子，也会试图和宠物说个不停。以这样的方式，宠物不仅给了孩子社交和情感上的支持，还给了孩子认知和语言上的支持。宠物只要存在就能提供语言刺激，帮助孩子练习说话和与其他生物交往。

·宠物（以及一般的动物）能够很好地让孩子们放松。研究表明，养宠物对主人降低血压，加快恢复时间，减轻压力和焦虑有助益。我们在自闭症儿童和患有阿斯佩格综合征或创伤后应激障碍的儿童身上看到了这一点：当孩子们和动物在一起时，他们能够立即与动物建立联系，因为他们感觉到了动物对他们的爱和感情是无条件的。

电视和网络视频对儿童发育的影响

尽管对一个正在成长的孩子来说，传统纸媒所造成的问题没有电视或互联网那么严重，但它仍然有影响，因为杂志封面和儿童书籍中仍有一些不恰当的、性特征过于突出的语言和图片。然而，保护你的孩子不受不合适和过于复杂的读物的伤害是比较容易的，因为小孩子通常不具备理解这些信息所需的阅读技能。

艾尔金德说：“然而，电视能立即吸引我们的感官，而且并不总是需要播音员的口头解说才能传达或让人理解其内容。即使是年幼的孩子也无须听懂电视上对悲剧的语言描述——那些可怕的画面不言自明。因为电视信息不需要语言的编码或解码就能扩展我们的经验，所以它对幼儿来说非常容易获得，有时会促使他们目睹在这个年龄段本不该看到的可怕事件。”[2]令人不安的是，你的孩子不需要弄懂或理解电视里正在说的话：他只需要观察。他的大脑同时捕捉到了图像和他在观看时的情绪，创造出了一种想象中的体验。然后，你的孩子会把自己代入电视上的角色身上，因为他的大脑把屏幕上的暴力或虐待储存到了他的记忆里，就好像他真的遭遇了这样的事情一样。

此外，很小的孩子就获得了丰富的知识，这不仅包括有关犯罪、暴力和离婚的知识，还有与性高度相关的经验，如果不接触电视，他们是想象不出这些东西的。然而，当孩子们在看这些令他们困惑的材料时，他们缺乏理解和负罪感。在这种情况下，孩子们显露出了大卫·艾尔金德博士所说的“伪世故”。虽然他们可以用一种带着孩子气的方式谈论成年人的事情，模仿成年人的行为，但他们并不真正理解发生了什么。电视里那种对复杂关系的肤浅洞察使孩子们看起来比他们实际上知道得更多。情感成熟和身体成熟并不是并行的。早熟的孩子很容易在他们准备好之前就被催逼着进入一种更为年长的模式。从某种意义上说，电视已经成了房间里的第三个家长，使孩子们接触到了不适宜的暴力和色情画面。即使是为儿童制作的卡通类节目，也会出现讲着不道德和不恰当的语言、服饰过于性感和挑逗的女孩和男孩。根据塔夫茨大学的一项研究，正如艾尔金德在《匆忙的孩子》一书中所探讨的，即便是1岁大的幼儿，也能注意到电视上那些高度紧张的画面，还会对它们做出反应。甚至连婴儿都能分辨出30秒的电视宣传片所描述的快乐与悲伤、积极情绪与消极情绪之间的区别，并在情绪上做出反应。当孩子们在电视上看到残酷行为和虐待时，小到6周，大到10岁的孩子们都会把这些暴力场景当成他们的真实体验。这是因为儿童既自恋又以自我为中心，也是因为大脑会把经验和情感都储存在记忆里。孩子们对电视的反应就好像它是真的一样，他们会因为电视节目而变得焦虑，做噩梦，表现得如同他们经历过他们所看到的这些虐待一样。

有些儿童电视节目在设计和范围上不恰当——有些儿童玩具也是如此。制造商们开发出了非常性感的娃娃和既不适合男孩也不适合女孩的玩具，这刺激了孩子们，使得他们过快地长大。只要想想最新款的芭比娃娃或肯娃娃、贝姿娃娃、星光继承者娃娃等，就能明白了。女孩娃娃都有醒目的、风格化的嘴唇和胸部，而男孩娃娃的胯部通常都夸张地鼓起来。然后是桌游和电子游戏，有些桌游和电子游戏将其内容提升到一个无法让孩子接受的全新水平。父母和孩子们都跟着它们走，穿着以电视、电影和玩具为模板设计的服装。该停下来想想我们对孩子和他们的未来做了些什么了。该让玩具制造商变得更负责任，至少不能再让他们把商业利益放在消费者利益之上。

•简单概括多媒体对幼儿的影响

在工作日的午餐时间，你和其他父母谈论起尽早让孩子经常接触多媒体的问题来。就像在育儿过程中的所有其他事情一样，你希望你的孩子得到最好的，包括让他跟上新技术的步伐。在这种压力之下，你开始认真地权衡接触高科技是否和想象游戏一样重要。在我们的文化中，为幼儿开发软件正逐渐成为常态。那些坚持要等到孩子四五岁再接触多媒体的父母会受到同龄人和孩子的质疑。甚至连公共图书馆现在也有专门为学步期儿童提供电脑软件的专区。有些父母总是吹嘘他们的孩子是多么地精通电脑，这只会加剧人们的紧张情绪。也有一些精通电脑的父母担心他们的孩子会过早沉迷于电脑，他们担心的是开始接触电脑的最佳年龄和阶段。那么从什么时候开始让你的孩子接触电脑技术最好呢?

•支持与反对的意见

支持：

· 电脑已经成为我们文化的一部分，因此也成了我们的教育以及工作准备的一部分。

· 你的孩子在和其他孩子一起玩耍时，通过耳濡目染，最终还是会学到电脑技能。

· 孩子们应该在什么时候第一次接触电脑尚无定论，尽管普遍的共识是3岁左右。

· 允许幼儿接触电脑的父母认为电脑就像一本书，因此把电脑看作一种教育资源。

反对：

· 那些担心孩子过早使用电脑的父母指出，这会过度刺激孩子正在发育的大脑。

· 忧心忡忡的父母指出，使用电脑会让人上瘾。

· 最后，焦虑的父母认为，孩子应该参与创造性的游戏，而不是暴露在不断变动的图案和在线对话中，为了娱乐，它们强调和突出了原本正常的互动。

有一份由儿童发育专家撰写的报告，题为《愚者的黄金：对童年时期接触电脑的批判》（*Fool's Gold: A Critical Look at Computers in Childhood*），在这份报告中，研究人员指出："无法证实尽早接触电脑会造成积极的影响，使用电脑反倒有可能损害身体和智力，特别是对最幼小的使用者来说。"[3]遗憾的是，使用电脑的危险对我们的集体心理来说是如此的新奇，以至于很难找到任何纵向研究来衡量随着时间的推移，使用电脑对幼儿的影响。

支持幼儿软件的人常常会以《芝麻街》（*Sesame Street*）等程序的成功作为例证，但他们没有提到的是，在《芝麻街》的开发过程中，开发者考虑到了儿童大脑的发育，并负责任地对他们的程序进行了相应的调整。

幼儿发育专家以及教育工作者对这一新趋势深感关切。此外，迄今为止还没有可靠的研究表明使用电脑能使学习的速度加快。正如我们在本书中经常讨论的那样，语言能力的爆发式增长与认知发展的飞跃直接相关。此外，语言需要与其他人互动，这样你的宝宝就可以练习和操演口语，同时在大脑里建立联想集群。所以，就像在幼年时期大脑发育中的所有其他情况一样，孩子们需要与他人交流，而不能只做被动的观众。

关于接触电脑的另一个争论点是，人们担心不断闪烁的图案、图像和卡通画面会影响大脑的专注力，因为大脑接收到的是闪动的信号和短暂的程序内容。桑德拉·塞克森（Sandra Sexson）博士认为，接触电脑还有一个令人担忧的问题，它使孩子们不能充分发挥想象力和创造性，而这对学习至关重要。让孩子接触电脑游戏中的角色限制了他们在创造性游戏中自行设计富有想象力的角色的能力。当孩子们反复观看同样的程序，其中包含着重复出现次数过多的、熟悉的角色时，这一点会特别明显。[4]

•对于让幼儿观看电脑的建议

· 让孩子开始接触电脑的极佳年龄是3岁。此时，你的孩子的语言能力和专注力已经得到了发展。另外，如果你的孩子到6岁时才开始使用电脑，他也不会落后。在学前班和幼儿园使用平板电脑时，一定要在规定的时间内、在成人监督之下观看，这一点很重要。

· 注意在3岁前不要让电脑过度刺激你的孩子。想想看，孩子正在成长中的大脑会因为接触到为吸引他们而开发的图像和游戏而变得多么不知所措，还有过度刺激有可能造成多大的有害影响。

· 3岁以后，指导你的孩子接触电脑上的互动内容，多留心这样的程序对孩子说话、价值观等方面的影响。记住，你的孩子是社会性动物，他会早早地、经常性地模仿他看到的东西，包括行为和性别偏见。

· 只要有可能就陪着你的孩子一起玩电脑，这样你就能看到你的孩子在做什么。千万别把电脑当保姆。

· 不仅要监控孩子观看的内容，还要监控他观看的时间。孩子们不应该长时间待在电脑前——每天30到45分钟为宜。

· 记住创造性游戏的重要性。对孩子的大脑发育来说，没有什么比他的想象力、他自己的幻想和他的自由玩耍时间更重要。不要用技术来取代它——你会发现它是不可替代的。

家庭结构

迄今为止，公认的家庭结构是相对传统的，但我们不断变化的家庭构成创造了一种新的压力载体。在美国所有的有1岁以下孩子的家庭中，父母两人都在工作的占50%，这表明父母过早地脱离了他们的子女。此外，在当今社会，有50%的婚姻以离婚告终。这个统计数据如此常见，以至于成了一句陈词滥调。父母离异会对年幼子女的心理造成严重伤害，孩子们会有可怕的失落感，深刻的不安全感，以及伴随悲伤而来的焦虑。离婚模糊了孩子们认为不可变更的、永恒的边界——他们的家庭——破坏了孩子们的自我意识和对自己在世界上所处位置的信任。父母是孩子的一切。在孩子的眼里，父母就像他们的附属物，不能与他们分开，这就是为什么孩子对父母有如此强烈的占有欲。在和孩子们谈话时常常可以听到他们说“我妈妈”“我爸爸”。但是，当离婚被强加在孩子身上时，他们的世界崩塌了，失去了对他人的信任和与他人的联系。这种恐惧感会使离异家庭的孩子在人际关系上出现问题，特别是在建立亲密关系和做出承诺上。

• 以爱的纽带来束缚——你最美好的努力为何会将你的孩子置于危险之中

你认为为你的孩子做好成功的准备意味着教他如何自立。虽然这话不假，但现代的大多数育儿方式在两个具有破坏性的极端之间摇摆不定：要么在孩子能飞之前就把他扔出巢外，要么把他保护得永远见不到太阳。把可能有害的家庭关系扔到这一混合物中，甚至在进入幼儿园之前，你就已经在你孩子通往成功的道路上铺满了障碍。

我在本书中反复说明，我们与孩子分离得太早了。即使是一个24岁的青春期晚期的男性，仍然希望并且需要妈妈的拥抱。讽刺的是，在西方，我们往往在孩子还没学会飞行之前就把他们赶出了巢穴。我们没有实现我们的初衷，即让他们更加独立和学会自给自足，相反，我们过早地把他们的立足点抽掉了，使他们感到不安全、紧张和焦虑。这一切会导致孩子过度依赖他人，缺乏自信。

与父母关系不够亲密的孩子除了会感到缺乏安全感和自信以外，还会难以信任父母。这些孩子有一种游离的焦虑感，在某种程度上觉得自己被拒绝和抛弃了。因为他们觉得父母让他们失望，所以他们觉得不管发生什么，都不能指望父母在身边支持他们。因为信任建立在体验的基础上，所以这些孩子很难感觉到他们的父母是可靠的。为了弥补这种被遗弃的感觉，他们经常求助于外部团体，如同龄人小集团和帮派，创造一个家庭的替代品，并把帮派头目视为父母的代理。由于得不到发展健全人格所需的与父母的亲密关系以及他们的认可，孩子们只好与同龄人建立关系，依靠同龄人群体来进行社会化。在城市环境中我们越来越多地看到这种情况，在芝加哥等大城市里发生的帮派暴力事件就证明了这一点。

如果我们不希望孩子拥有这样的未来，我们必须下定决心做点什么。答案当然是你必须发挥你的力量，你是唯一一个能把你的孩子带到健康方向上去的人。接下来我要告诉你该怎么做。

•孩子们是怎样学习的

在幼儿发育的每个阶段，你都会发现一条共同的线索。那就是，在每一个阶段都需要有你的存在来为孩子的未来添砖加瓦。教育工作者认识到，虽然有很多因素能影响孩子的语言、认知和社会发展，但最基本的事实是，你是这些因素中最重要的一个。

对父母的参与来说，亲密关系是最关键的一个词。它是开启孩子能力之门的钥匙，当你和孩子之间开始建立一种安全可靠的依恋关系时，它就产生了。这种亲密关系从你抱着宝宝的第一刻开始，贯穿整个童年。最后，在青春期，你的孩子将开始与你分离，这是一个漫长而艰难的过程。到目前为止，你的孩子一直安全地依附在你身边，但在青春期早期，他将开始与你分离，这样他就可以在情感和智力上整合所有代表他父母的东西。只有这样他才能独立，通过一个神秘的“炼金术”过程，成为一个完整的人，有他的父母作为他的后盾，同时保持自己的个性。

让你的孩子准备好在这个世界上成功地生活并没有看起来那么复杂。在接下来的章节中，你会发现分三步走就能轻易地融入孩子的日常生活中。你会发现如何在适当的时候使用正确的技巧来帮助你的孩子充分发挥他的能力，与此同时，你将会看到你的孩子成长为他命中注定要成为的那个人。而且你还能体验到生活中最大的乐趣：看着你的孩子陶醉在学习的兴奋中。我将在第6章中结合适用的练习来探讨这三个步骤。但现在我先在这里对它们做一个概述：

步骤A：与你的孩子建立良好的关系，同时把他的情感培养成熟。

步骤B：对孩子的认知、语言和社交能力发展施加积极的影响。

步骤C：练习和操演减压技巧，包括创造性观想。

•你和你的孩子都能得到巨大的回报

在这一点上，重要的是要注意，父母积极参与儿童早期的成长能得到巨大的回报。当孩子们有良好的亲子关系和坚实的后盾时，他们在任何事情上都能做得更好。他们能更好地处理信息，更好地解决问题，更长时间地坚持努力，并发展出了一颗更强大的内心，使他们可以在混乱之海中保持平静，因为他们有抗压的能力。与父母关系亲密的孩子在情感上更加成熟，更有可能交到朋友，与他人融洽相处，还能自我激励。

查尔斯·西尔伯曼（Charles Silberman）在《教室里的危机》（*Crisis in*

the Classroom）一书中解释道：“务实地说，教育就是让人做好准备，去完成一项尚不存在，甚至无法想象其本质的工作。要做到这一点，就只有教会孩子们如何学习，并给予他们某种智力训练，使他们能够应用人类积累的智慧来解决新的问题。”[5]同样，在孩子成长过程中的关键时刻，你让他接触到适当的学习模式，让他能够有效地处理信息，体验学习的热情，这就为他在未来世界中生活做好了准备。当你的孩子用累积的学科知识来解决新问题时，这将使你的孩子从理论走向实践。

通过帮助你的孩子发现他的天赋，你给整个世界留下了一份财富。发挥出其最大潜力的孩子成年后，也许就能创造出我们翘首企盼的下一代预防性疫苗、癌症治疗法、优美的协奏曲、伟大的绘画和文学作品或应对气候变化的解决方案。

当孩子们没有压力，处于放松状态时，他们的大脑正好在等待着外界信息的输入。在这种情况下，你有能力唤醒你孩子的创造力，这样他的大脑就可以像一支管弦乐队一样协调地运转，对所有的可能性敞开大门。当孩子放松时，皮质醇水平就会下降。只有当你的孩子焦虑或害怕时，皮质醇才会被召唤来，将大脑浸在其中并影响其功能。只有你有能力通过你的爱和亲密关系这一灵丹妙药来保护你的孩子免受压力的伤害。

通过待在孩子身边并关注他的个性，你就有机会提前对他的体验进行规划，这样你就可以有意识地、成功地影响他的行为。例如，如果你的孩子害羞，你可以让他做好接触社交的准备，并控制接触过程，让他不会脱离自己的舒适区。然后，你可以一点点地扩大他的社会交往范围，最终使他获得可靠的社交能力。还有，如果你的孩子有一个喜欢的东西，不论是玩具还是别的什么，他不想让其他孩子碰它，那就把它收好，这样当他玩的时候，就不会觉得有分享它的压力。对年纪幼小的孩子来说，分享的价值被看得太重了。当孩子们被迫分享他们的玩具时，他们通常会有被忽视和缺乏安全感的感受。就像成年人想要自己拿主意一样，孩子们的感情也应该被尊重。

大脑的发育

父母对孩子的发展有巨大的影响；你可以帮助你的孩子完美地成长为只有他能成为的人。但要做到这一点，首先你必须了解宝宝的大脑是如何发育的。

•你宝宝的脑细胞

神经系统和大脑的核心组成部分是神经元（脑细胞），你的宝宝出生时大约有1000亿个神经元。它们不会分裂，不会死亡，当它们失去时也不会再生。它们一旦失去，就是永远地消失了。

神经元在信息的处理和传递中起着重要的作用。它们通过突触（或突触连接）来完成这项工作，这些突触把神经元彼此连接起来。你的宝宝出生时就有50万亿个突触，到1岁时，他将拥有超过1000万亿个突触！一些专家估计，这相当于一台处理器速度达到每秒1万亿比特的计算机。其思考能力真是惊人！[6]

一个典型的神经元每秒向其他神经元发射或发送信息5到50次。两个神经元之间发送的信号越多，神经连接就越牢固。

这些连接以及它们所引发的活动的增加，使得更快更复杂的思维模式——正是与天才儿童相关的思维模式成为可能。释放孩子的天赋潜能，归根结底就是在最佳的成长窗口期激发这些模式。

独一无二的你

除非是克隆人，否则必须有一个卵子和一个精子结合才能产生一个人。而且，只有你在场才能养育孩子。就是说，你必须在你的孩子身边，才能与他建立联系，满足他的需要。你是孩子的试金石。更重要的是，你的孩子把你，他的母亲或父亲，看作他自己的一部分；他不把你看作一个独立的人。

每一次经历，包括表达爱、友善、亲密的简单动作和触摸，以及刺激他的方式（和他玩、和他交谈、给他念书等），都会影响孩子大脑的成长方式。实际上，你可以通过创造环境和孩子互动的方式来强化孩子的智力和认知能力。弗洛伦斯·古迪纳夫（Florence Goodenough）在她的《儿童心理学手册》（*The Handbook of Child Psychology*）一书中说，父母会对孩子的智商产生20%到40%的影响。[7]

• 在身体和情感上得到关注的重要性

如果你的孩子没有得到父母对他身体和情感的关注，他就无法在认知和情感上茁壮成长。在最极端的情况下，他甚至会死。

动物研究员早在80多年前就发现了这一点。20世纪40年代，研究人员发现，出生后就失去妈妈的灵长类动物，会把它们可以找到的任何物体当作自己的妈妈。当它们被剥夺了进一步的社会交往的权利时，它们就会患上精神疾病和抑郁症。与妈妈隔离，并且得不到妈妈本能的持续的舔舐的幼鼠，其血液中会产生过多的皮质醇，从而扭曲了它们基因的自然表达，改变了它们正在发育的大脑结构。这不仅会对它们的智商产生负面影响，还会让它们变得更加紧张，处理压力的能力也随之下降。

一项为期30年的纵向研究调查了13名1至2岁的患有边缘型认知障碍的幼儿，他们被安置在孤儿院。每名幼儿配了一位有认知障碍的青少年，这位青少年每天都会在监督下抱着、搂着这名幼儿。一年后，13名幼儿都不再处于认知障碍边缘，智力达到了平均水平。他们当中的11名被领养走了，研究人员对他们的进展进行了跟踪。他们中有很多人后来从事白领职业，如教师、会计等。与此同时，留在孤儿院的2名幼儿又陷入了认知障碍。[8]

这些研究表明，不适当的养育会抑制大脑关键区域的发育，从而对孩子的身心成长造成灾难性的后果。这些研究还表明，你必须陪在孩子的身边回应孩子的需求，建立和形成在情感、道德和学业上取得成功所需的智能联结。每天只花几分钟是不够的，这样无法完成这项任务。只注重质量不注重数量行不通。

说到亲子关系，简单点说就是亲子接触越多越好。如果可能的话，最好让你的孩子整天和你在一起。例如，在肯尼亚，大多数6周以下的婴儿都和妈妈一起待在家里。即使在那之后，妈妈或爸爸也不会把孩子交给保姆或托儿所，而是把婴儿整个裹起来，绑在自己身上。由于父母和孩子非常亲密，他们非常清楚孩子的需要。据说肯尼亚的婴儿很少哭，原因应该正在于此。父母这种关注满足了孩子的需要，使他们成为亲子关系良好、有安全感的孩子——而现代西方文化还没有弄清楚怎样才能成功地做到这一点。

但是，如果父母双方都要工作——在西方很常见——必须把孩子交给别人照顾，会发生什么呢？因为你的宝宝认为你和他是不可分离的，所以把他交给托儿所、临时保姆或家庭保姆，以及除了你之外的其他人会引发分离焦虑。这种焦虑会引发一场包括皮质醇在内的生物应激激素风暴，引起战斗或逃避反应。

有多项研究已经用唾液测试证明了过早脱离妈妈的孩子皮质醇水平会升高。尽管皮质醇是身体正常运转所必需的，在短时间内也有帮助，但当皮质醇分泌过量或持续时间过长时，它会使大脑沐浴在大量具有破坏性的应激激素中。

对老鼠的研究表明，过量的皮质醇实际上会杀死神经元。如果皮质醇水平长期过高，还会损害免疫系统、消化系统、循环系统和生殖系统的功能，并影响生长发育。简而言之，过度或长期的压力会以破坏性的方式影响宝宝的大脑，造成可怕的后果。[9]

但答案不仅仅是让你的孩子永远和你在一起。安全、良好的亲子关系不是凭空产生的。相反，它必须通过父母的承诺、义务和责任来有意识、有技巧地创建。

好消息是，不管你的背景或现状如何，你都可以成为你孩子需要的人。例如，研究人员已经证明，在影响孩子学业成就差异的各种因素中，你的社会经济地位所起的作用只占10%。你所做的——支持他、拥抱他、与他互动、给他念书等——比你获得的学位或在银行有多少存款对你孩子发展的影响要大得多。

助力孩子的情感成长

作为父母，我们经常谈论孩子的发展，因为它与智力成长有关。父母可以做一些事情来帮助他们的孩子尽可能多地提高智商和提升学习能力。但是情感成长呢？一旦你的孩子能够放松和集中注意力，那么他的心智就会处于最佳状态，可以在智力和情感这两个领域继续成长，这两个领域对于实现他的全部潜力至关重要。

情感和智力的成长是相辅相成的。没有健康成熟的情感，你的孩子就无法发挥他全部的认知能力。情商也会影响孩子道德认知的发展。情感相对成熟的孩子能比同龄的不成熟的孩子更好地运用大脑。就这么简单。

成熟使孩子能够坐下来，集中精神，进行学习，等等。它是自我激励、自信和竞争意识的基础。这些品质对利用孩子的才能和知识与世界上的其他人进行富有成效的互动而言，全都是非常重要的。

对婴儿和儿童情感发展的研究是一门相对较新的科学。直到最近几十年，教育工作者才意识到情感对认知、道德、社会心理的发展以及熟练掌握其他领域的技能有多么重要。

霍华德·加德纳（Howard Gardner）是最早指出除了知性智力之外还有“多元智力”的人之一。虽然西方最看重的是知性智力（用智商来衡量），但加德纳还是分辨出了七种智力。前五种是言语—语言智力、逻辑—数理智力、视觉—空间智力、音乐—节奏智力和肢体—动觉智力。而剩下的两项都与情感成长有直接的关系：交往—交流智力和自知—内省智力。

1980年以后，加德纳又在他的清单上添加了除情商以外的其他智力类型。

心理学家丹尼尔·戈尔曼（Daniel Goleman）的《情商》（*Emotional Intelligence*）一书使我们进一步加深了对各种形式的智力如何相互依存的理解。戈尔曼写道："心理学的公开秘密之一是，尽管成绩等级、智商或SAT（美国学业能力倾向测验）分数具有大受欢迎的神秘性，但相对而言，它们无法准确预测大学成绩……智商在决定人生成功的因素中最多只占20%，剩下80%由其他因素决定。"

现在，戈尔曼和大多数教育工作者都认为，正是情商使孩子能够充分利用自己的认知技能和知识。戈尔曼发表了一篇有关神经科学研究的摘要，以证明控制情绪冲动的大脑前额叶也是建立记忆和进行学习的地方。他指出，如果一个孩子在情感上不成熟，情绪就更容易产生波动，经常感到愤怒、不安和焦虑，这些情绪会影响他的学习能力和记忆能力。[10]

因此，教导你的孩子如何在一种平静且放松的状态下发展情感和参与社交活动，对建立自信和自尊很重要。这也是帮助你的孩子感受动机，充分利用他的天赋和其他形式的智力的关键。

心理学家已经确定有多种不同类型的智力。健康的情感成长始于父母和孩子之间成功地建立亲密的关系。通过观察和模仿父母的行为，孩子们可以掌握对情感成熟至关重要的社交技能。

如果你的孩子在情感上适应得很好，他会对自己和自我价值有一种稳定的感受。他不需要靠穿合乎时尚的牛仔裤或戴鼻环来获得同龄人的认可。他也会逐渐理解什么是对与错，什么是好的与坏的行为，什么是道德的与不道德的选择，从而使他能够在道德认知上取得发展。

你的孩子会有动力在成人社会中占据有意义的位置，因为他有"脚手架"支持和保护着他。是你，他的父母，帮他搭起了"脚手架"。

未来，随着我们继续从工业型经济向服务型经济和技术型经济转变，掌握社交技能，特别是提高交往—交流智力只会越来越重要。社交技能是

“服务性”工作的核心。此外，如果情感不能健康地成熟，孩子将很难把各种智力整合起来，在智力上取得进步并适应世界。只要孩子在情感上是安全的，那就天高任鸟飞了。

如何平衡家庭与事业：给职场父母的指导

在美国，现在妇女占劳动人口的一半。因此，职场妈妈被要求兼顾家庭和事业。由于没有人可以既拥有一切，又完美地完成所有的事情，所以职场妈妈们常常承受着这样的负担：她们生活的某一部分总是失败的，这导致了其内疚感和焦虑此起彼伏。但有一种方法可以让职场妈妈的生活恢复平衡，这需要组织和计划。首先，你需要确定你的育儿计划。以下内容适用于所有父母，无论是在职的还是在家的。

•你的育儿计划[11]

这里有一些策略可以帮助你减轻负担，摆脱内疚：

· 对职场父母来说，没有什么比女童子军的古老格言“做好准备”更有用的了。研究告诉我们，养育子女最重要的部分是建立亲密关系。作为一名有工作的父母，你必须想办法和你的孩子保持沟通。当我还是一个职场妈妈的时候，我把自己的声音录下来给孩子听，内容包括用孩子们的名字编故事，读睡前故事，唱歌，祈祷。它在许多方面都很成功，使我的孩子们感到安全、宁静。今天，你可以使用Skype（网络电话软件）、FaceTime（视频通话软件）等即时通信软件和其他技术来达到同样的目的，让孩子一整天都能感受到你的存在。你也可以为你的孩子指定一个专门的玩具作为安抚玩具，在你不在的时候代替你来安抚你的孩子。此外，在他的婴儿床上或他房间的墙上留下一张你的照片，让你的孩子可以看到，这可以让他确信他没有被遗弃。在茶歇、午餐或上厕所的时候，如果可能的话，打电话给你的孩子，让他听到你的声音，让他知道虽然你现在看不见他，但你们很快就会在一起。让孩子知道你就在附近，你会回来，这样可以减轻孩子的焦虑，降低他的皮质醇分泌水平。听到父母的声音可以极大地释放紧张感，就像走进一个温暖的浴缸或做了一次按摩，让你的宝宝放松，变温和，并减轻他的焦虑。

· 别浪费时间。作为一名职场父母，你必须对离开孩子的时间进行补偿。因此，你不能浪费时间，必须尽量不分心。自律对职场父母来说是一个巨大的支持，要预先设定好打电话、购物、发邮件等的时间，限制这些类型的联系和干扰，以配合孩子的就寝时间。限制你每周花在社交媒体、看电视、阅读和社交上的时间。把夜晚的时间留给你的伴侣。和孩子交流时千万不要一心多用，因为他需要你全神贯注来弥补你不在的时间。在工作中集中精力，尽可能利用休息时间和午餐时间与孩子联系。如果你能坚持这样做，你就会创造出一种模式，让他学会期待在固定的时间见到你；只要有了这种模式就能保持他的皮质醇分泌水平。

· 利用家庭时间来建立亲密关系。周末应该尽可能地和孩子一起度过，即使你同样需要这段时间来购物、做家务和见朋友。尽量保持平衡，但要把孩子对你的需求置于你对业余活动的需求之上。你可以选择在周末培养你的孩子，如果你利用周末办了一场家庭聚会，就可以借此机会让整个家庭的关系变得更融洽，家庭成员之间可以重新联系起来。即使这意味着早起，一起吃早餐既重要又有益。研究表明，经常与父母一起吃饭的孩子比不与父母一起吃饭的孩子在学业上表现更好。同时，组织适合孩子年龄的活动，让你的孩子知道什么是预期和期待。无论你和你的孩子做些什么，重要的是你要在场。不要谈论与工作有关的事情或同事，也不要把时间花在手机上。孩子们希望父母能看着、听着他们，所以在全家出游时要积极地倾听，关爱地触摸孩子，并和他用眼神交流。把注意力集中在对孩子来说重要的事情上，按照我给出的共情过程（见第29页）去做，这样你就能听到孩子的担忧、想法和感受，并通过关注孩子的需求和愿望来了解他。你的孩子，无论多小，都可以参与到共情过程中来，这将通过增强他不断发展的自我意识来使他投入构建自身情感边界的基础中去。无论周末你和家人在一起做什么，关键是要积极参加、参与和在场。

·给伴侣留点时间。在父母幸福相处的家庭里，孩子是最安全的。你重要的另一半是你可以信赖的人，不管你是对是错。他是和你同床共枕的人，当你陷入困境时他会无条件地陪着你。对职场父母来说，为彼此留出时间是很重要的。每周找一个晚上练习我给出的共情过程（第29页），这将给你一个安全的空间来分享你对所有事情的想法、感觉和情绪，包括彼此。这给了你们一个机会，让你们互相检查、互相报告，看看你们两个人做得怎么样。这种对话是对当下状况和感受的陈述，而不是为自己的一些行为进行辩护，每个人都有相同的发言时间，然后再一起讨论如何解决问题。这种方法需要积极的倾听、触碰和专注。每月进行一次约会，就像医生建议的那样，这可以修复和重建亲密关系，在烦乱而紧张的生活中这是非常重要的。约会并不一定要花很多钱；它可以是公园里的野餐，小路上的散步，或者是家里的烛光晚餐。关键是通过重建你们的关系来重新联系彼此。当你把孩子交给临时保姆照看时，要遵循和正式雇用的保姆一样的标准；这样你就能放心地享受你的夜晚了。

·给自己留点时间。无论是10分钟的冥想、喝一杯热茶、写日记、洗个热水澡还是享受一次按摩，恢复和补充自己的活力很重要。通过照顾你的个人需求，你重新获得了感受幸福所需的平衡感。你把时间都用在家庭和工作上头了，这样会导致你的个人需求很容易被忽略，就像我们经常把对我们来说很重要的事情延后去服务别人一样。记住，要成为好的父母或伴侣，你首先要照顾好自己。如果你累了、病了，或者压力大到难以缓解，那么你是无法为自己或其他人尽心尽力的。当我读博士的时候，我的一位同事和我分享了她一个很出色的见解：她说，不管白天有什么义务要尽，晚上她总是会给自己留些时间读一本自己最喜欢的书。不仅如此，她每周还给自己做一次水疗，每周日早上一醒来就练习瑜伽。而且，不管怎样，她每晚都要保证有7小时的充足睡眠。虽然这些事情看起来很小，但它们加在一起就形成了一种自爱的模式，你正在以一种积极的方式为你的孩子树立榜样。你想要看到孩子怎样做，自己就要怎样做。最后，良好的营养对于维持精力、保持稳定的情绪和清晰的思维至关重要，提醒我们重新关注“干净的食物”。

· 与你的雇主合作。职场父母需要与雇主有一个开放的沟通渠道，这样他们就知道你是有孩子的，可能会需要应急计划。和他们商量一下如果你的孩子在白天生病或有紧急情况，怎样做是可以接受的。提出书面请求总是最好的办法，这样你和你的雇主就可以重新审视你提出的需求、愿望、承诺、义务和责任，最好是在被雇用前或开始组建家庭时就这样做。在一家大公司里，有必要问问你的同事他们和雇主谈了哪些顾虑。这将帮助你调整自己的请求。在和你的雇主谈话时，要拿出诚意，不要为自己辩解，这一点很重要。此外，解决问题的方法总是不止一种，所以要多考虑一下其他的想法和可能性，包括你同意弥补损失掉的时间和生产力。如果你要生育，了解产假期间可以有哪些便利条件是很有必要的，记住要问清楚产假工资和休假时间。其他问题应该包括产检假、陪产假和病假。知识就是力量，每个职场父母在接受工作之前都需要知道这些问题的答案。

· 放弃内疚，寻求外界的帮助。我们可能是地球上唯一会有罪恶感的动物。在罪恶感的重压之下，你会发现自己无法有效地工作。内疚会损害和妨碍你在家里和工作中的表现。尽管职场父母很容易遇上让他们感到内疚的事情，但内疚是没有意义的。更好的方法是继续尝试解决问题。我们谁也不能改变过去；我们所能做的就是努力在未来做得更好。职场父母与其为忙于工作而感到内疚，还不如想想自己的工作能给你带来的好处。例如，除了食物和住所这些明显的好处之外，还有良好的教育、儿童保育、医疗保健等好处。具有讽刺意味的是，要想在育儿和工作上都取得成功，就需要有一个类似的范式，其中包括设定优先事项、做出合适的选择，工作中集中精力提高效率，和孩子相处时对你不在的时间进行补偿。如果你对事业和家庭的前景感到迷茫，你可以寻求外部专业人士的帮助，也可以加入互助小组，这种小组经常可以在网上找到。通过接触有类似问题的人，你们可能会找到共同点和解决办法。

· 好的保育很重要。咨询专家、其他父母、儿科医生和家庭成员，让他们向你提供保育方面的建议。不论你选择托儿所、临时保姆还是家庭保姆，标准都是一样的：保育人员的价值观和规训风格要和你一致。如果你选择的是托儿所（日托），那么他们必须有合适的安全措施，良好的师生比例，有保育执照的老师，清洁、安全的环境，干净的内部和外部空间，以及一个能促进幼儿发展的方案，不能仅仅是围绕管理和控制来安排孩子的活动。一定要跟家庭保姆、临时保姆或托儿所的主管和老师面谈。如果你选择的是托儿所，你应该多去访问那里几次，并确保至少有一次访问是暗访，这样你就能亲眼看到该托儿所是怎样实施教育方案的。为面试做好准备，问一些对你来说很重要的问题。如果你雇用家庭保姆或临时保姆，你需要推荐信、体检报告和背景调查，这样你不仅能了解他的经历，还能了解他的历史。在雇用一名家庭保姆或临时保姆之前，一定要先试一试，看看他是如何与你的孩子互动的，并且要让其他家庭成员对你的决定发表客观的意见。

· 平静地度过每个早晨。保持早晨的宁静，为一整天打下基础。在头天晚上尽可能多做些事情，包括为孩子准备好衣服，给他洗澡，为他准备好午餐和零食，这样你就可以在每天早晨把精力集中在他身上，帮助你的孩子迎接这一天。早点起床，和孩子一起平静、祥和、没有压力地吃一顿早餐。你的孩子会从你那里得到暗示，如果你早上是平静安宁的，他就会这样开始他的一天。同样地，把你的衣服、钥匙和钱包放在固定的地方也能帮助你减轻早上找它们的压力。试着和你的另一半分担家庭责任。当你把工作量分配出去时，你不仅会感到自己是团队的一员，还会感到自己受到重视和赞赏。有可能的话，为晚餐制定一个时间表，确定每天晚上由谁来负责做饭。作为一名职场父母，我发现制定一个菜单是很有帮助的，专门按照这个菜单买菜，在周末就提前把一周的饭做好。这样，我就避免了很多浪费，而且我的饭菜都准备好了，随时可以吃。我总是会列一个待办事项清单，这样我和我的配偶就不会重复去做已经完成的工作。试试看吧，这真的管用！

· 制作日程表。你越有条理，你的生活就会越轻松。如果你制定了最新的日程，你就可以提前处理列入日程的问题，从容应对可能发生的改变。每周花点时间和你的另一半坐下来回顾一下你们的日程表，确保你们俩的日程是同步的，不仅是你们要彼此同步，还有你的孩子。要把你每天的日程安排告诉你家孩子的托儿所老师和保姆，这样一旦发生紧急情况，他们就会知道你在哪里，怎么联系你。当然，他们也应该有一份最新的名单，内容包括孩子日常看诊的医院，紧急电话号码，当你不在的时候可以联系的家庭成员或朋友。

给职场父母的建议

避免因离开孩子而内疚的一种方法是关注那些对你有用的策略，以帮助你满足孩子的需求。我就是一个职场妈妈，我知道同时兼顾家庭、工作和学校三种生活有多困难——更别提因为没能尽到责任而产生的内疚感了。在最理想的世界里，当孩子逐渐成长时，如果妈妈能陪在他身边，与他建立亲密关系，而不是过早地分开，那真是再好不过了。例如，我们知道，孩子们可以从他们的母亲那里学到在其他地方学不到的东西，那就是安全感。此外，一个与父母关系亲密的孩子在很多事情上都能做得更好，包括处理信息、集中注意力、解决问题、长时间坚持面对一个问题，并且在认知发展、语言发展和社交能力提升方面也更有利。

然而，现实世界并不是一个理想的世界，妈妈们必须工作才能维持生计——有时甚至要做两份以上的工作。无论你的家庭情况怎样，父母能做的事情有很多，足以把潜在的压力体验变成让整个家庭共赢的局面。就像生活中的所有其他情况一样，懂得规则是很重要的。

• 规则 1：在家庭会议上下功夫——共情过程

全家人在一个中立的空间里坐下来，举行一次有共情性质的家庭会议。在会议上，包括孩子们在内的所有家庭成员集思广益，讨论如何创造参与家庭的方式，从而使家庭系统发挥作用并朝着积极的方向发展。这需要所有相关成员坦诚相待，包括父母。这样的家庭会议适用于所有的家庭结构，包括单亲家庭。它的前提是，每个成员都有固定的、空闲的时间来发言和积极倾听，这是最好的沟通方式。在积极倾听对方的同时进行眼神交流，尽可能地轻轻触摸对方，以显示亲密和专注。现在，每一方都投入其中，在为出现的问题选择正确的行为方面发挥自己的作用，从而学会解决家庭问题的积极方法。因为家庭中的每位成员都是整体的一部分，所以通过相互尊重来加强他们的成员关系是很重要的。在进行共情的时候，无论别人说了什么，都不要怀有戒心。放下心防，你就会创造一个安全的空间，父母和孩子可以一次又一次地回到这里来解决问题。

共情谈话的规则有：

1. 没有羞辱性的、不道德的或使人尴尬的言论；

2. 全神贯注地倾听；

3. 让所有的参与者都参与到解决冲突的过程中去，让正确的行为可以得到奖励；

4. 互相帮助；

5. 基于经验来运用信任；

6. 教导孩子，无论如何，每个家庭成员都是可以依靠的——可靠性是关键。

共情对话应该每周至少进行一次，在一个中立和安全的空间里进行。我推荐在厨房的餐桌旁进行，这是家庭的心脏，有着炼金术一样的神奇力量，在这里所有的东西都被混合在一起，进行培育和转化，比如烘焙和烹饪食物。重要的是不要在任何人的办公室、书房或卧室（某人的私有场所）进行这种谈话。这种方法教会我们树立最高等级的榜样——重视自己和他人——而且还可以让我们与家人重新建立联系，这样我们就可以每周检查一次日程，看看每个人走到哪一步了，他们做得怎么样，他们的感受如何。此过程还可以用于重新分配家务，进行家务轮换。通过让你的孩子投入在这个过程中，他们更有可能遵守规则。

•规则 2：在纷繁的事务中理出头绪

例如，要有充足的睡眠，放弃做完美的父母或让屋子里井井有条。和家人之间联系比这些目标更重要，也更灵活。如果你犯了错误，对自己比较宽容，你就也为别人开辟一个更为人性化的空间，让他们可以偶尔犯犯错。给自己机会来让自己放松一下是很重要的。

设置一个闹钟，让你可以按时唤醒自己和家人，确保每个人都有足够的时间做好个人卫生，准备早餐，服用必需维生素和药物，按时上学或上班。

带着每周购物清单去超市，清单内容包括你孩子午餐时爱吃的东西。在上学期间，要在前一天晚上准备好午餐。让孩子自己决定午餐吃什么。不要强迫他们进食，这可能会导致以后的饮食行为问题。

在前一天晚上通过双方协商决定第二天让较小的孩子穿什么衣服，让孩子自己选择可以建立他们的信心和能力。在某些情况下，你甚至可以给年幼的孩子穿一些不会起皱的衣服。这可以在繁忙的早晨节省很多时间。

打印一张活动表，把它钉在孩子的门上，提醒他们，这样他们就可以自由安排个人时间。在活动计划中添加一份家务清单，并附上每周的成果和奖励。使用可以看得见的奖赏，如一颗星星，张贴在所有人都能看到的地方。

最后，为无法总是在一起的你和你的家人安排娱乐的时间。

•规则 3：如果必须请外援帮你照看孩子，那就把准备工作做足

如前所述，如果你要送你的孩子去一个托儿所，那么你不仅要查看该设施，还要查看他们的日程安排、课程设置、纪律策略和应急政策——尤其要注意它与你自己的规训和应急方式是否一致。一开始做得越好，以后的压力就越小。

如果你的孩子没有去托儿所或托儿中心，那一定要仔细检查那些你雇

来看孩子的人的推荐信。关于雇用家庭保姆或临时保姆的更多信息，请参阅下面部分的提示。如果你的孩子放学后必须独自待在家里，你一定要教他们如何保障自己的安全，包括锁上门，除了直系亲属以外不让任何人进屋，不玩火、炉子、有毒的清洁用品或危险的工具。制订一个应急计划，让一个负责任的成年人定期和你的孩子联系，哪怕只是打电话也好。最重要的是，确保你的孩子足够大、有足够的责任心去做这件事。我不建议把13岁以下的孩子单独留在家里，当然也不要把有智力障碍的人单独留在家里。

和家庭保姆或临时保姆一起创造一个适宜的环境

恭喜你！你雇了一个很棒的家庭保姆或临时保姆来照顾你的孩子。让一个外人到你家里来照顾你的孩子是一项具有挑战性的任务，会导致许多情绪和冲突的产生。毕竟，你不仅是向一个陌生人敞开了家门，还把他请进了你的生活，委托他在你不在的时候充当你。

作为父母，你可以采取一些措施来创造一个适宜的环境，在这个环境中，你、家庭保姆或临时保姆，以及你的孩子都能感到舒适和安全。下面是一些小建议，可以帮助大家创造一个能够实现平稳过渡的、适宜的环境：

1. 制定一份包含全面服务协议的合同。这份合同要明确规定保姆应该做什么，特别是每天的日常工作。它还应包括诸如日程安排、工作时间、目标设定、年度加薪、一对一会议和雇用终止通知等内容。这将有助于减少麻烦，并从一开始就设立明确的期望。

2. 努力为你的家庭保姆或临时保姆创造一个温暖、友好的工作环境。考虑一下你的家庭保姆或临时保姆的喜好，比如爱吃什么、不爱吃什么以及对什么过敏——毕竟这个人是在你家工作，而且在很多情况下还要住在这里。

3. 不要试图与你的家庭保姆或临时保姆竞争或嫉妒他。如果孩子们和他们的家庭保姆或临时保姆关系紧密——他们往往会这样——有时他们会不小心叫她（他）“妈妈”或“爸爸”，而不是叫她或他的名字。要知道，这种偶尔的失误是很自然的，并不意味着你的孩子对你的爱会减少。

4. 小心不要模糊了职业关系的界限。重视你的家庭保姆或临时保姆很重要，但也要记住他只是一名雇员。因此，你的家庭保姆或临时保姆应该始终作为一位专业人士得到你的尊重和喜爱。如果你的家庭保姆或临时保姆成了你的知己，职业界限就会变得模糊，维持工作关系也会变得困难。

5. 每周都要安排一次一对一的会议。每周评估对你和你的家庭保姆或临时保姆都很重要。利用这段时间让你孩子的家庭保姆或临时保姆知道他做得怎么样。他也可以给你反馈。定期会面有助于进一步建立你们之间的信赖关系，创造一个表达情绪的安全空间，并确保双方的期望都能得到满足。

记住：你的家庭保姆或临时保姆不是你，他永远不能真正代替父母。对自己的决定满意些，并确保在孩子面前对你的家庭保姆或临时保姆表现出尊重和友善；毕竟，他们会模仿你的行为，像你一样对待家庭保姆或临时保姆。按照以上列出的简单步骤去做，你可以在你不在的时候为你的孩子创造一个良好的养育环境，并在你和孩子的家庭保姆或临时保姆之间建立一种成功的关系。

•规则 4：了解家庭规则

和你的家人一起制定可以遵守的家庭规则，让整个家庭的生活更轻松。这些规则应该包括基本的礼貌、尊重、可靠性、责任和公平。

能够获得奖励的家务应该被列入家庭规则中，可以每周发放一次能兑现个人愿望的代币。这些奖励不应包括金钱，而应包括与妈妈爸爸一起度过的私人时间，想要的东西（比如一个新的午餐盒、一辆新的自行车、一个新的艺术工具包），与朋友一起去郊游或看电影，等等。孩子们是家庭的一部分，你不会希望让他们觉得他们的成员身份是有偿的。你还应该为每个孩子分配零花钱，因为作为这个家庭的一分子，有必要考虑到他们的特殊财政需要。这可以教会他们对金钱问题负责。还应该对就寝时间、学习时间和使用电脑或平板电脑的时间做出具体的安排。

尽可能多地参加与学校有关的活动和课外活动。孩子们需要你对他们投入精力，你也需要了解他们的生活——包括学校生活和社交生活。当然，这并不是间谍活动。父母有为人父母的权利，他们需要知道他们的孩子什么时候和什么人在哪里。但这必须以尊重的方式进行，在你和你的孩子之间保持健康的界限。

最后，创造一种加强亲密关系的方式，即使你不在的时候也能发挥作用，用手机或平板电脑录制睡前故事，在录制时甚至可以用你孩子的名字作为冒险中的角色来编睡前故事。

•规则 5：一起努力减轻压力

有很多方法可以减轻你、你的伴侣和你的孩子的压力：

· 冥想，使用渐进式的放松技巧。在你的一生中都可以用这种方法来减轻压力，并且可以通过这样做来提高学习能力。

· 洗个热水澡。让自己暂时休息一下。

· 在需要的时候寻求帮助。只要你提出要求，孩子们是乐于帮忙的。学会委托。没有人可以一直包办所有的事情。

· 像个成年人的样子，和你的孩子一起创造高质量的时间，尽可能给每个孩子留些私人时间。

· 沟通、联系、倾听、关注——去了解你的孩子。珍惜你自己，你就会珍惜你的孩子。

· 不要让你的问题成为孩子们的负担——让他们拥有自己的童年吧。如果有必要，向咨询人员寻求专业的帮助。

· 要可靠，这样你的孩子才会信赖你。

· 最重要的是，你和你的孩子共情，这将教会他们共情，这是在这个世界上与人和睦相处的最佳保障。

你和你的孩子在携手前行——请尊重这个过程。要认识到，虽然没有一个家庭环境是完美的，但作为在职的父母，你总是有能力为你和你的孩子创造最好的情境。当你遵循这些建议时，请记住，你真正要做的就是满足你孩子的需求，养育他们，并全情投入。

以下是关于在与难相处的孩子相处时，如何保持冷静的一些建议[12]：

1. 利用生物学原理。花点时间，而不是使用计时隔离，把注意力集中在你的呼吸上，让自己平静下来。一定要把这个呼吸技巧教给你的孩子。

2. 别被动地去回应孩子。积极主动地面对问题，记住情绪是不合逻辑的，它是反应性的。如果你感觉气氛变得更加紧张，就像火山马上要喷发了一样，那就通过改变环境来转移孩子的注意力。

3. 不要把情绪投射到孩子身上，或是下降到孩子的水平。成年人要有成年人的样子，保持清醒，控制住自己。

4. 改变你的态度。努力记住，你的孩子只是个孩子，他时常会表现出孩子气的一面来。

5. 不要受情绪摆布或大发脾气。父母必须有父母的样子。

6. 无论你和你的孩子制定了怎样的规训条例，都应该始终如一地执行。

7. 告诉孩子有怎样的情绪都没关系，但并不是所有的行为都可以被接受。通过给孩子及时的反馈，帮助他认识到自己的感受和焦虑的来源。

8. 教孩子如何转变情绪。如何呼吸和暂停，这样他就可以释放他的紧张情绪而不必宣之于外。

9. 密切关注会引发冲突的情况，这样你就能有所准备。帮助你的孩子进行角色扮演，这样当困难的情况出现时，他就能面对它们。通过这种方式，他将学会如何轻松地从一种情绪状态转换到另一种情绪状态。

10. 最后，别担心。把注意力集中在好的事情上。记住，每天都要向孩子灌输积极的思想，进行积极的语言暗示。

你的育儿方式是什么样的

有一天，我听到我的孙子们在和朋友玩。他们在讨论谁的父母最随和，谁的父母最严厉。这让我想起了自己的童年，那时我和朋友们也会比较父母的育儿方式。每一代的孩子都很清楚不同的育儿方式的重要性，在他们还很小的时候就是如此。

虽然每个父母（不论是在职的还是在家的）都是独一无二的，但我们大多数人的育儿方式主要可以分为4种。准备好了解你的育儿方式了吗？请继续读下去。

•育儿方式1：权威型

实际上，我们认为权威型的育儿方式是最佳的，因为它提倡开放的沟通方式、建立规则的同时让孩子了解违规的后果，建立界限，给孩子一定的自主性，这样就培养了建立健康的关系所需的社交技能。

如果你有以下特征，那你可能是权威型的父母：

· 对你的孩子持有很高的标准和期望，但同时也是善于共情和宽容的。

· 会支持你的孩子。

· 创建了一个安全、积极、以成功为导向的环境，鼓励孩子和你建立牢固的关系。

· 对你的孩子有明确的期望。

· 为你的孩子营造了一个固定的环境，并清楚地传达了关于家务、家庭作业、进餐时间和就寝时间的潜在奖励。

· 经常和你的孩子交流，了解他们的感受，并运用我给出的共情过程（第29页）让他们投入遵守规则和获取成果的过程中去。

• 育儿方式2：专制型

这种类型的父母非常严厉，可以用一句谚语来形容他们：“孩子不打不成器。”

如果你有以下特征，那你可能是专制型的父母：

· 保持严格的教育方式，缺乏沟通和协商的可能性。

· 如果孩子不遵守你定的规则，你会把大量时间花在惩罚他上面，而不会花时间去传达你的期望和如果这些期望没有达到可能会产生的后果。

· 一直表现出自己是掌管家中一切事务的大家长的样子。

· 对孩子有些冷淡。你不想在你的孩子面前显得“心肠软”，你不允许他认为你是脆弱的。

• 育儿方式3：纵容型

纵容型的父母过于宽容，不能教授规则，划清界限，或在让孩子体会他的行为所带来的后果时无法保持前后一致。

如果你有以下特征，那你可能是纵容型的父母：

· 容许你的孩子经常违反规则，在采取后续行动时无法保持一致性，也没有事先告知孩子违反规则的后果。

· 宁愿妥协也不愿直面冲突。

· 相信成为孩子最好的朋友是最重要的。

· 发现自己花了很多时间在过度磋商、过度妥协和贿赂孩子上。

•育儿方式 4：不参与型

不参与型的父母对孩子的身体和情感需求、人身安全以及孩子的照护采取忽视的态度。

如果你有以下特征，那你可能是不参与型的父母：

· 经常不在家，让孩子自己照顾自己。

· 发现自己更喜欢待在别的地方，而不是和孩子在一起。

· 不了解孩子生活中的其他人，包括不认识孩子的朋友或老师。

· 为你抛下孩子离开家找借口和理由，这样做是为了建立商业网络和社会关系，并保持你的公众形象。

你是否发现自己与这些育儿方式中的某一种更为契合？了解这些，从长远来看，这将有助于你在育儿生活中重新获得平衡感。

当父母的育儿方式发生冲突时

你对你的孩子实行管控，剥夺了他们看电视的权利。但当你忙碌了一天回到家里时，却发现你的伴侣和孩子正在看电视。“爸爸说我可以看！”孩子声称。“你这样是不公平的，”你的伴侣当着孩子的面说，“他做的事没什么大不了的，我不会用那样的方式处理这种情况。”

对父母中的一方来说“没什么大不了”的事情，对另一方来说可能是一件大事，但无论如何，当着你的孩子面破坏另一方的规训是不合适的。即使你小时候曾经说，将来你做了父母绝不会像你父母那样教养孩子，你和你的伴侣还是会把你们各自体验过的父母角色带到婚姻中去，无论好坏。你熟悉这些模式，它们构成了你的舒适区。并且，由于你的成长结果并不怎么糟糕，所以当你为人父母时，你就会采用这种育儿方式。

我们会做我们熟悉的事

你本能地用父母养育你的方式来养育你的孩子；你以这种方式被养大，而你的伴侣以那种方式被养大。这一事实不可避免地导致了期望和育儿方法的差异。即使你不喜欢父母所做的很多事，你还是会去做那些你熟悉的事情。

在我们的头脑中会觉得这是有道理的；你以前从来没有做过父母，所以你把来自你原生家庭的所有期望、感受和价值观投射到你的新家庭中。毕竟，这就是你，这就是被你带到你的伴侣关系中去的东西。所以，当你审视那条漫长的育儿之路时，你会把你熟悉的那一套搬出来。我们的期望经常碰壁，撞上一堵名叫“另一位父母”的墙壁，我们不明白为什么我们的伴侣不能以我们的方式看问题。抚养孩子时的冲突不仅会导致你们的关系出现混乱，而且实际上也是导致离婚的原因之一。

如果你伴侣的育儿方式和你冲突，该怎么办？

1. 经常和你的伴侣开诚布公地交流。沟通是解决所有问题的关键。

2. 了解你的孩子。不同的孩子在不同的时期需要不同的养育方式。例如，管教一个害羞的孩子与管教一个好斗的孩子，其方式大不相同。

3. 自我教育。确保你完全了解孩子们目前的生活状况，而不是仅凭猜测或基于你自己的童年经历去推断。与其他父母交谈，了解你孩子的同龄人在做些什么。

4. 进行共情。设置一个中立的空间，比如厨房，你和伴侣可以定期在此交流家庭问题。厨房是房子的心脏，炼金术就发生在这里。在这里，你们一起创造新的传统和新的教育方式，以适应你们的新家庭。和你的伴侣说话时，要坦诚，不要心怀戒备。这让你有机会反省在自己的成长过程中什么是好的，什么是坏的，什么是丑陋的，你的伴侣也有机会这样做。

5. 提出一个对你的家庭和你的孩子都能起作用的育儿计划。你把你选出来的最重要的、不容商量的育儿规则列到计划中去，你的伴侣也这么做。然后，一起协商剩下的问题，直到得出一个能把你们的育儿方式结合起来的新计划。

6. 一旦你有了一个把你们两人的方式结合起来的育儿计划，那就坚持执行。一旦你决定了你想要做些什么，怎样合并两个不同家庭的育儿方式，就和你的孩子坐下来，一起口头制订新的计划。要始终如一，这样你的孩子就会知道该期待什么，规则和后果是什么。通过让你的孩子投入规训过程中来，他们将更有可能遵守他们所参与创造的规则。

7. 在孩子面前要始终保持团结。不要在你的孩子面前互相反对或质疑对方的育儿决定；如果你有异议，私下和你的伴侣谈谈。合则利，分则弊。

8. **寻求帮助**。如果沟通失败——例如，如果你或你的伴侣在你的孩子面前互相拆台——你可能需要探究你们行为背后的原因。也许愤怒和功能障碍正被投射到你的育儿角色中。那就该去看心理医生了。寻求专业人士的帮助，把你和你的伴侣带回到一个中间立场上来，在这种情况下，你们可以学会沟通和互相支持。

不同的育儿方式如何影响孩子

不论你选择哪种育儿方式，重要的是要注意到每种育儿方式都有可能以不同的方式影响孩子。

•权威型父母的孩子

权威型父母会经常就期望和潜在后果与孩子进行沟通，从而可以在一个既有安全性又有信任感的环境中养育孩子，这有助于建立孩子的自尊。因为父母为他树立了榜样，他学会了宝贵的社交技能，能够与他人建立健康的关系。

•专制型父母的孩子

专制型父母（管教得太多，交流得太少）的孩子经常感到不安全，会为了得到认可而努力表现，并将认可与爱联系在一起。他可能缺乏自信心，在社交上有困难。此外，当父母不在时，他可能会突然变得行为不端。

•纵容型父母的孩子

一个在没有条理的环境中长大的孩子可能很难自己管理自己的行为。没有限制的自由可能对孩子的发展造成破坏；不用承担后果，孩子们就没有边界感。因此，来自纵容型家庭的孩子会寻求能让他感到被重视、被认可和安全的环境。他可能在人际关系方面遇到问题，缺乏与同龄人进行社交互动所必需的自律。在做作业时他可能会因为缺乏条理和动力而遇到困难。这样的孩子往往缺乏责任感；难以界定界限、责任、义务和承诺；而且不知道由此产生的后果的严重性。

•不参与型父母的孩子

这种忽视对孩子来说是非常危险的，因为它会影响孩子的自我意识、自尊心和幸福感。这会影响孩子的信任能力。这也让他过早地承担起责任，因为他是在自己照顾自己，这剥夺了他的童年。不参与型父母的孩子往往在与同龄人建立亲密关系和友谊方面存在问题。

到头来，父母必须尽为人父母的责任；你想要看到孩子成长为什么样的人，自己就要做什么样的人。从很小的时候起，你的孩子就会模仿你和你的行为。我们可能会有“关机”的日子，我们都会时不时地在育儿方面犯错误，但请记住：你的孩子一直在看着你。你通过你的育儿方式教给他的东西有可能影响他生活的方方面面，从学业到他与他人的关系。

•规训的待办事项清单

·注意你原生家庭的育儿模式，这样你就可以有意识地决定你想要怎样养育孩子。

·如果你有伴侣，那就一起讨论一下如何创造一种新的育儿方式，将你们各自的家庭经验中最好的部分结合起来，把它们转化为适合你们双方的东西。

最后，所有的父母（在职的和在家的）都知道，你的快乐程度有多高只取决于你最不快乐的那个孩子。童年的旅程往往到处都是看不见的和意想不到的雷区。问题是如何有效地应对它们。每一张路线图都有一把开启心灵的钥匙。只有通过心灵，你才能找到快乐的育儿之道。

游戏聚会对父母有益的6个理由

（游戏聚会不仅仅是为了孩子！）

这几周，你觉得自己的生活被一个小独裁者掌控着。家里蹒跚学步的孩子已经耗尽了你醒着的每一分钟，霸占了你的时间表，支配了你的思想。你知道你需要休息，但你的伴侣出差了，可供选择的临时保姆也消耗殆尽。一个绝望的妈妈该怎么办？

试着安排一场游戏聚会吧。是的，游戏聚会是孩子学习社交技能和结交新朋友的绝佳机会，但对妈妈也有很多好处：

1. 游戏聚会让你有机会重新接触你非妈妈的那一面。当然，你是和其他的妈妈以及她们的孩子在一起，但这是一个机会，你可以聊一些与育儿无关的话题，让那些非妈妈的大脑肌肉活动起来。无论是谈论政治、金融、工作还是最新的畅销小说，你都可以通过不涉及尿布和睡眠安排的对话来锻炼你的大脑。

2. 可以把游戏聚会当成育儿求助热线。除了可以提供谈论非妈妈话题的机会之外，游戏聚会还能提供一个机会，让你可以从遇到过同样问题的妈妈那里得到某些答案。你的孩子有夜惊吗？你的孩子除了麦片啥也不吃吗？很有可能妈妈团里的某个人也经历过同样的事情，她可以根据她的经验给你些建议。

3. 游戏聚会是你锻炼身体的好机会。我们都知道，当你忙于抚养孩子时，健身是多么的困难。安排几场游戏聚会，把散步或慢跑、适合家庭出游的远足以及轮滑或骑自行车等有趣的活动包含进去，可以让你有机会和其他妈妈聊一聊，同时也得到一些锻炼，这会让你感觉更好，以更饱满的精神应对这一天的其余时间。

4. 游戏聚会可以给你你急需的鼓励。你非常努力地在完成妈妈的职责，但太阳落山时，并没有谁来发一枚奖章给你。然而游戏聚会可以让你确信，妈妈，实际上你做得很好！其他妈妈才是最懂得如何为妈妈加油打气的人，尽管我们无私地爱着我们的孩子，尽一切努力把他们抚养好，但能得到妈妈们的支持和鼓励，听到她们说我们对孩子的养育并不像我们有时候以为的那样失败了，真的令人很开心。

5. 游戏聚会可以让你走出家门。有时候，特别是婴儿刚出生那段时间，出门逛一逛可能是件很不容易的事情。作为妈妈，我敢打赌你们中的大多数人都有过这样的日子：你猛一抬头，发现太阳已经落山了，但你仍然穿着睡衣。安排游戏聚会给了你一个打扮一下走出家门的理由，一旦你出去过一次，那再次带着你的小宝宝出去遛遛或进行其他有趣的冒险活动就变得容易多了。

6. 游戏聚会可以帮助你减压。除了有机会锻炼身体，和其他成年人聊聊，锻炼你的大脑之外，游戏聚会还可以帮助你减轻压力。做妈妈的时候压力很大，与其他妈妈的亲密关系给了你一个机会，在一个安全的、能鼓励你的环境中缓解一些压力。

你的孩子会接受你所有的暗示

父母应该担负起养育子女的责任，这要求父母评估孩子的情况，即使孩子已经成年，如果有必要，也应即时教导孩子、规范孩子的行为。我们都是社会性动物，通过模仿来学习。如果你看到过你的孩子在与洋娃娃、玩具卡车或同龄人玩的时候模仿你，那你就能明白你的行为对他有什么样的影响。你想看到你孩子成为什么样的人，你就要做什么样的人。

你一直在教你的孩子。从出生到死亡，你的孩子在与你互动时学到的所有模式将永远影响他与世界的联系。还记得你曾说过“我永远不会对孩子做我父母对我做过的事”吗？然后，当你有了孩子之后，你有没有听到自己在不断重复这句话，就像过去留在你脑海里的回声一样？这就是它的工作原理。你的孩子会接受你所有的暗示。如果你保持冷静，不惊慌，在与孩子的互动中保持稳定的情绪，他也会发展出同样的行为。

让你的孩子告诉你他需要你做什么。这需要你积极倾听他的声音，和他共情。当他的身体或自尊心受到伤害时，千万别忽视他的感受。支持他，做他的后盾。如果你缺乏安全感，你绝对会把这种感觉传递出去。你要成为孩子可靠的试金石，从而使他能够尊重自己的感受。如果你的孩子信任你，他就会信任自己，进而信任外部世界。此外，放松技巧可以帮助你保持情绪稳定，不会对孩子的经历做出过度的反应，不管他是受伤了、打架了还是生病了。

帮助你的孩子意识到你在他身边支持他，你会为了支持他成为自己而在他身边。这样，你就能通过让他感到亲密、安全、放心而教会他独立。

这将帮助他探索和拓展他的世界。

养育孩子不是抑制他。要给孩子成长和犯错的空间。作为一个有意识的父母，你可以选择如何克服你自己的恐惧来培养一个强壮健康的孩子。如果有必要，你可以寻求专业人士的帮助来解决你的情绪问题，这样你就不会把情绪问题传递给别人。

如果你家里有个新生的宝宝，你可能会对宝宝在第一年里所发生的变化感到不知所措和惊讶。他的大脑发育是惊人的，包括基本的问题解决能力，这与他的社交和情感联系的发展同时发生。

看上去好像有很多事情一股脑冒出来，让人手忙脚乱，但是在宝宝出生的头一年里，你可以做很多事情来帮助他成长（参见第107—108页的“针对1岁以下的孩子的育儿贴士”）。

耐心地养育孩子

你的孩子想要被看到和听到。当你表现得很有耐心的时候，你给你的孩子传递了一个信息，那就是他是被珍惜和欣赏的。然而，当你失去耐心的时候，你会给你的孩子带来压力和挫折感，这会削弱他的自我意识。

•以身作则表现出有耐心的好处

孩子们会模仿他们看到的东西，所以当你耐心地养育他们时，你就是在向他们示范如何尊重他人、进行共情、给人安全感和自尊自爱。这些都是你想在孩子身上培养出来的特质。这些经验能教会你的孩子如何活在当下，如何建立亲密关系，不仅是与自己，还要与他人。

当你停下来，观察和倾听你的孩子时，你是在向他表明他很重要，你相信他，你能理解他的感受，与他共情。积极的倾听是建立在耐心和自信的基础上的，这是自我控制所必需的。最后，耐心不仅能激发同理心和同情心，还能鼓励孩子自立和掌握技能。

•有意识地育儿

耐心是一种美德。成为一个有意识的父母，你就可以有意识地克服你的反应性行为和不耐烦，这样当你的孩子需要你时，你就可以出现在他身边。不要把你内心的不和谐或压力投射到你的孩子身上，你要学会选择你的行为，而不是任自己由压力和情绪摆布。这是一种有意识的育儿方式，它不仅能帮助你化解你的冲动，而且也为你的孩子成为一个积极主动、健康的成年人树立了榜样。

•你想看到你孩子成为什么样的人，你就要做什么样的人

孩子是社会性学习者，他们通过体验和模仿来学习。你想看到你孩子成为什么样的人，你就要做什么样的人，这一点我已经反复强调好多次了，但正确的话不怕重复。你在自己的生活中的一举一动能影响你的孩子在他的生活中的表现。通过集中注意力，做一个积极的倾听者，与孩子交谈时进行眼神交流，触摸他的手，你可以减轻他的挫败感，传递给他一个信号，无论他做了什么，你都在他身边。这告诉了他，耐心是倾听和处在一段关系之中十分重要的品质。

我给出的共情过程（第29页）是一个培养耐心的完美工具，因为它提供了一个安全的环境，让你的孩子去练习和操演在建立联系的过程中耐心、有存在感和投入意味着什么。

新常态：非传统家庭

这些年来，我们不难发现，家庭结构越来越不像《天才小麻烦》（*Leave It to Beaver*）里那样，而是越来越像《摩登家庭》（*Modern Family*）里那样。实际上，皮尤研究中心最近发布的一项研究显示，现在美国只有不到一半（46%）的孩子生活在以前被称为“传统”家庭的家庭当中，即由两个初婚的异性伴侣组成的家庭当中。[13]

如今，越来越多的孩子由单亲父母（占比从1980年的19%上升到现在的34%）、同性父母、未婚父母、有伴侣的父母、再婚的双亲、祖父母等抚养。在有记载的历史上，这些“非传统”的家庭环境首次超过了传统的。不仅如此，今天的研究还首次指明了祖父母的重要性，以及他们如何作为他们孙子辈的盟友而采取行动。这种关系可以给你的孩子必要的稳定性和基础，这在父母都必须外出工作的家庭中非常重要。[14]

•这种“新常态”是如何影响孩子的？

我相信，无论孩子成长在哪种家庭结构中，只要照顾他们的人能满足以下4个关键需求，所有孩子都有相同的机会获得成功和幸福的生活：

1. 你必须配合孩子的特性去养育他。没有哪两个孩子是一模一样的，某种做法对小时候的你有用或是对其他孩子有用，并不意味着它对你的孩子也有用。我相信，当你承认你孩子的个性，当你真正地倾听他、看着他，在情感上、精神上和身体上满足他的需求时，那么不论你为了他的茁壮成长而必须采取什么样的做法，他都是有所准备的。

2. 你必须保障你孩子的安全。当孩子感到安全时，他们更有可能会去尝试新事物，成长，犯错，并在你为他们准备的安全的茧中自己学习。当他们需要你的时候，你出现在他们身边，这就是在向他们表明，无论发生什么，他们都可以依靠你。这不仅建立了一种爱的关系，而且还创造了信任、尊重和安全感。当你的孩子感到安全并信任你时，他们更有可能与你谈论他们的问题，在他们需要帮助时来找你，和你分享他们生活中的快乐和悲伤。

3. 你必须使你的孩子社会化和文明化。你有责任把适当的生活规则教给你的孩子。除了教他们成为懂礼貌的人之外，还要教他们如何成为一位好公民，如何对他人抱有同情心，以及如何在保持自己独特身份的同时遵循普遍接受的行为以应对社会。

4. 你必须对你的孩子表达爱。你再怎么爱你的孩子也不为过。通过每天告诉孩子你爱他们，拥抱、亲吻他们，晚上和他们一起读书来表达你对他们的爱。当孩子们知道他们被深深地爱着，他们就会感到安全，不那么焦虑了。他们正在向你学习如何向他人表达爱和情感，这样他们就可以与朋友和伴侣亲密相处并信任这种关系。

所有家庭都必须满足这4个重要的共同需求，以便让孩子在生活中获得最大的机会。只要你的家里充满爱，你通过对孩子进行社会化、文明化和保护他们的安全，满足了他们的需要……你就成功了。

是的，“传统”家庭的定义正在改变。但这绝不意味着家庭的定义和重要性正在改变。作为一个社会，我们必须面对现实，面对各种各样的家庭结构。我们必须在“新常态”下运作，而不是歧视它。我们应该接受它，并转而关注我们的未来：我们的孩子。

失眠社会：良好的睡眠对减轻压力和控制皮质醇的重要性

•如何帮助每个人睡得更好

你睡眠充足吗？美国疾病控制和预防中心建议成年人每晚至少要睡7到8小时，学龄前儿童每晚至少要睡10小时，青少年每晚要睡9到10小时。[15]接下来，我们将探讨一些你可以在白天做的事情，它们能帮助你和你的孩子获得更好的睡眠。

•让父母睡得香的小贴士

在孩子出生的第一年里，父母失去了高达50%的睡眠时间，尤其是母乳喂养的妈妈，她们必须随时待命，应付每两小时一次的召唤。然而，父母可以一起做很多事情来分担睡眠负担，减轻彼此的工作量。

例如，伴侣可以轮流喂奶，晚上交替着起来照顾宝宝。如果采用母乳喂养，那妈妈可以在白天把奶挤出来，好让伴侣在晚上喂宝宝。关键是团队合作。如果妈妈或爸爸早上要去参加一个重要的会议，他们的伴侣可以在晚上填补这个空缺并做出补偿。归根结底，我们就是这样建立亲密关系和相互关系的，这是一段良好关系的基石。

•让孩子睡得香的小贴士

为就寝设定时间标准和仪式是很重要的。这样，你的孩子就会知道该期待什么，并可以指望你按照一套程序来帮助他感到被重视、安全、亲密——让他睡得香所必需的三种感受。

首先，通过调弱灯光和关掉所有科技设备来营造一个安静的氛围。睡前一小时是看电视，听收音机，看电脑、手机、平板电脑，玩刺激游戏的最后期限。气氛应该是祥和安静的，这样有助于让你的孩子在一天结束时放松下来，准备睡觉。广板乐章中的巴洛克音乐与心跳的节奏是同步的，它会自动让你的孩子放松。有条理的日常活动，如刷牙和洗个热水澡（但不要太热）有助于放松孩子的身心，同时减轻他的压力。由一位家长在固定的睡前故事时间给他念本书，也能让你的孩子感到舒适、愉悦和放松。

不管怎样做，其目标都是降低孩子的焦虑程度，并通过准备睡眠的仪式来支持他。

做家务及其对孩子的意义

刚开始，我们只是想教会我们的孩子一些生活技能，这样的话，当我们不在或者他们不希望我们在身边时他们能照顾好自己。但这样做还有一个附带的好处，你的孩子不仅掌握了良好的家务技能，而且变得更灵巧，更熟悉劳作，还能自给自足，这会使他成长为一个自我实现的孩子。回想一下你小时候。你能回忆起你是在何时何地第一次学会铺床、洗碗、洗衣服的吗？也许已经记不太清，但是懂得如何照顾自己是为成年所做的一部分准备。

在分配家务活的时候，你的期望要现实一点。你当然希望你的孩子成功，获得成就感，把工作做好。所以在派活时要仔细、合理，确保它们既适合孩子的年龄又安全。这里的目标是教学，而你想要培养的是一个有安全感的、能自我实现的孩子，他有能力走出去，去创造一种从本质上来说是以你为典范的生活。

不论在外头做的是什么样的工作，家庭里的每个成员都应该负责不同的家务。

在分配家务的时候，可以遵循以下几点：

1. **要公平地分配家务。**轮流做家务，这样这个或那个孩子就不会总是做同样的家务。

2. **确保所有的家务都是安全的和适合孩子年龄的。**你不会想让一个3岁的孩子去洗碗吧。

3. **你的期望要合理。**尽管坚持到底、给孩子们反馈意见很重要，这样他们就知道你在关注他们，但你也不想压垮任何幼小或脆弱的自我。这一切都是为了建立一种胜任感。记住：重要的不是你说了什么，而是你怎么说。家应该是一个安全的避风港，在那里孩子可以犯错误，做出调整，进行学习。

4. 尽可能找到一种不包含金钱的奖励机制。我更喜欢代币，因为它们可以累积起来，可以用来交换每个孩子珍爱的东西。这样，孩子们就不会产生一种权利感——觉得他们在家里做的每件事都应该得到回报。最好是帮助你的孩子认识到他们是团队中不可或缺的一部分。有些时候金钱奖励是有必要的，比如在某个时期，你要教你的孩子如何管理金钱、珍惜金钱、节约金钱和负责任地花钱。我在这里给出的方法，就像在所有其他的有意识的育儿方式中所给出的一样，是一种平衡的方法。

5. 必须给“完美完成”设定一个熟练水平（一个标准），并总是使它保持在你孩子力所能及的范围内。不要犯太难取悦的错误。我们都有因为害怕失败而不敢接受某项工作的记忆。你所做的事全都是为了把生活技能教给孩子。玛丽亚·蒙台梭利把家务劳动纳入学校的日常课程中，这是正确的。她意识到爱和工作塑造了一个“以自我为中心”的孩子，并能把孩子心中的这种自我价值感和信任感转移到外部世界中。

6. 让你的孩子参与讨论。全家人聚在一起，分享亲密的时光，同时计划家里有哪些家务事需要做，这样整个家庭才能顺利运转——这周由谁负责做什么，当兑换奖励代币时想用它换点什么。

针对尿床的孩子的养育建议

1. **首要的是，让你的孩子知道，这不是他的错。**大脑需要发育到一定程度才能控制膀胱，每个孩子发育到这个程度的年龄都不相同。在大多数情况下，尿床并不是孩子有意去做的。相反，它代表着一种神经发育的状况，当大脑发育到足以向膀胱发送正确信号时就会停止。确保你的孩子明白这一点，让他知道他可以无条件地依赖你的爱和支持，同时向他解释尿床不是他故意的，因此不是他的错。

2. **联系你孩子的儿科医生。**做一个身体和神经检查，以确保孩子的身体没有问题。如果有必要，那就在医生的建议和监督下，尝试开一些有帮助的药，比如可以减少尿液的鼻腔喷雾剂。

3. **实施我给出的共情过程（第29页）。**与你的孩子坦诚交谈，一起制订一个行动计划。这种积极主动、不加评判的团队协作方式可以帮助孩子恢复控制感，让他找到自己的解决方案。

4. **你的孩子晚上没尿床的话要奖励他。**在共情过程中，让你的孩子自己提议，如果他没尿床应该得到什么样的奖励。

5. **晚上他尿床后和他一起更换寝具。**以爱和支持的态度来做这件事，这样做可以让你的孩子觉得他是在积极主动地帮助自己。这可以帮助你的孩子重新获得一些在尿床时失去的控制感。重要的是不要以此作为惩罚。

6. **尝试使用闹钟。**这个方法已经被证明对一些家庭很有帮助，闹钟有助于训练大脑在膀胱即将排尿时清醒过来。

7. **给你的孩子一本日记。**让他知道他可以把自己的真实感受写在日记里，这是一个安全的地方，他可以在他遭遇挫折、缺乏信心，或是羞愧的时候在这里释放他的情绪，也可以在他没有尿床时记录下他的自豪和宽慰。

8. 试着和孩子一起冥想。冥想可以给你的孩子一种安定感。这可以帮助他减轻焦虑，让他集中精神。

作为父母，你是孩子的支持者，也是他的安全保障者。尿床通常不会持续很长时间，如果你在这段时间里给予孩子支持和积极的鼓励，他就更有可能在不会受到持久创伤的情况下摆脱尿床的困扰。

以下为作者在写作本章的过程中所参考的资料清单：

1. Williams, Mike. “Taming the wolf: Domesticating the dog.” September 27, 2010. https://www.independent.co.uk/life-style/history/taming-the-wolf-domesticating-the-dog-2090768.html. Accessed April 25, 2019.

2. Elkind, *Miseducation*, 79.

3. Sandberg, Jared. “Multimedia Childhood,” North Seattle, accessed May 7, 2018, http://webshare.northseattle.edu/fam180/topics/computers/MultimediaChildhood.htm.

4. Ibid.

5. SIlberman, Charles E., *Crisis in the Classroom: The Remaking of American Education*. New York: Random House, 1970.

6. Begley, Sharon. “How to Build a Baby’s Brain.” *Newsweek*, 30.

7. Goodenough, F. “A new approach to the measurement of intelligence of young children.” *Journal of Genetic Psychology* (1926): 185–211.

8. Heward, William L. *An Introduction to Special Education*. (6th ed.) Upper Saddle River, NJ: Merrill/Prentice Hall, 2000, pp.158–159.

9. Gross, Gail M. “The Importance of Early Parental Involvement.” August 2, 2018. Accessed April 12, 2019. https://thriveglobal.com/stories/the-importance -of-parental-involvement/.

10. Goleman, *Emotional Intelligence*.

11. Norr, Serena. “10 Ways Moms Can Balance Work and Family.” *Parents*, accessed December 16, 2018, https://www.parents.com/parenting/work/life -balance/moms-balance-work-family/.

12. “Difficult Child Behavior: 4 Tools to Help You Stay Calm.” *Empowering*

Parents, accessed October 25, 2018, https://www.empoweringparents.com/article/4-tools-to-help-you-stay-calm-with-your-difficult-child/.

13. Livingston, Gretchen. "Fewer than half of U.S. kids today live in a 'traditional' family." *Pew Research Center*. December 22, 2014. http://pewrsr.ch/1zW782T.

14. Ibid.

15. "Centers for Disease Control and Prevention." *Data & Statistics on Autism Spectrum Disorder*. April 5, 2019. https://www.cdc.gov/ncbddd/autism/dat .html (accessed April 22, 2019).

05.

获得动力

协调促进孩子的情感、社交和运动技能发展

只靠智力并不能保证一个孩子成为一个成果丰硕的学习者。如果你想让你的孩子成功，你必须协调促进他的情感、社交和运动技能发展。

如何使孩子多元同步发展

只靠智力并不能保证一个孩子成为一个成果丰硕的学习者。如果你想让你的孩子成功，你必须协调促进他的情感、社交和运动技能发展。

在这一章中，我将教你如何使孩子多方面同步发展，以便最大限度地发挥他的潜力。我会解释你孩子情感处理的细节，这样你就可以轻松过渡，并为你的孩子提供有力的应对策略。你将学到什么时候你的孩子真的准备好交朋友了，以及如何帮助他建立有意义的、持久的友谊。为了减轻每个母亲的恐惧感，我将对孩子成长习得的运动技能做详细的说明，给你一份一看就明白的指南，帮助你理解如何培养和提高孩子的体能和智力。

• 宝宝的发育测试

你的宝宝一出生，医生就会对他做第一次发育测试。你的医生会给他做一系列检查[1]，包括：

1. 惊跳反射：也称为莫罗反射，宝宝受声音惊吓或身体暂时失去支撑时，会做出双臂外伸、伸腿、弓背，然后双臂收拢做抱物状的动作。

2. 踏步反射：如果抱着宝宝，让他直立在一个平面上，他会自动地交替着把一只脚伸到另一只脚前面。

3. 觅食反射：当抚摸宝宝的脸颊时，他会转向手或手指，试图找到母亲的乳头。

4. 非对称性紧张性颈反射：当宝宝仰卧，头转向一侧时，他同侧的手臂会反射性地伸直，而他另一侧的手臂会弯曲或折叠。非对称性紧张性颈反射通常被称为击剑反射，因为宝宝的姿势很像击剑的姿势。

5. 抓握反射：当宝宝的手掌被触碰时，会立即合拢抓住放在他手掌上的手指或仪器。

6. 足抓握反射：这项测试需要触摸婴儿的足底，观察婴儿是否会弯曲他的脚和合拢他的脚趾。[2]

在宝宝生命的头一年里，惊跳反射开始消失。踏步反射在宝宝出生2—3个月后消失。不过，觅食反射可以持续到他4个月大，而紧张性颈反射则在宝宝出生后4个月以后消失。在宝宝6个月大的时候仍然可以观察到抓握反射。最后，足抓握反射在满1岁后还可以观察到。

以下为追踪0—3岁宝宝，记录他们习得这些动作时的年龄并取平均值所制成的表：

儿童习得下列动作的月龄[3]

习得动作	50%的儿童习得此动作时的月龄	75%的儿童习得此动作时的月龄	90%的儿童习得此动作时的月龄
当宝宝仰卧时，他的头可以很容易地左右移动，尽管他大多数时间都保持头部居中	2	$2\frac{1}{2}$	3
当宝宝俯卧时，他可以抬起头来看着你	2	$2\frac{1}{2}$	$4\frac{1}{2}$
宝宝可以向两侧翻滚	$2\frac{1}{2}$	$3\frac{1}{2}$	$4\frac{1}{2}$
当宝宝俯卧时，他可以抬起头和胸部，同时用双臂支撑自己	3	$3\frac{1}{2}$	$4\frac{1}{2}$
宝宝可以在帮助下坐着，并且可以稳定地保持他的头直立	3	$3\frac{1}{2}$	$4\frac{1}{2}$
宝宝可以独自坐着超过30秒	6	7	8
宝宝可以扶着任何可用的支撑物使自己站起来	7	9	10
宝宝可以爬行、滑动和在地板上拖行	7	10	11
宝宝可以只靠自己从躺着的姿势坐起来	8	$9\frac{1}{2}$	11

续表

习得动作	50%的儿童习得此动作时的月龄	75%的儿童习得此动作时的月龄	90%的儿童习得此动作时的月龄
现在，宝宝可以在没有支撑的情况下站起来至少10秒	$10\frac{1}{2}$	13	14
宝宝不用搀扶就能走路	12	$13\frac{1}{2}$	14

创造性的游戏对宝宝的情感和心理成长至关重要。实际上，它可能是你工具箱中最重要的工具。

这里有一些可操作的方法可以启发你的宝宝，促进他的神经发育。[4]

0—3个月	宝宝对彩色的手机、可爱的毛绒动物、能发出吱吱嘎嘎声音的玩具、音乐、能在天花板和墙壁上投下光点和阴影的手电筒、黑白的几何图案和他能抓握的圆形物体非常感兴趣。
4—6个月	宝宝对物品的质地很感兴趣：柔软、光滑、粗糙等；喜欢玩躲猫猫一类的游戏；会被球等圆形物体吸引。在这个阶段，宝宝总是在嘟囔，而且完全是靠他的嘴来区分和认识玩具。所以，能发出声音的玩具、图书和各种大小和形状的纸都会吸引宝宝。
7—9个月	在这个阶段，宝宝开始依恋动物玩偶、娃娃、毯子和各种形状的物品。如果宝宝睡觉时总是盖一条特定的毯子，它可能会成为他的安全毯，到哪里都随身带着。此外，橡胶动物和玩具会使宝宝在沐浴时充满喜悦。现在，像拍手歌和“看你能不能抓住我”“宝宝有多大”“光在哪里”这样的游戏会让宝宝觉得非常愉快。
10—12个月	随着宝宝变得越来越灵活，他的玩具也变得越来越多样。现在他的兴趣转向了厨房里会发出声响的煮锅、平底锅和勺子；玩具汽车、卡车和船；可以用绳子牵着走的玩具；还有各种各样的堆叠玩具，比如正方形的、圆形的和三角形的。现在宝宝可以参与移动物体的活动了，如滚球和推动玩具。
13—15个月	在宝宝13个月大时，他成了一个非常好的模仿者。你可以看到他假装在打电话；用塑料盘子和杯子做出吃饭的样子；和他想象中的狗、猫、牛、鸡或马交谈；还有，他会从妈妈的厨房——那是他最喜欢的“玩具箱”——里拿一些简单的东西来玩。

续表

16—18个月	到16个月时，宝宝对音乐盒和所有能发出声音的东西表现出了更多的热情，比如鼓、木琴、锅碗瓢盆。他也很喜欢五颜六色的东西，比如球、珠子和丝带。现在宝宝喜欢有更多互动性的玩具，如会突然弹出来的玩具。我们还能第一次看到宝宝用黏土做东西，在浴缸里吹泡泡、玩泡泡。
19—21个月	现在，宝宝拥有了高度的创造力和想象力。作为一个社会性学习者，宝宝喜欢玩桶和铲子，会用黏土或泥土模仿食物，骑着一匹假想的木马，可能是摇摆木马，也可能是弹簧木马，以及大到足以让他骑的塑料车。他仍然对球和牵绳玩具感兴趣。此外，他现在喜欢玩可以拆开又可以重新组装的拼装玩具和拼图。他还是对颜色很感兴趣，喜欢玩彩色粉笔或蜡笔。互动游戏对他来说更有趣，他继续非常投入地玩躲猫猫、看你能不能抓住我、捉迷藏等游戏。
22—24个月	22个月大时，宝宝的创造力有了爆炸式的成长，他的想象力也随之突飞猛进，这时他会模仿所有显眼的成人行为。他会模仿成人用厨房玩具做饭，也会模仿用塑料盘子和杯子吃饭，黏土可以用来制作假食物。婴儿开始对积木、汽车、卡车、飞机、电话以及家用物品（如成人用的锅碗瓢盆和汤匙）产生兴趣。纸筒、塑料碗、塑料碗盖、塑料堆叠玩具都可以吸引宝宝的兴趣，而互动游戏仍然让他着迷。
2—3岁	现在，宝宝的运动技能已经非常高超，他可以推着婴儿车走路，在秋千上荡秋千，在游泳池游泳，还可以骑三轮车。在这个阶段，宝宝的创造力处于全盛时期，他在玩假装游戏，把他的娃娃当成自己的宝宝。他仍然对音乐和互动游戏感兴趣，他正在锻炼自己的独立性，以涂色和绘画来艺术地表达自己。

在每一位父母的脑海中都有一个无意识的日历，他们为孩子的发展制定了大致的指导方针。你大概知道宝宝什么时候应该翻身，什么时候应该坐起来，什么时候应该站起来，什么时候应该说话，什么时候应该走路，等等。随着这些日期的临近，你可能会感到焦虑，希望你的孩子能按时取得这些里程碑式的进步。

•儿童的发育是系统性、渐进式的

神经科学告诉我们，儿童的发育不是按照特定的时间轴来进行的，而是一种系统性的渐进式发展，每一个成熟的进步都建立在之前的基础上。在某种意义上，这种形式就像搭脚手架，它使你的孩子可以练习特定的技能，这些技能后来被整合到一个越来越复杂的动作系统中。这扩大了他的行动范围，使他取得了对周围环境的控制权。例如，宝宝首先会用整个手去抓东西，这叫作桡侧抓握。然后，他会发展出钳状抓握，这种抓握只需用到拇指和食指，用指尖去触碰物体，这有助于他控制细小的东西。[5]因此，在宝宝能够行走之前，他必须先掌握手臂、手、腿和脚的独立动作。最终，他会把所有这些元素融入他迈出的第一步中。宝宝的身体技能被定义为大肌肉运动技能，而他更精确的运动动作，比如那些涉及小肌肉的动作，包括眼手协调，被认为是精细运动技能。[6]筛查测试，比如丹佛发育筛查测验，可以帮助父母评估他们的孩子是否发育正常。重要的是要注意到，宝宝的发育是从头部到尾部的，这被称为头尾发育，同时也是从内部到外部的，这被称作近远发育。[7]一开始时，宝宝可以左右移动他的头，俯卧时也可以抬起头来。3个月大的时候，宝宝可能会因为把头抬得太高而失去平衡。这有助于他翻身，学会了翻身之后他才能坐起来。

你的宝宝刚出生时就可以抓东西，包括妈妈或爸爸的手指，如果宝宝张开的手被触摸，他可以握住。4个月大的时候，他就能拿东西了。很快，他就可以把东西从一只手移到另一只手上，还能拿起感兴趣的东西。1岁的时候，宝宝可以控制小物件，用钳状抓握来拿住它们，1岁半的时候，宝宝的手眼协调能力已经很好了，可以用积木搭房子了。实际上，你3岁大的孩子灵巧到可以用铅笔或蜡笔画圆圈。

在婴儿床栏杆、家具、玩具或宠物的辅助下，你7个半月大的孩子很快就能站起来了。到11个月时，没有人搀扶他也能站着了。这些发育阶段都是在培养宝宝的眼手协调能力和锻炼他的肌肉群，让他做好行走的准备。从11个半月开始，宝宝的运动能力发展已经使他开始进行移动。另外，你的宝宝在走路之前可能会先开始爬行，但这不是必定会发生的。在他满1岁之后，你的宝宝就可以爬沙发、椅子和楼梯了，因为他学会了先抬起一条腿。现在，他已经掌握了跑和跳的运动技能。到了3岁，你的宝宝已经有了充分的平衡能力，可以单脚站立和跳跃。而作为一个新生儿，你的宝宝在直立时还是会表现出行走反射，要到他的大脑皮质发育到可以控制四肢的运动后，他才能真正行走。所有的身体运动都在加强他的神经联系和肌肉发展，让宝宝在准备行走时可以支撑自己的体重。即使是洗热水澡时，宝宝也会模仿走路的动作。[8]

然而，发育时钟并不是影响他身体发育时间表的唯一因素。根据埃丝特·西伦（Esther Thelen）的观点，"婴儿和环境形成了一个相互联系的系统，婴儿的发育是他和环境相互作用的结果，比如他做某事的愿望和动机（例如拿起一个玩具，或到房间的另一边去）。婴儿的身体特征和他在特定环境中的位置（例如躺在婴儿床上或被抱着在游泳池中保持直立）提供了机会和制约因素，这些因素影响着他的目标能否实现以及如何实现。最终，通过尝试各种行为，并保留那些能够最有效地实现目标的行为，解决方案就会出现"[9]。因此，在宝宝身上所发生的一切都是在解决与发育成熟有关的问题。这再一次证明了先天和后天的关系，并解释了为什么宝宝们运动、语言等的发育时间不同。每位父母都听说过有些孩子会比其他人走路晚、说话晚。尽管关注宽松的发展时间表是有价值的，但认识到每个孩子都在以自己的速度成熟也是有价值的。因为宝宝自身神经元和肌肉的发育成熟度，再加上他的环境，将决定你家宝宝学会走路和说话的速度。

• 影响儿童发育的关键是大脑的发育

只要想一想，我们这个物种刚出生时是完全无力的，没有能力独自在世界上生存，你就会发现我们能够存活真是个奇迹。在一开始，你的宝宝几乎没有控制肌肉的能力，因此他的能力是通过他早期那些不成熟的反应来衡量的，比如吮吸、觅食、抓握。实际上，正是因为脑干发育得最早，婴儿才对自己的生存反射有一定的控制力。从0—3个月开始，你的宝宝会经历一个大脑突触发育的激烈时期，这会导致身体、社交能力和智力的成长。他开始建立一个联想集群，认识到当他哭的时候，他会被抱起来。渐渐地，他的反射性动作将被更有意识的动作所取代。从第4个月到第6个月，宝宝的大脑皮质成熟了，所以他比较原始的活动会减弱，取而代之的是他的运动技能得到了提升。同时，宝宝大脑中的神经元被髓鞘编上了号码。这种编码就像绝缘体一样，保护着每个神经元的电通路。这样，神经元传递信号时就能始终保持目标的一致性，从而不会和其他神经元的电信号混淆。宝宝的大脑一直在发育，变得非常有效率，以至于它会丢弃或修剪未被使用的突触或突触连接。髓鞘的形成和修剪最终将为数十亿细胞建立清晰而精确的通路。在婴儿2岁之前，髓鞘的形成和修剪过程就完成了。[10]

你的新生儿的感觉能力就和他的运动技能一样，是有限和脆弱的。他区分人和关注事物的能力有限。然而，从一开始，他所认识的、最喜欢的声音和面孔就是你的了。宝宝的视力范围大约是13英寸。为了保护你的宝宝，大自然设法将他的视线范围设置在13英寸，恰好是哺乳时妈妈和宝宝之间的距离。虽然婴儿可以追踪18英寸范围内的物体，但他注视的对象是母亲。渐渐地，宝宝的视力越来越好，直到大约6个月大的时候，他可以用双眼看东西了，同时也有了控制肌肉的能力。[11]

在这个阶段，宝宝开始为将来迈步走路做准备。当他趴在地上时，他试着把头从毯子上抬起来，抬高他的胸部。虽然他还在努力保持平衡，锻炼眼睛和手的同步性，但你的宝宝每天都在练习走路所需的第一种技能。3个月大的时候，宝宝可以用手臂保持平衡，把他的兴奋从向下移动到脚上。随着婴儿不断地变大变强壮，他可以把身体向两侧滚过来滚过去了，直到有一天，瞧啊，他到达了下一个里程碑，自己翻过身来了。他和你一样惊讶。这种情况发生在2.5个月到6个月之间。这可不是个小任务，但他一直在通过移动他的手和脚、转动他的背来进行练习。他的努力体现出了脑皮层的力量，这是大脑运动皮层、基底神经节和小脑协作的结果。你的宝宝学东西很快，一旦他发现自己不小心做了什么，他就会变成一个翻身高手。在翻身的巨大努力中，他的全身都得到了锻炼，他还在继续拉伸和加强，这有助于他神经系统的成熟和控制力的强化。很快，他开始了肌肉记忆的微妙舞蹈，使他的身体协调一致地朝着更加细致精密地控制活动的方向发育。现在，他逐渐明白了，不久之后，他将面对下一个挑战：不靠搀扶就能坐起来。[12]

每项成就都是一道分水岭，因为你的宝宝会使他的肌肉力量和平衡能力同步，有意识地操纵他的身体朝着目标前进。接下来是爬行，虽然在某些情况下，一些宝宝可能会完全跳过这一阶段，另一些宝宝则可能会发明出典型爬行的变体。就是在这个时候，宝宝变得更加社会化。尽管他可能仍然害怕陌生人，但当他和小孩子在一起时，他会表现得很高兴。在这一阶段，你的宝宝正在思考，并一点点地规划进步所需的步骤。根据神经学家布鲁斯·夏皮罗（Bruce Shapiro）的说法，宝宝们“达到了他们的功能阈值”[13]。当然，这可能会让他们错过发育的不同阶段，比如爬行。例如，较早开始走路的宝宝可能会同时具有较轻的体重和较强的肌肉力量。因此，你的宝宝可能在9个月大的时候就能站起来，突然就会走路了。然而一般来说，在9到18个月之间的某个时候，他将开始迈出他的第一步，开始走路。9到18个月的时间范围是通过大脑和身体之间必要的协作来估计的。在开始的时候，宝宝会利用任何可以使他移动和取得平衡的道具，包括你家的宠物。当你意识到他的每一块肌肉和每一根手指、脚趾都在协调地移动以帮助宝宝迈出第一步时，你就能明白发育成熟对于移动能力是多么重要。[14]

在18到23个月之间，宝宝开始尝试奔跑、躲藏、翻滚和攀爬。他甚至可能试图打球或踢球，并开始把手弯曲成杯状来盛住液体。现在宝宝对颜色和光线有了反应，色彩鲜艳的蜡笔成了他喜欢的玩具之一。你的宝宝正在以他自己的速度进行发育。他还没有开始社会性学习。只要他的身体能够支持他的旅程，他就会越过自己的舒适区去探索周围的环境。因此，在正常发育范围这个概念当中，充斥着打破规则或时间表的例外。[15]

然而，有些事情可能会让你担心。如果宝宝在18个月大的时候还不能走路，或是只能自己站着而不能自己坐起来，那就应该去看医生。如果事情似乎在以正确的速度发展，那么请记住，并不是只有宝宝的生理因素在控制着他的发展，他身处的环境也在影响他。

• 身体的发育与大脑的发育是相互促进的

宝宝掌握的每一项技能都会因经验而更加熟练，而每一次经历都会创造大脑中新的神经连接。这些连接支持宝宝通过进一步尝试更复杂的努力来扩展他的参照系。当宝宝建立起自己的联想集群并熟练掌握每一项技能时，他会体验到自信的感觉。正是这种自信引导宝宝走向独立，获得各种能力。每走一步，宝宝都在自我实现，建立自己的权威。随着他从软弱无力、只能做出原始的反应进步到获得运动控制能力、大脑得到充分的发育，他从头到脚都在成长。

每次宝宝熟练掌握一项技能进入一个新的发展阶段之后，他可能会在一段时间内忘记某种最近学会的行为。从某种意义上说，大脑正在自己重新排序以适应新的任务。这种发育损失不是永久性的，只会持续有限的一段时间。在过去，大脑被认为是一台随着它的成熟而不断在技术上取得进步的机器。然而，今天的神经科学告诉我们，在婴儿的大脑和婴儿所处的环境之间存在着一种伙伴关系。在宝宝1岁前的某个时候，他就已经拥有了数万亿个突触或突触连接，而其中一些连接会在他长大后被废弃或修剪掉。是什么决定了哪些突触存活，哪些死亡，哪些关闭，哪些开启？最常用的突触会被激活，而那些没有受到经验刺激的突触则会消失。通过这种方式，你的宝宝天生就有学习的能力，因为正是经验的相互作用，在情感满足的刺激下，加强了宝宝的突触连接。大脑是如此高效，它会删除那些未被使用的突触，激活那些被使用的突触。每次宝宝采取行动并得到积极的反应时，这种反应就会加强他大脑的突触。因此，对每一次经历的反应都被编码或储存在大脑中。

1岁半的时候，你的孩子会表现出自我意识。他能从照片或镜子中认出自己的脸，并开始明白自己与周围的世界是分开的，他是独特的。他还是喜欢自己玩自己的，对社交兴趣索然。事实上，如果和其他孩子一起被放在社交环境里，你2岁的孩子可能会变得焦虑。此外，他还在扩大词汇量，刚开始使用句子。他能理解简单的游戏和简单的指令……尽管他刚萌发的对独立自主的兴趣可能会阻止他服从你的指令。你蹒跚学步的孩子正在不停地移动、移动、移动，一边走，一边跑，一边到处爬。同时，精细运动技能可以让他开始自己吃饭、拿杯子、使用餐具。在从7个月到3岁这个连续的时间段中，你的宝宝会翻身，坐起来，爬行，翻滚，站立，走路，跑，跳。最终，他运用身体和思想去试探他所处环境的边界，从而获得了与他来之不易的独立性相伴而来的自主权。你3岁的孩子不再自己一个人玩，他会变得更加社会化，尽管他还是会有宁愿自己跟自己玩的时候。现在，讲故事对他来说是必不可少的，因为他对过去事件的记忆会融入他听到的故事中。在他努力发挥自主性的过程中，他也会开始问："为什么？"[16]

到3岁时，你的孩子在大运动技能方面有了巨大的发展。他不仅可以奔跑，可以双脚跳跃15—24英寸，可以单脚跳跃，还能双脚配合独自上下楼梯。巧合的是，所有这些进步都是玩游戏所必需的技能。然而，他还不能急停或急转弯。这种运动技能的爆发是由于他所处的环境影响和他大脑皮质及运动区域的发育。随着他的肌肉和骨骼变得越来越发达、越来越强壮，加上他肺活量的增加，他的身体正在与他合作，为他提供协调和加速所需的一切。因此，正是他的基因印记与环境的结合，引导了他的兴趣和技能。4岁时，你的孩子可以跳24—33英寸，能连续跳跃大约6次，双脚交替行走上下楼梯，还能快速转弯、起跑和停止。5岁时，你的孩子能跳28—36英寸，能连跳大约16次，在没有帮助的情况下双脚交替行走上下楼梯，可以很容易地转弯、起跑和停止。现在他完全可以和伙伴一起游戏了。[17]

你3岁孩子的精细运动技能一天比一天精准了，他正在尝试自己穿衣服、扣扣子、吃东西，还有做鬼脸。他的手眼协调能力正在加强，他现在可以参与完成他自己的个人护理和个人卫生了。例如，你3岁大的孩子可以自己吃饭，自己倒果汁、水或牛奶，会使用餐具，以及最重要的，能自己上厕所。他可以画一个圆，把圆当成脸或是一个完整的身体，不过少了四肢。4岁时，你的孩子就能自己穿衣服，用儿童剪刀剪出一条线，画出一个人，开始抄写字母，把纸折成三角形，并注意他的个人卫生。5岁时，你的孩子就能画出正方形和三角形，并画出一个更完整的人。他可以完全负责自己的个人卫生了，洗手、洗脸、刷牙和梳头等都能自己完成。随着他的精细运动技能和大运动技能的成熟，他更加精确地提升了自己的能力，并把自己习得的技能整合在一起。这种技能的整合被称为行动系统。[18]

随着幼儿身体的发育，他对身体的控制能力也越来越强。现在他会骑自行车，会用剪刀、刀叉，甚至是筷子了。大约在3岁，你的孩子会开始倾向于喜欢用两只手当中的一只。大多数孩子都是右撇子，因为大脑的左半球控制着身体的右侧。而如果两侧大脑发育对称，右半球也可以控制身体，那么你的孩子就会是左撇子。然而，也有孩子是双手都非常灵巧的。这种情况往往发生在左撇子身上。此外，男孩中的左撇子比女孩中的多。实际上，惯用手似乎受到了遗传因素的影响，82%的人都遗传了惯用右手的基因。如果你学步期的孩子没有遗传到右撇子基因，那么他有50%的机会成为右撇子。否则，他要么是左撇子，要么双手都灵活。如果你的孩子没有遗传右撇子基因，他的惯用手可能只是随机决定的。即使你和你的伴侣都是右撇子，你的孩子仍然有8%的概率是左撇子。无论如何，你3岁的孩子会表现出对某只手的偏爱，这与他运动能力和精细运动技能的发展相协调。[19]永远、永远不要试图改变孩子的惯用手，因为这会导致压力和焦虑……更别提糟糕的书写了。

到5岁时，你的孩子的智商已经达到他成年时的一半。现在，他准备上幼儿园了。

让孩子完全发挥其能力的三个步骤

•对不同的年龄和阶段的孩子来说都很重要的三个步骤

在这本书中，我解锁了科学数据，打开了通往加速学习之奥秘的大门。通过了解儿童早期的发展阶段，你将掌握通过日常互动经验来扩展孩子的潜力和能力的技术，这简单得就像ABC一样。

我们将确定你孩子生命中的每一个重要里程碑，我还将为你和你的孩子打造一条通向语言、认知、社交、情感和道德成熟的道路。

步骤A：理所当然，最重要的一步是建立亲密的亲子关系。但这一步过于简单，以至于有关儿童发育的书往往会遗漏这一步。亲密的亲子关系是让大脑健康成长的“炼金术”所必需的一个基本元素。

步骤B：通过参与为儿童发展的每个阶段提供的练习，你将学到如何创造与儿童年龄相适应的体验，以培养和促进你孩子智力和情感的成长。你还将构建一个由信息组成的“脚手架”，它将帮助你执行步骤B和C。

步骤C：这一步将会更详细地解释如何帮助你的孩子放松和减压，同时增强他的注意力和集中力。你将会发现冥想、瑜伽、气功、创造性观想等古老技术的价值，以及音乐在学习科学中的重要性。读完这本书，你将做好准备，可以使用关键的策略和必要的技能来培养一个健康、快乐和学业有成的孩子了。更重要的是，现在，你的孩子有能力成功地管理好自己生活中的一切。

这些活动和练习不仅能让你的孩子感到愉快，而且也为他的每一个成长阶段打下了基础。当你和不同年龄、不同阶段的宝宝进行互动时，你可以积极地倾听他、注视他，这样你每天都能多了解他一点。有你在他身边，作为他生活的积极参与者，他就能够把他的情感、精神、道德和知性个体发育统一起来。

在教育中，每一个结束都意味着一个开始。心理学家和精神分析学家埃里克·埃里克森认为，成功地引导和完成儿童发展的每个阶段是很重要的，然后才能继续前进。有一个古老的印加神话说，你只有通过吃水果才能回到花园里，因为过去的果实里有未来的种子。儿童的发育也是如此。因此，如果你的孩子成功地度过了每一个发展阶段，他就会在智力和情感上做好准备，热情地迎接下一个阶段。如果他在进入下一个阶段之前完成了上一个阶段，他就不会带着之前未解决的问题和未完成的部分；他将开始一个新阶段，敞开心扉准备学习。然而，你必须先知道他在成长的每个阶段需要什么，什么是适合他的年龄的，以及没有成功完成每个阶段的成长任务的后果。这就是积极地影响你孩子成长的方法，因为在搭建一个坚固的“脚手架”作为基础的过程中，你也会培养出一个强壮、健康的孩子。[20]

在下一章中，你会看到我把促进情感发展和认知发展的练习分开。虽然这两个范畴有所重叠，但在某些方面它们仍然是相互依赖的。情感和智力不是以平行的方式展开的，而是以螺旋运动的方式展开的，类似于DNA分子的螺旋。如果你能想象一个DNA分子或一个上升的脚手架，支撑着情感成长和智力成就的交错路径，你就会看到每一个进步都支撑着下一条向上的轨道。

•充满可能性的人类

刚出生的人类婴儿的发育还是处于不完善状态，比如大脑发育还不健全，心肺系统以及消化系统等都非常娇弱。正是我们巨大的前额叶皮质将我们与其他动物区分开来，并使我们成为人类。由于我们的前额叶皮质很大——我们的批判性思维和执行功能位于那里——我们的大脑会快速地生长，与我们头部的持续增大并行。如果我们出生时已经发育完全，那么我们的头就会太大，无法通过产道。所以，我们人类有一段长得异乎寻常的无力期，在此期间，我们的大脑迅速启动，把数万亿个突触组织起来，这些突触连接构建了我们的生活。虽然这个过程会一直持续到你死的那一天，但你从出生到10岁大脑所消耗的能量比你从10岁到100岁大脑所消耗的能量还要多。因此，儿童成长的早期是很重要的，就是在这个时期，你孩子年幼脆弱的大脑结合他早期的经历，创造了所有这些连接。基于这个原因，我再怎么强调亲密的亲子关系对儿童的早期成长的重要性也不为过：它是一切。因为亲子关系良好的孩子，其大部分需求都得到了满足，他感到安全，有保障，从而平静。如果你的宝宝和你的关系不好，他就会焦虑不安，产生过多的包括皮质醇在内的应激激素，这些激素会浸润他的大脑，永久性地改变它的结构。实际上，这个孩子可能会经历一次失败的成长，结果不仅是他与你的关系，他其他所有的关系都会永远面临问题。对他来说，与他人交流、听从指令、处理愤怒情绪和攻击行为都很困难。对他来说，上学将是一个更大的挑战，因为他的性格和行为会让他很难结交朋友，使他很难磨炼出人际交往技能。他一生都会带着这些不安全感，并会因为他情感上的不成熟而错失机会。这种可怕的情况能得到补救吗？能，但前提是，在他生命的前三年里，这些问题会被觉察、承认并得到补救。因此，父母的参与和良好的亲子关系所具有的重要性是怎么强调都不为过的。[21]

然而，你的影响力也有好的一面，那就是你可以让事情变得不一样。通过了解你的孩子并关注他的愿望和需求，你可以建立起他的安全感和对你的信任，并帮助他充分发挥自己的能力。

在本章中，你会看到我对儿童早期发展所做的概述，这一概述在情感、道德和认知成长之间做了区分。此外，我将解释父母的作用以及他们在所有这些领域中对孩子拥有最佳能力的影响。你也会找到最有效的减压技巧，帮助你的孩子管理他的压力和焦虑，从而在最理想的水平上处理信息。在本章的后半部分，我们将进一步详细讨论孩子在每个年龄阶段的想法和感受。你将清楚地了解他的身心发展，同时也会给你提供适当的工具、练习和必要的活动，以引导他发挥出全部潜能。

如果你和你的孩子能在一个无压力的环境中互动，你就能让他拥有一种放松且愉快的心态。你和你的孩子都将体验到一种开放和完整的关系，在这种关系之上，你们能够相互理解而又相互独立。此外，你还将帮助培养一个能自我控制、自我实现、自信又独立的孩子，他能调动自己的资源，实现自我激励。只有这样的孩子才能专注地解决问题。

你将成为你孩子真正的基因治疗师，为他指引通往内心深处的道路，让他找到他真正的天职和幸福。西格蒙德·弗洛伊德（Sigmund Freud）用一句简单的话来总结他的工作，他把成功的生活描述为在工作和爱情中得到满足。在你的孩子幼年时给他足够的时间和关注，你将最大限度地增加他获得快乐和有意义的生活的机会，这是你能给他的最伟大的礼物。

如何促进孩子的情感发展

•情感的发展和人际交往能力的提高

情感发展和智力发展是培养一个快乐、健康、学业有成的孩子最关键的两个方面。虽然这些技能是平行发展的，但如果没有情感上的成熟，你的孩子就不能充分发挥他的认知潜力。由于情商或情感智力会影响孩子做事的动机，所以它对培养孩子掌控自己的情感至关重要。例如，如果你的孩子在情感上成熟了，在所有其他因素都一样的情况下，他会比同龄的孩子表现得更好。他能更好地处理信息，在某种意义上，他运用大脑的水平会比情感不成熟的孩子更高。为什么？因为情感的成熟使你的孩子能够集中注意力，长时间坐着不动，并且乐于接受新的和令人兴奋的材料。因此，它是自我意识的基础，它培养了道德和良好的自尊。正是这种自信的感觉让你的孩子觉得自己很有能力，而这种感觉又使他觉得自己能够胜任各种事情。这些是你的孩子充分发挥他的才能和智力所需要的基本素质。情感成熟的话，孩子不仅会在独处时感到自在，而且在与他人互动时也觉得自在。他可以运用自己的情感和智力生产力，引导他人过上更有意义的生活。

多年前，我有幸聆听了著名的教育家霍华德·加德纳的演讲。他是最早认识到“多元智力”存在的教育家之一。[22]在西方，我们最熟悉的是智商或知性智力，但加德纳发现了多种类型的智力，包括但不限于言语—语言智力、逻辑—数理智力、音乐—节奏智力、视觉—空间智力、肢体—动觉智力、交往—交流智力、自知—内省智力和自然智力。后来，在20世纪80

年代，加德纳提出了除情感智力以外的更多类型的智力。尽管情感发展及其在婴儿期和幼儿期的重要性在过去几十年里才得到研究，但在今天，大多数科学家都认识到了情感发展在语言、认知、社会化、道德发展中的重要作用。[23]

加德纳提出的8种智力[24]

智力	定义	可应用的领域或职业
言语—语言智力	使用和理解单词并懂得词义的细微差别的能力	写作、编辑、翻译
逻辑—数理智力	处理数字和解决逻辑问题的能力	科学、商业、医学
音乐—节奏智力	感知与创造音调和节奏模式的能力	音乐创作、指挥
视觉—空间智力	在环境中找路和判断空间中物体之间关系的能力	建筑、木工、城市规划
肢体—动觉智力	做出精确动作的能力	舞蹈、体育、外科医学
交往—交流智力	理解他人并与他人沟通的能力	教学、表演、从政
自知—内省智力	理解自我的能力	咨询、精神病学、精神领袖
自然智力	区分动植物及自然环境的能力	打猎、捕鱼、耕作、园艺、烹饪

心理学家丹尼尔·戈尔曼在他1995年出版的开创性著作《情商》中强调了情商的重要性，同时解释说，在多元的智力之间有着相互依存的关系。[25]我在2012年采访过戈尔曼博士，对他的观点特别感兴趣，他认为人生的成功取决于很多因素，并不完全取决于你的学业能力评估测验分数或各科成绩的平均绩点（GPA）。

他解释说，在决定表现的变量中，我们的自然智商约占20%，而我们的成功有80%可以归因于其他因素。戈尔曼和当代的教育工作者们都认为情商对孩子的知识和认知能力起着很大的作用。

在戈尔曼所做的一项神经科学研究中，他指出记忆和学习是在大脑的前额叶中建立起来的。与此同时，是前额叶控制着你的情绪冲动。如果你的孩子在情感上不成熟，他会很容易受到愤怒、焦虑、不安等情绪爆发的伤害。在正常情况下，前额叶皮质就像你孩子这艘船的船长，控制着他的执行功能，帮助他批判性地思考。但是，如果你的孩子在情感上不成熟，他的情绪就会占据主导地位，控制和抑制他的思考能力，凌驾于他的执行能力之上，使他难以进行记忆和学习。[26]

与你的孩子建立良好的关系，这可以建立他的信心和能力，从而使他的情感变得成熟。这样，他就可以在任何情况下，在任何场合，以一种平静和放松的方式自如地与人交流。这些特点可以增强孩子的自尊心和积极性，从而使他能够发现并扩展他的才能和智力。[27]

•让我们从头开始

根据社会科学家阿尔伯特·班杜拉的说法，我们都是社会性动物，通过模仿行为来学习。记住，你的孩子一直在看着你。你是他宇宙的中心，是他关注的焦点，你说的每句话、做的每件事都会被这个小演员复制。很显然，你的孩子在掌握社交技能的同时也会接受你的想法和偏见。你所有的行动都将激励和引导他走向情感成熟，再从那里继续前进。

要建立亲密的亲子关系，关键的一个部分是建立信任。当你的孩子爬出房间去玩时，他会时不时地回头看看你有没有离开，这个时候他就是在学习如何信任你，信任自己，信任他人。如果他探险归来的时候，发现你还待在他离开时你待的那个地方，那么他就已经走上了信任的道路。每一次与你分离所带来的冲突都被你没有抛弃他的认识所抵消，最后他终于可以放心，知道当他回来的时候你一定会在那里等他。你就是这样与你的孩子建立关系，创造一种亲密的感觉，让他知道他可以相信你会一直在他身边。当你的孩子学会信任你，他就能学会如何信任自己，如果他学会了如何信任自己，他就能学会如何信任他人。信任是孩子建立自我意识的基础，这指的不仅是对你的信任，还有对他周围世界的信任。这就是他自我实现的方式。

当你与孩子建立起亲密的关系时，你就是在为他提供必要的“脚手架”，以使他能够更有效地学习和处理信息。根据维果斯基的说法，这个“脚手架”可以让你的孩子集中注意力。[28]搭建“脚手架”时要考虑几个相关方面的内容，这包括一个安全、有保障、乐于接受他的家庭环境，以及父母在情感和社交方面与他进行的大量互动。你的孩子需要的是被爱，而不是被评判，这样他才有动力去克服任何阻碍他前进的障碍。一个孩子面临的贫困、残疾等障碍可以通过与父母的良好关系来弥补。尽管如此，了解孩子的病史是很重要的，不论是生理上的——他是足月的吗？他出生后受过伤吗？——还是情感上的——他是害羞的还是有攻击性的？这些是只有你才能掌握的私密信息，而正是这些信息在你孩子的过去和现在之间架起了一座桥梁。只有这样，你才能满足他当下的需求，给他安全感，让他自己出去探索周围的环境。为了与“脚手架”的理念保持一致，营造一个结构化的环境也是很重要的。孩子们需要也想要秩序，他们最喜欢的是一致性，这和他们出生后想要得到照顾没有太大区别。你的孩子想要知道规则：什么是可以期待的，什么是被允许的，什么样的行为会被接受。在知道这些后，他就可以在规则之内自由地采取行动了。现在，他正走在通往情感成熟的道路上。有了一个具有一致性的结构之后，你的孩子可以使自己的言行与情感世界保持一致，并拓宽他的成熟范围。

• 与你的孩子交谈

你孩子最初的社交活动是他整天跟你对话。正是倾听和交谈的往来使你的孩子社会化，教会了他必要的社交技能。我经常告诉父母，要说、说、说，无所不谈，要经常、一直这样做。语言建立了孩子的联想集群，增强了孩子大脑中那些重要的连接。更重要的是，交谈能吸引和激发孩子的兴趣，让他们觉得快乐和幸福。这对建立良好的亲子关系来说是必不可少的，因为它能营造亲密的气氛。正是在这种情况下，一种被重视、被认可的感觉产生了，这是一场能够建立和巩固亲子关系的终身实践，这将被转移到你孩子成年后的人际关系中。通过养成进行坦率的、共情的沟通的习惯，你可以为解决青少年自然分离期将要出现的困难和情感问题扫清道路。在第2章中，我讨论了共情过程以及如何有效地利用它与家人交流。

作为父母，你是你孩子生命中最重要的人，所以他会模仿你，模仿你所做的一切，不论是好的还是坏的、丑陋的。当你和你的孩子在一起，整天互动时，他正在学习重要的社交技能，这些技能以后会为他带来自己的朋友圈。你以你的行为来教他如何表达自己的感情，如何表达自己的意见，如何以一种自信但不具攻击性的方式表达愤怒和痛苦，始终表现出对同龄人的尊重。这些行为会让你的孩子获得健康的人际关系和情感的成长。如果你欺负、控制、轻视、压迫或支配你的孩子，你会看到他在他的朋友和同学面前模仿这些行为。你想看到你孩子成长为什么样的人，你就要做什么样的人。只有这样，你的孩子才能学到你成功的社交策略。一旦你的孩子以你的行为为榜样，他就会采纳、应用这些行为，并把它们转用至他所有的社会交往中。

• 时机就是一切

情感上不成熟的孩子很难安定下来做好学习的准备。不管他们的智商如何，如果他们的情感发展滞后，就会影响其他所有的发展。幸好，这些孩子可以得到帮助，而且很容易就能得到帮助，因为能帮助他们的正是你。你可以通过参与、关注、重建结构，以及构建孩子获得人际交往能力所必需的特定教养方式和亲子关系来改变这种状况。记住，时机是至关重要的。

通过对不够充分的情感发育进行弥补，你获得了帮助你的孩子培养一颗强大内心的机会，这可以为他的情感奠定基础。当你的孩子在生活中遇上家庭问题、来自同龄人群体的压力或即将爆发的脾气和冲动时，他将能够保持冷静并迅速调整以适应变化。在这种情况下，你家这个有良好适应力的孩子会根据自己内在的价值观行事，不容易被社会张力和同龄人群体的社会化左右。他会有强烈的自我意识，从而产生自信和自尊。他无须从众，因为大众是相对无意识的。相反，他会遵循自己的信念，最终引领大众。你的支持和爱的反馈证实了他的选择和对好的和坏的、积极的和消极的行为的理解。由此，你可以看出“脚手架”在你和孩子的关系中所扮演的角色。通过了解你的孩子，你为他搭建了一座支持他成长和发展的桥梁。如果你对自己在孩子的生活中所起的重要作用有所怀疑，那你就要认识到并承认正是你搭建了这个“脚手架”。

许多年前，有一项以全球成功人士为研究对象的调查，探寻他们有什么共同之处。令人惊讶的是，他们都是情商很高的普通学生，这意味着他们很友好，知道如何与各行各业的人相处。他们知道自己不可能在所有方面都是专家，所以很乐意雇用那些顶级的学生——专家——来为他们工作。他们的独到之处是社交技巧，这让他们能够成功地管理他人。他们掌握了人际交往的技巧，这提高了他们的人际交往能力。这些技能对我们未来的高科技产业、工业和服务业经济至关重要。所以你可以看到，对你的孩子来说，发展出成熟的情感是多么重要。如果你的孩子无法不受干扰地处理自己的思想和想法，那么他几乎不可能把他的社交技能整合起来并加以应用。而且，如果他能找到动用自身资源——他强大的内心——的办法，那么一切皆有可能。通过掌握自己的情感，他将找到自己内心的声音，以及他真正的天职和命运。[29]

如何影响孩子的智力成长

你孩子对世界的看法，他的观点和理解，会随着时间的推移而演变。正如一个艺术家会用身边的色彩（朴素的天空及其周围环境的颜色）来改进他的绘画那样，你的孩子也会用他的环境来扩大他的现实，日复一日，周复一周，月复一月，年复一年，不仅是他学到的知识在增加，他处理这些知识的能力也在增长，他会将新学到的知识和已经存储的信息联系起来，并跨越神经元阈限去创造新的东西。每一种新经验都建立在前一种经验的基础上，并与他所处的发展阶段相一致、相关联。通过使他的智力准备程度与实际年龄相匹配，你支持并鼓励了他进行智力拓展。记住，关键是要知道每项技能的关键机会窗口会在什么时候出现，在这些时刻你要保证让你孩子的大脑被激活并为此做好准备。你孩子的社交和情感发展也遵循着同样的模式，即根据他的年龄和发展阶段，安排合适的活动和练习。这样，你的孩子就会自然而然地、没有紧张或压力地突飞猛进。但首先，重要的是，要知道孩子是如何学习的。尽管有各种不同的理论不断产生和消失，但我们现在可以利用先进的技术来澄清一些误解。

•孩子们理解世界的方式

通过积极参与孩子的成长，无论是在智力上还是在情感上，你都会帮他鼓起勇气走出舒适区。因此，通过创造一个有大量印刷体字的空间，这个空间里有各种能刺激他的感官，并且可以被观察、拿取、闻到和触摸的物品——包括各种不同质地、不同软硬程度、不同颜色并适合孩子年龄的玩具——你的小冒险家将愉快地去了解他周围的环境，并回到你身边把他所有的发现告诉你。

孩子确信你会陪在他身边，你是可靠的，他可以依靠你，这让他有了发挥创造力的自由。通过接触日常物品，既有熟悉的也有不熟悉的，你的孩子不仅能了解这些物品是如何工作的，还能了解它们的用途。孩子所经历的一切都是新鲜有趣的。你的孩子天生就有好奇心，他就像一个侦探，会主动去调查所有的事情。无论你在他附近放个什么，他都会拿起来玩。对他来说，掌握某项任务本身就是一种内在的回报，因为通过掌握任务，你的小侦探变得坚韧和熟练，从而产生了更强烈的自我意识和自尊心。例如，当你的孩子学会如何倒一杯水或成功地把楔子正确地放进合适的洞里时，他会有成功和自我实现的感觉。这给了他激发动力的内在价值。一开始，你蹒跚学步的孩子是为了得到你的认可而去执行任务的，他总是回头看，以确认你在看着他。但他很快就会变得有上进心，为了内心的满足而去完成任务。通过学习信任自己的权威，你的孩子会感受到内在的奖励，这种奖励会使他对自己感觉良好，而不会感到焦虑和害怕失败。学习的方式有很多种——通过视觉学习、听觉学习、口头学习、动觉学习等等——孩子们只喜欢其中的一种或两种是不足为奇的。然而，如果你让你的孩子处在一个鼓励使用不同学习方式的环境中，他的大脑就会横向地处理信息。根据唐纳德·H. 舒斯特（Donald H. Schuster）和查尔斯·E. 格里顿（Charles E. Gritton）在他们的著作《暗示性促进学习技巧》（*Suggestive Accelerative Learning Techniques*）中所说的，如果孩子们能放松下来，并且更协调地使用他们的大脑，就像指挥一支管弦乐队一样，那么他们就能更快地学习，更好地处理信息。[30]此外，当你让你的宝宝接触多种的学习方式时，你会吸引他的多种感官，全面刺激他智力资本的增长。请记住，当你和宝宝在创造性游戏中进行互动时，通过指出伴随每次新体验而来的视觉、听觉、感觉和嗅觉感受来刺激他的感官是很重要的。

创造性游戏的重要性怎么强调都不为过，因为正是在创造性游戏的状态下，我们的大脑才能最有效地放松和处理问题。这是大多数发现的来源，在这里，思想将被联系起来创造新的想法。在第6章中，我将向你展示一些策略和工具，它们可以帮助你的孩子发掘他最大的智力潜能。在这种放松状态下，大脑可以理解和处理新的数据，从而可以使用相关联的信息来解决问题。

减压技巧对认知、语言和社交能力发展的影响

•教孩子一些技巧来帮助他们放松、集中注意力和解决问题

你在此处将要看到的减压技巧是我从多年的实践和经验中提炼出来的。通过对心理、身体和精神技巧的探索，我逐渐形成了自己的一套方法，我觉得这套方法对孩子是最有效的，从他们出生时就可以开始使用。经过一番游历，我发现在所有的减压活动中都有一个核心原则。首先，也是最重要的一点是，放松身体，为进入正念状态做准备。在这种状态下，更多的血液会流向前额叶皮质，使身体放松，血液循环得到改善。对宝宝来说，最简单的放松方式当然是按摩，没有什么比靠近妈妈、倾听妈妈的声音、感受妈妈的抚摸更能让宝宝感到舒适和安慰的了。古代文化一直都知道放松技巧可以治愈身体、扩展心灵。学习了这些放松技巧的孩子可以更长久地记住图像，更好地处理信息。此外，当宝宝的压力下降时，他的记忆力就会提高，最后，你的快乐宝宝会在最佳状态下轻松地完成任务。所以，通过减轻宝宝的压力，你帮他做好了学习的准备。

我研究减压技巧和学习已经有45年了，并且在休斯敦独立学区进行了很多关于压力和学习的研究。我所了解到的是，所有年龄段的孩子都会经受压力和焦虑。然而，有一些简单的方法可以缓解压力，这些方法很容易教，也很快就能掌握。只靠把注意力集中在呼吸上就可以让焦虑的孩子平静下来。听巴洛克音乐、正念冥想、气功、创造性观想等活动现在被认

为是主流，因此在许多学校的课程安排中都占有一席之地。所有这些训练都能让你孩子的大脑以指数级的速度扩展，让他了解到自己的天赋和创造力，从而提高孩子的学习能力。这种放松的状态会刺激脑下垂体分泌内啡肽，而内啡肽在降低皮质醇的同时也会带来快乐和幸福的感受。现在你的孩子无须努力，就可以用最无缝的方式轻松地集中精力。当你的孩子的头脑集中在一个特定的想法、单词或物体上时，它就会变得平静安宁。这实际上是头脑的自然状态，它会让你的孩子感受到对自身的控制感，这是保持平静所需的。这种控制感会带来安全感，而安全感又会产生自我管理。通过教导你的孩子如何管理自己的压力，你给了他必要的工具来培养自律的精神，这是他在生活中进行学习和取得成功所需的。

有规律的呼吸是放松身心最简单的方法。我们每个人都在呼吸，所以谁都知道怎么去做，这是教孩子正念最简单的办法。如果你平静、安详地把宝宝抱在胸前，你能感觉到他微弱的心跳，这样你就能慢慢地、慢慢地与他的呼吸同步。当你的孩子长大后，他会学会让他的呼吸与心跳同步，让自己进入平静的阿尔法状态。在放松中达到的阿尔法状态降低了呼吸频率和心率，这样你的孩子将体验到一种祥和、平静和安宁的感觉。阿尔法状态能产生很多积极的结果，这些结果几乎全都会转移到日常生活中。一旦你和你的孩子学会了如何进入放松的阿尔法状态，你对你周围环境的细微之处会有更清楚的认识，包括你自己对他人的行为。最重要的是，研究表明，平静安宁的内心可以加快学习、改善表现。

•埃里克森的社会心理发展阶段理论

埃里克·埃里克森是一名精神分析学家，在维也纳做过弗洛伊德的学生。由于受纳粹的威胁，他于1933年离开德国前往美国。通过分析自己的童年和职业经历，他建立了一个社会心理模型，强调社会互动对人格发展的影响。

从某种意义上来说，他修正了弗洛伊德的观点，弗洛伊德认为儿童早期的经历决定了人格的发展，而他主张自我的发展是贯穿一生的。

埃里克森的社会心理发展理论涵盖了人的一生中的8个阶段："每个阶段都涉及人格上的一个'危机'——一个在那个时期尤为重要的重大发展问题，并将在一定程度上贯串余生。为了自我的健康发展，必须圆满解决这个随着成熟而产生的危机。要想成功解决这8个危机中的每一个，都需要在积极的特质和相应的消极特质之间取得平衡。虽然积极的特质应该占据主导地位，但一定程度的消极特质也是需要的。例如，婴儿期的危机是信任对不信任。人们需要信任世界和世界上的人，但他们也需要从不信任中学习，以保护自己免遭危险。成功度过每个危机的结果都是特定的'美德'或力量获得发展——而在这第一个危机中，'美德'指的是希望。"[31]

埃里克森的社会心理危机阶段[32]

信任对不信任	从出生至18个月	宝宝会对这个世界是不是一个好的、安全的地方产生感觉。 美德：希望。
自主性对羞怯怀疑	12—18个月至3岁	孩子在自立、自足与羞怯、怀疑之间建立起一种平衡。 美德：意志。
主动性对负罪感	3至6岁	孩子会积极主动地尝试新的活动，不会被负罪感压倒。 美德：毅力。
勤勉对自卑	6岁至青春期	孩子必须学习文化技能，否则就会有无能感。 美德：技能。
身份认同对角色困惑	青春期至成年早期	青少年必须确定自我意识（我是谁？），否则就会对自己的角色产生困惑。 美德：忠诚。
亲切对孤僻	成年早期	人开始寻求为他人做出奉献的方法；如果不成功，可能会变得孤僻和专注于自我。 美德：爱。

续表

繁殖对停滞	成年中期	成熟的成年人会关心生育和教养下一代的事，否则会感觉到个人的贫乏。 美德：关怀。
诚实对绝望	成年晚期	老年人接受了自己的一生，接受了死亡，否则会对无法重获生命感到绝望。 美德：智慧。

在埃里克森的社会心理模型中，宝宝的第一个危机是信任对不信任，这个危机发生在出生到18个月之间，在这段时间里，宝宝会意识到他的幸福取决于周围人的可靠性。为了解决这个危机，你的婴儿希望他可以相信他的主要照顾者会始终如一地在他身边。因此，从他的第一次危机中产生的美德就是希望。如果在他身边的人和发生在他身边的事物都是可以信任的，能始终如一地满足他的需要，那么你的宝宝就会把他的信任感从你身上转移到他自己身上，再转移到外部世界之上。为了帮助他成功渡过这第一次心理危机，你能为你的宝宝做的最重要的事，就是在他需要你的时候及时出现在他身边，帮助他建立信任，无论是喂他，给他换尿布，安慰他，还是在他生病时照顾他。因为你的宝宝无法确信他所处的环境，所以他会向你寻求稳定。如果他能相信你会一直陪在他身边，他就会信任你。你的宝宝就是这样发展出安全感的，他觉得如果他受到威胁，你就会保护他。这是因为，刚开始时，他的情感能力很有限，这使他的身体需求变得最为迫切。[33]

然而，如果你作为他的主要看护人，对他的照顾却是不可预测的，如果你的孩子觉得不论在什么情况下都不能指望你陪在他身边，那么他就会产生不信任感。当他开始怀疑自己影响环境的能力时，这种不信任感会转化为他的不安全感。这种不信任使你的宝宝处于高度警惕状态，抱有焦虑和恐惧的情绪，对他所生活的世界是否安全充满怀疑。不仅如此，这种不信任感将伴随他一生，并将永远影响他与他人相处的方式。如果你不值得信任，不能一直依靠你来满足孩子的需求，你会唤起他的恐惧和不信任，然后让他把这些感觉带入下一个社会心理阶段。在每个特定阶段没能解决的遗留问题不会被抛在后面，而会被带到新的社会心理发展阶段和危机中。

•父母怎样做才能影响信任对不信任这一危机阶段[34]

1. 对你来说，关键是要始终如一地照顾孩子，对宝宝的需求保持敏感，随时都能做出反应。

2. 和宝宝建立亲密的关系。你不能用爱宠坏你的宝宝，而“严厉的爱”又是矛盾的。

3. 做一个可靠的人。你是你孩子在他的世界里的主要代表；能够依靠你，他才会相信他可以依靠自己和他人。

4. 积极、热情地回应你的宝宝。这里需要注意的是，婴儿将他的大部分依恋行为，如微笑、搂抱、哭泣和吮吸，都是指向你，他的妈妈，希望你能以温暖、积极的方式回应他，并在他需要你或想你的时候出现在他身边。

在埃里克森的社会心理模型中，宝宝的第二个危机是自主性对羞怯怀疑，这个危机发生在12—18个月到3岁之间。随着孩子的成长和成熟，他将开始走向独立。每个宝宝心里都有一个独一无二的目标：自由。正是在自主性对羞怯怀疑这个阶段，你的孩子会急切地从受他人控制转向自我控制。如果他已经成功地渡过了信任与不信任的危机，他现在将带着对自身经验的信任感进入第二个社会心理阶段。在这个阶段，他会变得更有自我意识，更自立，更重视自己的而不是别人的判断，哪怕是你的判断也不例外。

因此，从这种社会心理状态中获得的美德是意志，这一点也不奇怪。当你的孩子发展出更广泛的技能组合，如挑出他特别喜欢的绘本或自己穿鞋、穿衣服时，他表明了他对知识和独立的渴望。你可能注意到了，他玩的时候会离开你身边，他会抗拒他不喜欢的食物或让他感觉不舒服的人。在这个阶段，你的孩子开始探究他的能力可以影响多大的范围，因此为他创造一个鼓励性的、非评判性的环境是很重要的。例如，与其强迫孩子吃某种特定的食物，穿某件衣服，玩某个玩具，不如拿出耐心，让孩子在没有帮助的情况下尝试新的活动，同时知道什么时候该介入，保护他不受危险或屡屡失败的影响，这样会更有成效。这是一场精密的舞蹈，让你的孩子自由地尝试自己做事，如果他失败了，不要批评他，而要帮助他避免再次犯错。如厕训练就是这种微妙平衡的完美例子。在这个例子里，你试图在不伤害孩子自我意识的情况下教会他们自我控制。如果你鼓励和支持你的孩子自主面对，而不是羞怯退缩、怀疑自己，你将强化他的意志这种美德，从而使他获得在外部世界生存所必需的独立性。你想要在孩子身上培养出良好的自尊心；然而，如果他受到过度保护或不被允许维护他的独立性，他就会变得缺乏自信，怀疑自己获取成功的能力，觉得自己是不能胜任的。

在这个阶段，最重要的是要在孩子争取独立的努力和接受自己的界限之间取得一种精密的平衡。这样，当他准备好自立时，他就会通过试错来学习。羞怯感会在这个时候出现，它增强了鼓励你的孩子通过学习规则和遵守规则而不去做他想做的事情的氛围。这些规则必须由妈妈和其他的主要看护者制定，同时要始终如一地确保这些规则得到遵守。这一时期被称为“可怕的2岁”，这是孩子第一次尝试自主。到目前为止，你的孩子都觉得无法控制自己，要依赖他人，这是他第一次被驱使着去控制自己。实际上，当你的孩子反抗权威的时候，他对独立的需求就表现出来了。因此，他新产生的权力感和自我意识转化成了一种消极的态度，在“可怕的2岁”期间，他最喜欢说的是“不！”但是不要灰心，因为在4—6岁时，这种完全独立的欲望就会减弱。

• 父母怎样做才能影响自主性对羞怯和怀疑这一危机阶段[35]

1. 在设定限制和了解后果时，你制定的规则要既清楚易懂又保持一致。

2. 现在，简洁的语言和行为的一致性是最重要的，这样你就可以温柔地引导你的孩子远离不可接受的行为。这将在自主性和羞怯怀疑之间建立必要的平衡。

3. 你正在努力帮助你的孩子培养自控能力、自信心，获得胜任感。

4. 最好不要激化和孩子的冲突，否则很容易导致他自我怀疑。如果在羞怯怀疑的社会心理发展阶段没能解决自我怀疑的问题，它将被自动带入下一个阶段，而不能得到适当的解决。

5. 如果你为你的孩子创造了可以接受的机会来培养他的独立性，例如让他挑出一套衣服来穿，或是在这种或那种蔬菜中挑一种吃，在这种或那种玩具中挑一种玩，那么他将获得有限的自由，体验成功的滋味。

在埃里克森的社会心理模型中，你孩子的第三个危机是主动性对负罪感，这个危机发生在3到6岁之间。你的孩子正在努力平衡他追求自己目标的愿望与道德困境之间的关系，他的部分目标可能是不被接受的。主动性对负罪感阶段的核心是自我的对立感。所以，由此获得的美德是毅力，当你的孩子学会了调节或平衡他的目标与他的道德是非观，这会阻止他按自己的欲望行事。虽然你的学龄前儿童在继续向外扩展他的边界，在他所处的环境中测试自己，想要增加更多的技能，但他也需要得到别人的认可。这是一个你的孩子坚持己见的时期，一个他的行为可能会被你理解为具有攻击性的时期。在主动性对负罪感阶段，最为重要的是玩耍，因为它可以让你的孩子通过策划和其他孩子一起玩的游戏等活动来运用他的人际交往能力。你的小领袖就是在这个阶段诞生的，因为你孩子的安全感增强和主动性也得到了发展，从而可以去做决定和指导别人。现在不是以过多的控制或反对来扼杀孩子独立性的时候。这可能会导致一种夸大的负罪感，让你的孩子感到自己能力不足，还有可能压抑他的主动性，使他成为一名追随者。当然，保护你的孩子远离危险是很重要的，因为孩子经常会突破底线。然而，如果你过度批评或限制孩子的主动性，你就会损害他的自我意识。同时，在这个阶段，你的孩子会表现出高度的好奇心。所以要像对待朋友一样对待孩子，尊重他的想法，重视他提出的问题。否则，你的孩子会有罪恶感或被贬低的感觉，这些感觉会妨碍这一阶段的顺利过渡。如果你的孩子有负罪感，这将对他的社会交往产生消极影响，抑制他的创造力。虽然有一点负罪感对良心和道德的发展是必要的，但过多地控制孩子会抑制他的自然发展。平衡是主动性对负罪感阶段的关键，只有取得平衡，毅力这一美德才能得到发展。

与其他阶段一样，如果主动性对负罪感的危机没有解决，就会在孩子的个性中制造一道裂痕。一方面，你的孩子满怀尝试新事物的喜悦和兴奋；另一方面，你的孩子在试图理解什么行为是恰当的，什么是不恰当的。你的孩子平衡或调和这两种驱动力的方式，会为他带来毅力这种美德，这需要必要的勇气去争取达成目标，而不能被负罪感压倒。

• 父母怎样做才能影响主动性对负罪感这一危机阶段[36]

1. 在这个阶段，重要的是你要创造一个环境，提供时间和空间让你的孩子在你的监督下独立做事。

2. 有限度的自由再次成为在过度竞争的需要和没有负罪感的争强好胜之间取得平衡的最佳模式。

3. 不要过分批评孩子的主动性。

4. 尊重、重视和认可孩子的想法和问题。

《如何塑造孩子的大脑》只涉及从出生到5岁之间的孩子，不过之前的表格包含了埃里克森的社会心理发展模型的所有8个阶段，可供你阅读。

劳伦斯·科尔伯格的道德推理理论[37]

20世纪50年代，美国心理学家劳伦斯·科尔伯格（Lawrence Kohlberg）以皮亚杰的思想为基础，提出了与皮亚杰的道德模式理论相似的道德发展阶段理论。科尔伯格和皮亚杰都采用了一种讲故事的方法，将故事与一个道德危机结合起来。在故事的结尾，科尔伯格为这个困境提供了几个解决方案。在科尔伯格向参与他研究的人所讲的故事中，有一个最好地描述了他想展现给他们看的道德冲突，这个故事与一个叫海因茨的人有关。

故事的主题是海因茨的妻子患了癌症，就快要死了。有一种新药可以挽救她的生命。这种药是当地的一位药剂师发明的，于是海因茨去找药剂师要买这种药。而药剂师刚刚发明了这种新药，想要大赚一笔，所以他把药的价格定为生产成本的10倍。

不幸的是，海因茨买不起这种药。他想尽办法，求得了家人和朋友的帮助，但最后只筹到了药价的一半，还是达不到药剂师的要求。海因茨向药剂师讲述了自己的故事，向药剂师寻求帮助，他解释说自己的妻子就快死了，他们急需这种药，并提出了他可以用来支付药钱的各种办法。

尽管如此，药剂师还是拒绝了他。药剂师解释说，他发明了这种药物，这是他赚钱的黄金机会。海因茨已经求遍了所有的亲友，用尽了一切可能的支付手段，于是他做了一个不顾一切的决定，闯进药店偷走救命药。

讲完这个故事后，科尔伯格问了10个与下面的问题相类似的问题[38]：

1. 海因茨应该不付钱就拿走这种药吗?

2. 如果他不那么在乎他的妻子，他的行为会有所不同吗?

3. 如果要死的人不是他妻子，而是别的什么人，会有什么不同吗?

4. 最后，如果海因茨的妻子服药之后死了，执法部门是否应该逮捕这位药剂师，指控他犯有谋杀罪?

这项研究的参与者包括75名10到16岁的男孩。科尔伯格进行了长达30年的纵向研究。这些问题围绕着正义的概念而演变。通过回顾孩子们对每个问题的回答，根据他们不同的年龄和发展阶段，他发现孩子们的道德推理方式会随着年龄的增长而改变。他的结论是，孩子们的认知发展决定了他们考虑道德问题的方式，他们做出选择或道德决定的过程独立于他们周围的成年人或同龄人群体。

在他的研究中，科尔伯格创建了一个由58名男孩组成的最终样本，在大约20年的时间里，他以3年为一个阶段对他们进行重新检查。每个男孩都接受了独立采访，并且要回答10个道德问题。科尔伯格想要了解样本人群的思维过程——不是他们对行为做出的判断，而是隐藏在他们结论背后的思维过程。最后，他确定了样本人群的推理能力会随着男孩们的认知发展而变化。[39]

因此，科尔伯格把道德推理划分为三个层次，每个层次又分为两个阶段。他的理论是道德推理会从一个阶段逐渐发展到另一个阶段。当你的孩子进入一个新的推理阶段时，这个阶段将取代之前的推理阶段。科尔伯格认为，就所有的实践目的而言，道德推理的最后一个层次是理论性的，而且几乎没有人能达到——如果说曾经有人达到过的话。此外，他认为大多数成年人实际上处在第二层次，他将这一层次称为习俗道德水平。正是在这个阶段，大多数美国人不带丝毫疑问地遵守了社会规范。

道德推理的三个层次[40]

层次与年龄	阶段	是什么决定了对与错?
前习俗道德水平：年龄不超过9岁的人	惩罚和服从	对与错是由他们所受的惩罚来决定的。如果你因为偷窃而被纠正，那么偷窃显然是错误的。
	相对功利	与上一阶段类似，但现在对与错是由我们会得到什么奖励和别人希望我们做什么来决定的。对他人的关心全都是出于自私。
习俗道德水平：大多数青少年和成年人	人际协调	做一个好人就是取悦别人。孩子对道德采取循规蹈矩的态度。对与错取决于大多数人的判断。
	法律与秩序	到此，我们不抱任何疑问地遵守法律，尊重权威。大多数成年人不能超越此阶段。
后习俗道德水平：20岁以上者中的10%—15%	社会契约	现在，决定对与错的是个人的价值观，在遵守法律的基础上，我们还会遵照我们内心的正义感去要求自己。
	普遍道德原则	现在，我们按照源远流长的道德原则生活，这些原则中有些内容被认为比国家的法律更严格。

•层次Ⅰ：前习俗道德水平

在这道德推理的第一个层次，孩子们被外部规则所控制。从婴儿期到10岁的孩子还太小，没有形成自己的道德准则——他的个人行为准则受到他生活圈子里的成年人，特别是你所制定的规则和奖惩的影响。这些外部控制基本上会被遵守，这不是因为道德推理，而是为了逃避惩罚或获得奖励。因此，道德的前习俗阶段实际上是一个利己的阶段，此时你的孩子还没有找到自己的权威，推理是建立在他人权威的基础上的。在这个阶段，你的孩子通过奖惩来理解对与错。[41]

年龄：0—10岁

第一阶段：通过惩罚和服从来定向。“我会受到惩罚吗？”你的孩子会懂得规则、遵守规则，以逃避惩罚，还有可能获得奖励。此外，他会忽视行为的原因，而专注于外在的形式。例如，违规的程度轻重或后果严重与否。权威人物在你孩子的生活中拥有权力，孩子们不仅懂得规则，还懂得应该遵守规则以避免惩罚。你的孩子相信如果惩罚被执行，一定是自己犯了什么错。[42]

第二阶段：功利的目的和交换。第二阶段的基本思想是自利：如果我为你做这件事，你会为我做什么？因此，如果一种行为既能满足你孩子的需要，又能满足别人的需要，那么它就会被认为是好的。这个阶段可以被简单地定义为“物有所值”，甚至是“获取报酬”。行为与孩子的需求被联系在了一起，同时从结果中分离出了价值。当你的孩子处在第二阶段时，他会说解决问题的方法不止一种，并开始意识到不同的人有不同的观点。[43]

•层次Ⅱ：习俗道德（或传统道德）水平

在这个层次，你的孩子把权威人物的规则内化了。他们对取悦他人、被视为“好人”、遵守社会规范很感兴趣。令人难以置信的是，人们在10岁时就可以达到这个层次了，而且大多数人永远不会超过这个层次。[44]

年龄：10—20岁

第三阶段：保持相互关系，得到他人的认可，这是黄金法则。处于第三阶段的孩子认为，如果他遵守规则，他就有权得到奖励。在这个阶段，你的孩子想要取悦你和其他人，通过内化这些规则，同时仍然遵守成年人所定的标准，他开始内化这些标准。就是在这个时候，他开始对他所尊敬的人称自己是“好人”。现在，他可以以权威人物为榜样，并根据自己的个人道德准则来判断自己的行为是否正确。他第一次以权威人物为对象探究其行为及行为背后的动机。因此，他不仅对行为本身进行了考虑，还考虑了行为背后的环境。此外，处于第三阶段的孩子会通过遵守和服从权威的既定规则来尊重社会规范。[45]

第四阶段：遵守法律与秩序。第四阶段尊重法律和社会秩序，如果一种行为违反人权而且会造成伤害，则不论其理由是什么，都会认为这一行为是错误的。根据科尔伯格的说法，这是道德发展的顶峰，大多数人是永远也达不到的。在这一阶段，道德取决于正义和他人的权利，而个人判断则建立在个人原则和个人推理的基础上。科尔伯格告诉我们，只有10%—15%的人能够以如此高的道德水平行事，因为这需要一个基于批判性思维的坚强核心。然而，由于大多数人都是社会性学习者，他们会发现自己的道德基础与社会规范相关联；而通过伦理的棱镜进行独立思考是一项惊人的壮举，需要向可能的人（possible human）迈进一大步。[46]

•层次Ⅲ：后习俗道德（或自主道德准则式道德）水平

根据科尔伯格的说法，第三层次是大多数人所能达到的最高层次。道德推理成了一种内在的事情，它以正义、公平、是非的内在信念以及一种整体的道德准则为基础。在这个阶段，道德困境可以通过道德标准来解决。[47]

年龄：20岁以上

第五阶段：道德的社会契约。这包括通过相互接受民主原则来保护个人权利。虽然社会承认，人民的民主意愿符合人民的最大利益，但有时你的需要和法律是对立的。此外，并不总是能够清楚地界定保护多数人利益的法律和个人的法则，例如我们在海因茨难题中所看到的。然而，从长远来看，最好是了解并遵守你所属的共同体的规则。[48]

第六阶段：伦理和道德的普遍原则。在第六阶段，人们倾听自己内心的声音，而不是被别人的观点所影响。处于第六阶段的人不会在意同龄人的压力、他人的约束，他只遵循自己的权威。这些人是自我实现的，按照自己内在的道德准则行事，并愿意为自己的行为承担后果，他们认识到，如果他们违背了自己的良心，就会付出情感上的代价。[49]

•根据科尔伯格的六个阶段来影响孩子的道德发展[50]

1. 最重要的是，你想看到孩子成为什么样的人，你就要做什么样的人。孩子是社会性动物，他们会模仿社会行为，尤其是你的。

2. 说、说、说。从宝宝睁开眼睛的那一刻起，他最珍贵的经历就是听到你的声音。通过与你的孩子交流，并谈谈你关于他的经历的想法，他将开始瞥见你价值观模式下的原则。

3. 让你的孩子积极地参与解决日常生活中的小道德困境，帮助他发展自己的道德指南针。

4. 做一个积极的倾听者。一旦你的宝宝开始说话，他就想告诉你在他的世界里发生的事情，以及他是如何在这个世界里大展身手和做出尝试的。

5. 即使在托儿所，孩子们似乎也表现出利他主义的倾向。如果一个婴儿哭了，另一个也会跟着哭。观察你的宝宝对其他宝宝情绪的敏感性，利用一切机会来塑造共情行为。这样，一点一点地，你就可以培养出他的内在品质和道德准则。

6. 请记住，你年幼的孩子会根据其年龄和发展阶段来解释和回应道德困境。

7. 在培养孩子的道德推理和良心时，与孩子进行社交互动，谈论道德困境是很重要的。在读书时间给他读些故事、神话和童话，给故事赋予寓意，这样他就会开始意识到，甚至能预见到最后正义一定会获胜。

8. 当父母积极倾听孩子们的意见，并向他们提出以孩子为中心的问题时，他们在道德发展方面的进步最大。向你的孩子提问时意思要明确，这样你就可以确定他能否理解你的问题。和你的孩子交谈时要用幽默和赞美的方式，在征求他的意见时要积极倾听他的话。

9. 在为你的孩子树立道德推理的榜样，引导他们进入更高层次的思考时，应遵循搭建“脚手架”的方法。

10. 不要对孩子说教，不要挑战或反驳孩子的想法和观点。问一些以孩子为中心的问题，帮助你的孩子得出一个能让他体会到更高层次思考的结论。

11. 一有机会就向孩子提出一个道德困境，这样你的孩子就会经常花时间来思考这些问题。

12. 和你的孩子玩角色扮演游戏，借机提出需要你们一起想办法来解决的道德困境。

13. 创造一个既安全又有包容性的空间，让你的孩子知道他可以问你任何事情而不必担心受到惩罚。

14. 用我给出的共情过程来教你的孩子如何共情，这样他就能学会换位思考。

15. 做一个游戏，和你的孩子一起编一个涉及道德困境的故事。这样，你的孩子就可以成为故事的设计者，顺着人们冲突的进程前进，最后找到一个积极的解决方案。

皮亚杰的认知发展四阶段理论

幼儿获得知识的能力，也就是智力的发展，是皮亚杰经常在他关于儿童发展的探讨中谈到的内容。关于皮亚杰的工作，弗里森说：

> 他的工作对我们理解幼儿的思维和知识获取的特点产生了巨大的影响。正是皮亚杰的研究帮助我们理解了幼儿是如何学习的。通过他的研究，教育工作者们已经认识到为孩子提供符合其发展水平的适当经历的重要性。[51]

皮亚杰（转引自蒂尔，1982）认为“孩子通过与世界的互动来建立他的知识体系”，并且“智力的成长是一个将新经验吸收到儿童认知组织的当前状态中去的过程”。[52]根据皮亚杰的观点，“这是一个需要调整现有心理结构的过程，而反过来说，这个过程又源自心理组织的一部分，它允许吸收和同化新的经验”[53]。

概括地说，皮亚杰（转引自比赫勒和斯诺曼，1986）认为，认知是通过儿童与环境的互动而发展的。皮亚杰提出的心理发展阶段如下[54]：

- **第一阶段（出生至2岁）被称为感觉运算阶段。**婴儿关心的是通过“感觉运动”所获得的东西——他们用感官来审视世界，并开始意识到自己和其他物体之间的区别。他们没有“客体永久性”的概念，也就是说，当他们的妈妈或其他人从视线中消失时，婴儿就会认为这个人永远消失了。[55]

- **第二阶段（2至7岁）被称为前运算阶段。**这是孩子们开始学习语言、使用心理意象和符号、理解简单规则的阶段。他们只从自己的角度看世界。例如，如果他们捂住脸而看不见别人，他们会认为这意味着别人也看不见他们。[56]
- **第三阶段（7至11岁）被称为具体运算阶段。**在这个阶段，孩子们会区分幻想和现实：他们变得更有逻辑，不那么以自我为中心。他们能更好地集中精力解决问题，并开始理解时间、距离和速度之间的关系，以及其他支配着世界的规则。[57]
- **第四阶段（11岁至成人）被称为形式运算阶段。**这一阶段的焦点是孩子不断增长的处理抽象概念、理解伦理原则以及对规则、规章进行理性思考的能力。[58]

如上所述，皮亚杰创建了一个模型来说明思维发展在这种渐进的运动中所经历的一系列阶段，并将这种范式应用到教育中。他建立了一个具体的教育模式，以区分在不同阶段应教给孩子的内容。如幼儿园、学前班、初入小学阶段的孩子都处于前运算阶段，而5至9年级的孩子则处于从具体运算到形式运算的过渡阶段。[59]

皮亚杰是今天的认知改革的奠基人，他通过对孩子的观察认识到了心理过程的重要性。通过观察和询问孩子，皮亚杰创立了一种全面的认知发展理论。他相信孩子们天生就有适应环境的能力，而这种适应能力正是认知发展的开端。从某种意义上说，当一个婴儿在寻找母亲的乳房，或是在探索周围的环境时，他会对自己的空间有一个更加精确的理解，也会更有能力与它产生联系。[60]

在皮亚杰的认知发展理论中，他定义了一系列从质量上来说独特和与众不同的步骤。在每一步中，你的孩子都会体验到一种新的思维方式。[61]

从儿童早期到青春期，认知发展从感觉和运动行为发展到批判和抽象思维。这些思维活动是逐渐发展起来的，遵循着三个相互联系的概念[62]：

1. 组织
2. 适应
3. 平衡

根据皮亚杰的观点，组织是整合更复杂的思维认知系统的能力，认知系统能够组织出更有效的现实观点。他把这些组织称为模式，这是孩子用来理解环境的有序模式。随着时间的推移，这些模式会变得越来越复杂，孩子会用它们来帮助自己进行思考和做出反应。例如，起先执行观看或触摸动作的模式是独立的——但最终，你的孩子会将它们合并成特定的模式，这样当他抓住一个物体时，他就能看到它。[63]

皮亚杰指出，适应是你的孩子接受新刺激的方式，这些刺激与他目前的知识相悖。接受新的刺激需要他遵循两种方法[64]：

· 同化，包括接收新数据并将其整合到当前的认知结构中。
· 顺应，这需要调整认知结构来整合新的信息。

皮亚杰指出，平衡是在变化中不断达到均衡的状态，从同化到顺应的起伏可以证明这一点。孩子体内的所有系统都在努力平衡他自己和他的世界。然而，如果你的孩子不能在他当前的认知结构内处理新的、意想不到的事件，那么这些结构就会自我重组，创造新的心理模式，融合新的事件，从而达到平衡。因此，当同化和顺应融合在一起时，它们创造了平衡和认知发展。所有的行为变化都是以这样的方式操作的。例如，当你的孩子停止吃母乳，改用奶瓶时，他会调整自己的吮吸技巧来面对新的体验。通过这种方式，他用同化和顺应达到了一种平衡状态。[65]

对皮亚杰最初观点的一个修正是，儿童的认知不是形式思维的单一进步，而是会受到特定内容的影响。换句话说，你的孩子在想的东西与某个特定的问题有关，还会与文化规范相结合。[66]

皮亚杰认为，认知成长是一个由儿童的成熟和他与周围环境的互动关系共同调节的过程。他是第一个研究认知发展的心理学家，他创建了一个观察方案和一系列测试，来研究儿童的认知发展。他对孩子们的计算、拼写或解决问题的能力不感兴趣，他关心的是孩子们形成数量、正义、因果关系、时间等基本概念的方式。他对“儿童的能力不如成年人”的观点提出了质疑，认为儿童的思维过程与成年人有显著的不同。此外，他主要关注的是儿童的心理成长，而不是学习。因此，他的方法里没有关于记忆和学习的技巧。他发现，发展的关键阶段可以通过它们的定性特征来识别，而不是通过行为复杂性的增长来识别。他研究了婴儿、学步期的孩子成长为能够思考的人的具体机制，首先是具体思考，然后是抽象思考。根据皮亚杰的看法，当一个孩子的认知能力提高时，他会根据自己的成熟程度以及与环境的互动来重新调整自己的心理过程。他对周围的环境形成了自己的观点，并且很快就会遇上矛盾——他认为自己知道的和他所发现的并不一致。[67]

皮亚杰的认知发展四阶段

Ⅰ. 感知运动阶段

感知运动阶段是皮亚杰认知发展的第一个阶段，包括从出生到2岁的儿童。在感知运动阶段，你的孩子通过他的运动活动和正在发育的感官来了解他的世界。正是在这段时间里，你第一次观察到你的孩子从一个只能通过反射和随机活动做出反应的婴儿转变为一个受目标驱动的幼儿。皮亚杰的研究表明，感知运动阶段包含六个子阶段，随着婴儿的模式变得更加复杂，这些阶段会逐个推进。在前五个子阶段，你的宝宝通过他的感官和环境组织摄入和活动。在第六个阶段，你的孩子开始通过不断尝试来取得进步，学习如何运用思想和符号成功地克服障碍。[68]

感知运动阶段的子阶段

子阶段一：出生至1个月

在子阶段一中，认知成长是以“循环行为”的方式进行的。在这个子阶段，你的宝宝学会了重现第一次偶然发生的愉快经历。因此，偶然发现被整合到一个新鲜的模式中。同样是在这个子阶段，你的孩子会使用和延伸他的反射，直到他获得控制感。只有这样，他才会开始活动，即使起初对这种行为的刺激并不存在。吮吸是一个很好的例子，你的宝宝会吮吸他嘴巴接触到的任何东西，最后他会全神贯注地吮吸，尤其是当他想吃东西，又得到了母亲的乳房或奶瓶时。很快，他将学会如何调整自己的行为以适应环境，从而更有效地满足自己的愿望和需求。[69]

子阶段二：1至4个月

在子阶段一，你的孩子学会了重现最初偶然发现的令人满意的经历。皮亚杰将其称作“原发循环反应”。现在你的孩子能够把不同的、多样化的感官输入（如看到的东西和听到的声音）组织起来，他可以转向并跟随发出声音的人或物体。[70]

子阶段三：4至8个月

你的孩子开始通过触摸和观察来了解环境中的物体。这是他第一次通过重复他的行为来得到一个他想要的结果。皮亚杰将这种刻意的行为称为“次级循环反应”。例如，你的孩子可能会为了吸引你的注意而微笑和咿呀发声。[71]

子阶段四：8至12个月

皮亚杰把第四个子阶段称为“次级模式的协调”。“在这个阶段，你的孩子会在旧模式的基础上创造新的模式。现在他可以把信息联结起来并形成联想，回溯他先前的经历来寻求解决他当前困境的方法。当他组织和改变过去的模式来解决问题时，他变得非常有创造力。相应地，正是在这个阶段你的孩子开始进行有意识的活动。”[72]

子阶段五：12至18个月

在第五个子阶段，你的孩子将开始调查他周围的环境，尝试进行不同形式的互动。在这个阶段，你的孩子会好奇地尝试、适应和调整新的行为方式。处于这个阶段的伟大解放者正在行走。当你的孩子可以走动时，他会自由地探索。皮亚杰说，这是一种“三级循环反应”。现在你的孩子开始尝试用不同的方法来解决新问题，而不再是简单地重复偶然的行为。[73]你的孩子第一次展现他的原创思维会令你感到激动和高兴。你的孩子还能够第一次成功地解决问题。通过反复尝试，他进行了实验，找到了实现目标的最佳方法。[74]

子阶段六：18个月至2岁

第六个子阶段被皮亚杰称为“心理结合”。在这个子阶段，你的孩子开始转入前运算阶段。他的心理范围扩大了，现在他可以象征性、想象性地描绘物品和行为。通过使用数字等符号，你的孩子发现自己不必完全依赖直接经验了，他可以通过记忆进入“延迟模仿”。当你的孩子使用记忆中的心理表征时，想象力占据了中心位置，这样他就可以在行动之前思考自己的行为了。他终于明白了一件事可以引起另一件事。现在，他不再需要千辛万苦地通过检验所有假设来找到解决方案。这就是皮亚杰所说的“表征能力”。[75]

感知运动阶段的关键发展[76]

概念或技巧	皮亚杰的观点	最新的发现
客体永久性	在第三个子阶段到第六个子阶段之间逐渐发展。第四个子阶段的婴儿（8至12个月）会犯“A，非B错误”。	3个半月大的婴儿（第二个子阶段）似乎就表现出了认识物体的能力，尽管对这一发现的解释还有争议。“A，非B错误”可能会持续到第二年或更久以后。
空间知识	物体概念和空间知识的认知发展与视觉和运动信息的自我运动和协调有关。	研究支持皮亚杰的时间表，以及他对空间判断与自我中心意识的衰退之间关系的看法。与运动发育的关系还不太清楚。
因果关系	基于婴儿行为的研究发现，在4个月到1岁之间婴儿对因果关系的认知缓慢地发展，首先是受到自身行为的影响，然后受到外部力量的影响。	一些证据表明，婴儿很早就能意识到物质世界中的特定因果事件，但对因果关系的一般理解可能发展得较慢。
数	依赖于符号的使用，婴儿从第六个子阶段（18至24个月）开始使用符号。	5个月大的婴儿似乎就能识别运用较小的数字。但对这一发现的解释仍有争议。

续表

概念或技巧	皮亚杰的观点	最新的发现
分类	依赖于表征思维，表征思维在第六个子阶段（18至24个月）得到发展。	3个月大的婴儿似乎就能识别感知类别。
模仿	不可见模仿在9个月左右开始发展，延迟模仿的发展在第六个子阶段（18至24个月）心理表征开始发展后进行。	一些仍有争议的研究发现，新生儿会对面部表情进行不可见模仿，这种模仿最早在婴儿6周大时就会出现。对复杂活动的延迟模仿似乎早在婴儿6个月大时就存在了。

皮亚杰的感知运动模型包括6个关键的发展：

1. 客体永久性在8到12个月之间逐渐出现。可以在第三个子阶段到第六个子阶段之间观察到这一现象，根据皮亚杰的说法，它发生在你的孩子意识到某种事物（不论是物体还是人）存在的时候，即使是在他看不见该事物的时候。此外，你的孩子认识到他是独立于其他事物（包括物体和人）存在的。皮亚杰描述了一个叫作“A，非B错误”的过程，在这个过程中，即使一个8到12个月大的孩子看到某件东西被移动到了另一个地方，他仍然会持续地在他最初看到它的地方寻找这件东西。[77]

通过整合视觉和运动输入以及观察他自己行为的结果，你的孩子获得了关于空间和物体的信息。一旦他能移动，能爬或能走，他就可以够到离他最近的物体，并拿它与其他物体的大小、形状和位置进行对比。在他做出适应和调整后，他会逐渐变得能够更有效地判断位于他前进路径上的物体的距离和大小。他已经掌握了物体的概念，现在他明白了物体和人在看不见的时候也是存在的，即使妈妈或爸爸不在视线之内，他也不再感到不安全或害怕。现在他意识到他们仍然存在，并没有抛弃他。玩躲猫猫在这个发育阶段非常重要，因为躲猫猫可以帮助婴儿面对和克服看不见妈妈的焦虑。此外，躲猫猫可以让宝宝思考他视野之外的人和物体的出现、消失和存在。因此，它可以帮助宝宝学会何为交替，这会被转化为对话所必需的规程。最后，躲猫猫让你的宝宝有机会练习和锻炼主动注意，这是一种专注、集中和学习的技能。皮亚杰称这种发展为客体永久性。

躲猫猫还能促进认知能力的发展，因为这个游戏需要宝宝预测每个玩家的面部表情和声音变化。这让宝宝在等待的时候处于高度警惕的状态，期待着接下来会发生什么。到宝宝1岁的时候，他就不再是一个被动的观察者，而是自己开始玩躲猫猫，用身体和声音发出暗示鼓励别人过来跟他一起玩。

在和宝宝玩躲猫猫时，使用搭建“脚手架”的方法让宝宝逐渐取得认知能力是很重要的。所以，你可以刺激宝宝去掌握任务，逐步培养他的技能，始终激励和促使他达到更高能力阶段，耐心地哄劝他拿出最高水平来进行互动。

各种各样的玩具都可以拿来参与躲猫猫游戏，由妈妈来决定用多少和什么样的“脚手架”来支持宝宝。虽然一开始你可能需要引起宝宝的注意，但他很快就会完全投入游戏中，模仿你的行为，直到他把你的行为整合到自己的行为中。在12个月大的时候，宝宝变得更容易接受口头命令了，因此，通过加强他在预测未来时体验到的兴奋和快乐，指导他学习游戏规则变得更加容易。到了宝宝2岁的时候，就不需要“脚手架”了，他不仅可以模仿躲猫猫，还可以在游戏中加入自己的创意。[78]

2. 空间知识与宝宝的自我运动，以及运动知识和视觉的整合有关。发展至此，宝宝可以对空间做出判断，这似乎是在自我中心意识消失的时候发展起来的。[79]

3. 对因果关系的理解从4个月左右到1岁之间逐渐演变。当宝宝揭开他自己行为的奥秘及其对物质世界的影响时，他发现了因果的概念，或者说是因果关系。这种发展是缓慢而稳定的，与宝宝对其行为对外界事件造成的影响的一般意识直接协调。一旦你的宝宝能够抓住物品，他就会意识到自己对环境的影响。随着宝宝对自己的意图有了越来越清楚的意识，他对因果关系的理解也就随之进化了。当你的宝宝收集关于事物如何运动的知识时，他就能够将因果关系的概念转移到其他环境和条件中去。[80]

4. 根据皮亚杰的说法，理解数需要借助于符号。因此，对数字的理解出现在第六个子阶段，18至24个月。虽然5个月大的婴儿就能识别甚至使用较小的数字，但他们似乎并不能真正理解这些数字符号所代表的含义。[81]

5. 对分类的理解出现在第六个子阶段。在18至24个月的时候，你的宝宝开始以一种表征的方式思考。这意味着他可以通过视觉看出事物的区别。事实上，2岁大的宝宝已经能看出曲线和直线的区别了，他更喜欢曲线。此外，他能识别简单和复杂的模式，偏爱复杂的模式。在这个年龄，你的宝宝甚至可以区分二维和三维的物体，他更喜欢三维物体。他还能分辨出一张人物脸部特写的图片和一张静物的图片之间的区别，也能分辨出熟悉的和新鲜的之间的区别。[82]

6. 根据皮亚杰的说法，不可见模仿出现在大约9个月大的时候，婴儿开始用自己不能看见的身体部分进行模仿，如对嘴巴动作的模仿。在此之前不久是可见模仿的开始，婴儿可以用他的能看见的身体部分进行模仿，比如对手部和脚部动作的模仿。然后，在大约18个月大的时候，你的宝宝开始进行延迟模仿，此时他可以模仿他记忆中过去的身体行为。总体而言，皮亚杰的研究认为，不成熟的认知在逐渐向成熟的认知转变。[83]

现在，你的宝宝更关注新鲜、不同的刺激，而不是熟悉的刺激。根据皮亚杰的说法，这被称为“新奇偏好”。到18个月大的时候，宝宝就可以对比新旧信息，创造心理表征。目前的信息表明，与皮亚杰的说法相反，你的宝宝甚至可能在出生时就表现出对新奇事物的偏好。这一点在声音方面是最明显的，宝宝一天大的时候就能分辨出自己妈妈的声音。皮亚杰解释说，延迟模仿是“在时间流逝后，通过调用一个已存储的符号来复制观察到的某种行为”。现在，你的宝宝可以模仿他记忆中的行为。[84]

皮亚杰认为，信息处理是建立在习惯化的原则之上的，按照这个原则，你的宝宝对某件事的了解会降低他的反应速度、反应频率。而在去习惯化中，对新鲜、新奇刺激的反应会加快。[85]

研究可以通过观察孩子对熟悉事物的适应速度，以及在接受新刺激时注意力转移的速度，再加上他们关注新旧信息所花费时间的差别，来衡量孩子信息处理的效率。习惯化的熟练程度和处理信息的能力经常被用来预测认知发展和智商。然而，“仅仅基于信息处理措施的预测，并没有把环境因素的影响考虑进来。例如，儿童早期注意力和儿童后期甚至18岁时的认知能力之间存在着某种联系，而母亲在婴儿早期给予他们的反馈似乎对这种联系起到了一定的作用”[86]。

皮亚杰还说：“感官在出生时是互不相连的，只有通过经验才能逐渐整合。如果是这样的话，这种整合很早就开始了。”例如，婴儿可能会朝着发出声音的地方看，这表明他把听觉和视觉联系起来了。相应地，皮亚杰将这种整合定义为一种跨模式的转移，这意味着现在你的宝宝能够通过一种感官获取知识，同时引导他其他感官的发展。[87]

在感知运动阶段要注意哪些迹象

在这个阶段，你的孩子将通过感官和运动体验获得自我意识和知识。首先，你的宝宝开始调动他的身体和感觉印象。一旦可以走动，他就会检查和操纵他力所能及的一切事物。然后，通过试错的方法来形成新的模式，这有助于他的认知发展，使他能够理解他的环境。

感知运动阶段最重要的进步是形成了客体永久性的观念。在这个阶段你的孩子会意识到，某些东西无论是可见的还是隐藏的，它都是存在的，获得这种能力需要对看不见的物体进行心理表征。

你做哪些事可以对感知运动阶段的孩子产生积极的影响

1. 在感知运动阶段，最核心的问题是要让你的孩子在一个安全的、可靠的、具有刺激作用的以及充满爱的（最重要的）、有浓厚学习氛围的环境中自由探索。

2. 一定要创建一个安全的环境，里面有大量物品可供把玩，有丰富的纹理可以触摸，有令人兴奋的、有趣的视觉资料可以观察。

3. 当你的小科学家一头扎进他的世界里去探索和扩大他的影响范围时，让他知道你就在他旁边、就在他的参照系里是很重要的，他回头一看，就能看到你在他身边支持他的旅程。

4. 在这个阶段，亲密的亲子关系就是一切。这样，当你的宝宝不仅能够从你的爱当中得到鼓励，还能确切地知道你就在他身边支持他时，他就可以自由地探索周围的环境。通过这种方式，他可以建立积极依恋所需要的安全感，而这种安全的依恋会转化为信任。如果他信任你，他就会信任自己；如果他信任自己，他就会信任他的环境。当他每天向外扩展去探索未知领域时，这种安全感会进一步刺激他的认知发展。

• II. 前运算阶段[88]

皮亚杰的下一个认知发展阶段是前运算阶段，这个阶段的年龄范围为2至7岁。在这个阶段，你的孩子会对符号思维有更多的了解。然而，他仍然无法进行逻辑思维。皮亚杰告诉我们，只有在具体的操作中，你的孩子才能使用逻辑，而这要到童年中期才会发生。因为他的思考方式是以自我为中心的，完全集中于他和他的世界之上，处于前运算阶段的孩子几乎不可能注意到别人的观点或立场。然而象征性思维允许他用一个词或一件东西代表另一个词或另一件东西，这样他就可以把一件事的象征意义转移到另一件事上。在前运算阶段，你的孩子对数字、身份、因果关系、类别、时间和空间有了更复杂的理解。有些更复杂、更有象征意义的思想在婴儿期就出现了。在前运算阶段，思维的进步会从学步期开始一直持续到童年中期。

皮亚杰的认知发展阶段在童年早期的表现[89]：

使用符号： 到你的孩子4岁的时候，他无须感官的提示就能产生得到某种东西的欲望。例如，他可能会通过从记忆中提取生日蛋糕的图像而产生想要生日蛋糕的欲望，而无须通过感官的体验。因此，他现在可以根据对生日蛋糕甜味的记忆，而不是任何当前的感官输入来提出想吃生日蛋糕的要求。皮亚杰把这种心理过程称为“符号功能”，它反映了孩子在不使用感官或动作线索的情况下，能用符号或心理表征（词语、数字或图像）来代表特定意义的能力。[90]在这个过程中，符号协助了你孩子的记忆，帮助他思考不在他面前的事情。符号功能的使用可以在延迟模仿中看到，例如在想象游戏中。就连婴儿都会在记起和回忆他们所看到的事物的心理意象时使用延迟模仿。同样地，当你的孩子用一个事物代表另一个事物时，例如用某件玩具代表某位朋友时，他也在使用心理表征。你可以在孩子的整个童年中看到这些，当你的孩子参与象征游戏时，他会运用想象力以一个物体代表另一个物体。甚至语言也是心理表征系统的一部分，因为词语是用来说话的符号。

对身份的理解：皮亚杰发现，对身份的理解是孩子发展自我意识的内在要求。现在，你的孩子可以以一种更有条理、更可预测的方式来看待世界。例如，随着孩子对身份的理解越来越深入，他们可以认识到物体和物体、人和人是相似的，尽管它们可能在大小或形状上有所不同。这种认识会导致你的孩子形成自我印象。[91]

逐步具备空间思维：到3岁时，孩子们的表征思维能力得到了进一步的发展，这使他们能够对空间关系做出更好的理解。在3岁之前，你的孩子很难准确地分辨出模型或图片与它们所描绘的空间或物体之间的联系。[92]

与空间思维相关联的概念是双重表征假说，即你的孩子不能理解空间关系是因为这要求他同时保持几个心理表征。但在3岁之后，你的学龄前儿童将不仅能够理解简单的地图，而且能够将他对空间的理解转化为对其他模型或物体的理解。[93]

理解因果关系：虽然皮亚杰意识到了学步期儿童能够理解反应和行为之间的关系，但他不相信他们能够对此进行有逻辑的思考。相反，他断言，无论他们有没有理解因果的逻辑，他们都把无数的经验联系在一起了。他把这个系统称作“转换”。孩子们是在进行转换推理而不是逻辑推理，只是在把一种经验归纳为另一种经验，他们往往会看到一个并不存在的原因。[94]

理解同一性和分类：随着学龄前儿童对同一性理解的发展，他们发现这个世界更加有序和可预测。同一性是指虽然人和许多事物在形式、大小或外表等方面发生了变化，但它们在本质上没有变化。对同一性的理解是自我概念出现的基础。

你4岁的孩子现在可以通过辨别人和事物之间的相似性和差异性来对其进行分类。要做到这一点，他必须能够区分这两者的特质。大多数4岁的孩子能基于两种标准（例如颜色和形状）进行分类。分类的过程可以让你的孩子在混乱中创造秩序，并以一种非常积极的方式把他生活中的一小部分组织起来。例如，他可能会认为某人是好的，某人是坏的，诸如此类。在这里，具备分类能力代表了认知的成长，以及情感和社交能力的发展。[95]

相信万物有灵论：直到4岁，孩子们都认为某些没有生命的物体是活的：太阳、月亮、云等，莫不如此。但在大约4岁的时候，你的孩子就会开始明白，人是活着的，玩具不是。因此，万物有灵论倾向于给无生命的物体赋予生命。相应地，你孩子的文化和习俗也会影响他的万物有灵论倾向。例如，某些文化可能会把生命的特质赋予无生命的物体，就像我们在日本历史中所看到的那样。举例来说，在传统的日本园林中，常常会把石头和沙子布置成特别的形状，这通常被认为是具有生机的：不仅有生命，而且有情感。[96]

理解数的概念：在3到4岁之间，你的孩子会扩充词汇量来对事物的质量和数量进行对比。他会比大小，说一个东西比另一个小，或者抱怨一个冰激凌甜筒比另一个大。如果他有一块糖果，而你又给了他一块，他会知道他的糖果比以前多了。如果他把他藏起来的糖果给了另一个孩子，他会意识到自己的糖果少了。此外，虽然定性和定量的信息在所有的文化中都会出现，但基于每个社会与这些信息的相关性和计数方式，它会以不同的速度展开。[97]

在东方，5岁的孩子有能力数到20或20以上，也能理解大小和数量的区别。而西方孩子5岁的时候，一般就会用个位数做加减法了。5岁的孩子似乎有一种内在的认知或直觉，让他们能够借助纽扣、石头、手指或脚趾等来创造一种进行加减计算的方法。还有一些孩子全凭直觉得到了答案，却不知道他们是怎么做到的。同样地，特定的文化和它的数字体系在孩子开始获得计数能力的时间上起着一定的作用。在美国，孩子们从大约3岁起就可以从1数到10了；在中国，情况也基本如此。但在美国，一个4岁或5岁的孩子需要开始分别学习11—20之间每个数字的名称，而中国的孩子使用的是基于10和1的计数系统（11:10+1,12:10+2，等等）。因此，在计数方面，中国孩子到5岁的时候就超过了美国孩子。[98]

据帕普里亚等人在《发展心理学》（*Human Development*）一书中所说，学步期的孩子开始理解5个基本的计数概念：[99]

1. 一对一原则：对每一个被计数的项目只说一个数字名称（“一……二……三”）。

2. 顺序固定原则：以固定的顺序说出数字（“一、二、三……”而不是“三、一、二……”）。

3. 顺序无关原则：不论从哪个物品开始计数，总数都是一样的。

4. 基数原则：最后用到的数字是被计数的项目的总数。（如果有5个项目，最后的编号将是“5”。）

5. 上面的抽象原则适用于任何类型的对象。（7个纽扣的数目与7只鸟是一样的。）

前运算思维的局限性

皮亚杰认为，前运算思维的主要特征之一是中心化，受这种思维的影响，你的孩子会只专注于一件事情的一部分，而忽略其他部分。这种专注力的限制常常会导致思维不合逻辑。因为你3岁的孩子正在进行一种不成熟的前运算思维，他很难做到去中心化，或者同时关注一件事的多个方面。这就是为什么中心化会抑制孩子在社交和身体互动方面的思维过程。皮亚杰断言，当你的孩子能够同时思考一个事件的多个部分时，他才能去中心化。[100]

不能理解守恒

儿童中心化的形式之一是他们不能理解守恒。皮亚杰指出，守恒是一种理解，即基于特定的测量确定为相同的两个数量或项目，会持续保持一致，即使它们在感知上发生了变化，例如形状有所改变。唯一的标准是项目当中没有增减任何东西。皮亚杰发现，学龄前儿童并不理解这个概念，只有在具体操作中，对其他类型的守恒的理解才得以发展。皮亚杰最著名的是关于水守恒的研究实验，即将等量的水倒入两个不同大小的玻璃杯中，一个高且细，一个矮且粗。孩子们会被问到杯子里的水是否相同，学龄前儿童必然会认为高且细的杯子里的水更多。当研究者向孩子们展示他正在向高且细的玻璃杯和矮且粗的玻璃杯里倒同样多的水时，学龄前儿童仍然认为高且细的玻璃杯盛的水更多。这个例子表明，学龄前儿童专注于一件事的一部分而忽略了其他部分，因此思考不合逻辑。守恒也受不可逆性的限制。皮亚杰对“不可逆性”下定义，它是指无法理解一种活动可以通过几种可能的方式来完成。从某种意义上说，你的孩子无法认识到一项活动可以以多种方式进行。最后，皮亚杰解释说，处于前运算阶段的孩子专注于“连续状态”，无法辨别状态之间的转换。[101]

自我中心主义

皮亚杰告诉我们，自我中心是前运算阶段的一个方面。他把自我中心定义为中心化的一种形式。在这种情况下，你的孩子无法考虑他人的观点。尽管一个婴儿比一个学步期的孩子更加以自我为中心，但他们全都觉得世界是围绕他们转的。皮亚杰认为，自我中心是你的孩子很难区分事实和虚构，也很难理解因果关系的原因之一。自我中心的一个完美例子是，一个3岁的孩子认为他应该为父母的离婚负责。[102]

皮亚杰用一种叫作“三山任务”的方法来研究自我中心。在这个实验中，皮亚杰让一个孩子坐在桌子的一端，另一端放一个洋娃娃，同时在桌子上放三个大土堆。然后他问孩子，他觉得从娃娃的角度看这三个土堆应该是什么样子的。虽然学龄前儿童不能给出正确的答案，但他们都会谈论从他们的角度看“山”是什么样子的。这个例子说明，一个处于前运算阶段的孩子不能从别人的角度看问题。[103]

被抑制的共情能力

皮亚杰认为，自我中心抑制了人的共情能力，共情是一种将自己放在别人的位置并理解其感受的能力。然而，人们似乎有一种自然的共情倾向。如果你10个月大的宝宝看到另一个宝宝在哭，他可能会试图安慰另一个宝宝，或者自己也开始哭。14个月大的时候，你的宝宝会表现出安慰的行为，比如拥抱或者拍拍哭泣的宝宝。1岁半的时候，学步期的孩子可能会给哭泣的孩子自己的玩具以示安慰，或者在孩子受伤的时候请你帮忙。共情现象在儿童早期的发展过程中很常见，而且会随着孩子的成长而不断增加。具有讽刺意味的是，共情是少数可以被教会的东西之一，也是欺凌者缺乏的东西之一。然而，在会对情绪以及行为和反应的因果关系进行讨论的原生家庭里长大的孩子，很早就能获得共情的能力。我给出的共情过程很适合用来教导你的孩子如何与他人共情，这将增强他的自尊，并提升他与他人相处的能力。[104]

皮亚杰的心理理论①

1929年，皮亚杰对心理理论进行了研究，他在研究中指出，儿童从3至6岁就开始对自己的思维以及他人的思维产生自我意识。他得出的结论是，一旦心理理论出现，它就会在儿童早期继续发展。在这个时期，孩子们开始意识到，当他们成功地实现了自己的愿望，他们就会感到满足，甚至是快乐，而当他们失败时，他们可能会不快乐，甚至会流泪。[105]

理解思考

从3岁到5岁，你的孩子会明白思考是一种发生在他头脑中的内在行为。不仅如此，他还理解了现实与想象的区别，认识到他可以一边思考一件事，一边观察另一件事。在这个年纪，你的孩子已经意识到，就算他闭上眼睛，用手捂住耳朵，他仍然可以对物体、人和地方进行思考。他还会认为，如果某个人安静地待着，那他最有可能是在思考，孩子们逐渐认识到了思考不同于视觉、语言、触摸或知识。[106]

直到童年中期，你的孩子才会明白他的大脑在不断地进行思考，而学龄前儿童则认为大脑是一种可以打开和关闭的东西。从本质上来说，学龄前儿童没有意识到语言在思维中的作用，无法理解他和其他人是用语言来进行思考的。[107]

幻想和现实的区别

从18个月到3岁大，你的孩子能够参与想象游戏，和他周围那些实际上是由他假想出来的人交流。然而，在想象和真实之间有一层薄纱，有时这层纱会被戳穿，模糊了两者之间的区别。在4岁到6岁之间的某个时候，

---

① 由于当时皮亚杰关于心理理论研究的局限性，皮亚杰认为6岁以下儿童不能区别想法或幻想与物质实体之间的差异，因此没有心理理论。以下关于儿童心理理论的描述作者结合了近年来的研究发现。作者把这些全部归结于皮亚杰的心理理论为作者笔误。——编者注

你的孩子会表现出神奇的思维，努力去理解那些不清楚或不容易解释的情况。然后，那些想象中的朋友——如彼得·潘和叮当猫等——参与想象游戏就只是一种娱乐了。有趣的是，你的孩子在这个阶段确实明白，他是在用自己的想象力创作他的幻想剧，尽管他为他经验的潜在现实敞开了大门。你3岁的孩子可以理解“错误信念”的概念，但当他不能理解时，通常是因为他以自我为中心，无法“意识到心理表征”。[108]在这个年龄和阶段，有时很难确定他是假装的还是真心的，所以有必要再次强调，了解你的孩了是很重要的。

欺骗与错误的信念

根据皮亚杰的说法，3岁的孩子仍然无法区分幻想和现实，因为他还处于以自我为中心的思想中。到了四五岁的时候，你的孩子就会意识到他和其他人可能会有奇思妙想。他之所以能理解这一点，是因为他意识到有些孩子的心理表征是不正确的。虽然你3岁的孩子不能接受或欣赏另一个孩子或成年人的想法与他不同，且和他有着不同的愿望和需求，但他4岁时就能做到了。而且，由于你4岁的孩子不那么以自我为中心，而且对心理表征有更好的把握，他能够识别并接受别人的观点和信念。此外，当你的孩子6岁的时候，他会明白不同的人对类似的事情会有不同的看法。研究表明，社交能力强的孩子辨别错误的推理能力更强。[109]

因为“欺骗”是把一个不真实的想法灌输给别人，所以它要求儿童抑制说真话的冲动。然而，在2到5岁之间，你的孩子就会有能力参与欺骗。决定性的因素是你的孩子被要求执行的特定类型的欺骗。如果这是一个简单的骗局，年幼的孩子更有可能成功。皮亚杰断言，你年幼的孩子无法区分欺骗和错误，因此会认为每一个错误都是谎言。3到6岁的孩子能更好地辨别错误和谎言的区别，理解意图在撒谎中所起的作用。当你的孩子5岁或6岁的时候，他会懂得现实和表象之间的区别，还能区分什么是真实的，什么不是。[110]

你可以做些什么来对前运算阶段的孩子产生积极的影响[111]

1. 你的孩子2至7岁时，正处于皮亚杰所说的前运算阶段，此时，持续地交谈和阅读是很重要的。所有的谈话和阅读都在不断地建立联想集群，创造越来越多的突触和越来越多的认知联结供你的孩子取用。

2. 记住，即使你的孩子长大了，他仍然需要很多很多的亲情、TLC、触碰和爱。通过依偎、拥抱、表扬和支持，你认可了孩子的自我意识，让他知道你无条件地重视他、接受他和爱他。

3. 通过培养孩子的自我意识，你正在帮他建立一颗强大的内心，这让他免受同龄人压力和自我怀疑的损害。现在他有信心走出自己的舒适区，去寻求新的发现。他就是这样学会解决问题的。通过教育你的孩子不必害怕犯错误，你解放了他，让他可以成为最好的自己。

4. 在前运算阶段，孩子应该参与的是只需要想象力和创造力的游戏。他的环境应该是安全可靠的，充满了色彩和可以操纵和观察的物体。因为你的孩子正在扩展他的表征思维的范围，所以在躲猫猫、藏娃娃等游戏中与他进行互动是很重要的，要经常刺激他对符号功能的感知，这让他能够想象和思考那些实际上不存在的人、情境和事物。这个时候正适合玩扮演游戏。

5. 由于你的孩子现在正在有逻辑地思考，开始理解因果关系的概念，所以玩可以激发他理解能力的游戏将促进他的发展。

6. 前运算阶段的孩子可以对有生命的和没有生命的事物进行分类。他开始理解计数和数量的概念了，同时正在学习如何对空间关系做出更简洁的判断。他花了大量的时间来进行想象，在万物有灵论的陪伴下玩耍，这使他感到兴奋和快乐。然而，他仍然无法去中心化，受不可逆性思想的限制，他也不理解守恒。引导他去接触那些能够增强他对守恒的理解的物体、游戏和互动，将进一步促进他的发展。

7. 他绝对是一个以自我为中心的人，但有能力共情。在这个阶段使用我给出的共情过程，你可以真正地教会你的孩子如何共情。在你的日常生活中为他树立共情的榜样。还有，讲故事和玩角色扮演，都可以锻炼孩子的共情能力。最后，使用我给出的共情过程，让你的孩子在现实生活中体验共情。

8. 在3岁到5岁之间，你的孩子的心理理论会逐渐增强，从而能够意识到自己的思想，不再把自己和母亲看作一个统一的整体，并且能够识别真实与幻想、虚假与现实之间的区别。正是在这个阶段，你的孩子会明白表象和欺骗之间的区别，所以能够鼓励他编造幻想剧的想象游戏会被他愉快地接受。

9. 在这个阶段，发现式学习是最重要的。这涉及引导你的孩子自己去积极地探索和发现事物。因为发现式学习并不是没有结构的，所以关键是要让孩子的学习环境充满趣味和刺激，这些都是他成长所必需的。这就是真正的自主学习。这段时间也应该关注玩耍，因为它与学习是相对应的。皮亚杰认为，通过发现来学习，是根据孩子的生理成熟程度自然展开的。由此，我们再次看到了准备的重要性，这包括掌握正确的阶段、概念和信息。因此，我们要关注的是学习的过程而不是结果。创造一些情境，让你的孩子面对那些在他们的年龄段能够解决的问题。组织适合孩子年龄的合作活动和个人活动，这样你的孩子可以邀请朋友一起参加，他们可以互相激励、鼓励、刺激、启发和学习。最后，把积极的方法结合进来，因为它们涉及重构和重新发现每个问题的解决方案。[112]

• III. 具体运算阶段[113]

你7到12岁的孩子正处于具体运算阶段。在这个阶段，你的孩子不再那么以自我为中心了，他的逻辑思维能力变强了，对空间关系有了更好的把握，还认识到了因果关系。在具体运算阶段，你的孩子将能够进行分类，做出推断，并表现出演绎和归纳推理的能力。他还能理解系列、传递性推理和归类。只有到这个时候，他才能有效地使用数字并认识到守恒；然而，他仍然在进行具体的思考，这制造了一个水平偏移，很明显地把他的逻辑留在了现在。皮亚杰指出，道德成长与认知成熟有着非常真实的联系。他说第一个出现的是约束的道德，你可以在前运算阶段发现它；第二个出现的是合作的道德，它存在于具体运算阶段和形式运算阶段。此外，在具体运算阶段，你孩子的社交互动会影响他的成长速度。

在这个阶段，虽然你的孩子是通过符号来进行思考的，但他仍然是围绕着具体的想法和行为的结构来组织思维的。现在，他不那么以自我为中心了，可以认识到别人的观点。他变得更有逻辑了，能够更有效地使用语言，特别是在用语言来解决问题的时候。现实和幻想第一次变得截然不同而彼此独立。因此，阅读能让你的孩子接触到新的概念、想法、情境和应对技巧。到你的孩子上学时，他会接触到新的规则和合作模式。随后，他会建立新的关系，结识新的朋友，有新的小圈子。这些最开始只有一些非正式的规则和规章，但后来会演变成一个具有更明确的指导方针的等级制度。随着年龄的增长，这种等级制度变得越来越严格，它影响着音乐、服装的选择，行为和个人归属感。由此，你的孩子学会了如何将自己的需求与他人的需求相匹配。现在你会看到，你的孩子要么变得勤奋和自信，要么变得自卑。

具体运算时期是孩子认知成长的转折点，现在他能够以运算思维来进行逻辑思考。他能在头脑中解决问题，并把解决方案拿到现实世界中去尝试。更重要的是，现在他理解数量和质量了，同时还认识到了即使发生了外观上的变化，总量也是恒定的。

你可以做些什么来对具体运算阶段的孩子产生积极的影响：

1. 首要的一点是，在具体运算阶段的起起伏伏中，你的孩子更需要亲密的亲子关系的支持和鼓励。通过鼓励你的孩子，让他知道无论发生什么你都会在他身边，你可以帮助他适应生理、认知和情感世界的变化，这些变化都是同时发生的。

2. 你是他的指南针，能帮助他平稳地度过这段成长和充满变化的时期。在这个阶段，你的孩子需要支持和始终如一的规训，这样他才能以一种安全的方式成熟起来，以积极的自我意识适应日常的挑战。

3. 在这个时期，做好学习准备的想法是特别重要的，因为这关系到应该在什么时候把什么信息教给孩子。皮亚杰告诉我们，在孩子准备好学习并达到每个认知阶段的适当年龄之前，不应该用一种特定的流程模式去要求不同的孩子。

4. 从某种意义上来说，你的孩子现在是一个主动的学习者，因为他进入了一个发现式学习的阶段。

5. 在这个时间点上，所有的学习都应该以孩子及其发现式学习为中心。因此，你要成为一个促进者，鼓励你的孩子，帮助他集中注意力，发现和构建概念。

6. 你的孩子现在既可以合作学习，也可以独立学习，所以不妨办个游戏聚会，邀请其他孩子一起来玩，并创造一些你的孩子可以掌握的经验，让学习变得有趣。

7. 设计一些案例，其中包含着能让孩子思考的问题。通过制造这样的不平衡，你的孩子会去寻求平衡并试图找到一个解决方案。

8. 观察你的孩子，这样你就可以知道他所处的阶段，为他创造适合他年龄和阶段的学习模式。

• IV. 形式运算阶段[114]

根据皮亚杰的说法，你的孩子在11岁左右开始向形式运算阶段过渡，并将在他的余生中一直处于这个阶段。正是在这一阶段，他将学会抽象思维和批判性思维。此外，他将主要使用逻辑概念来检验日常假设。渐渐地，他对抽象思维的把握会提升，并转变为对道德、伦理原则和正义的理解。他对逻辑的充分把握使他能够对规章制度进行思考。他可以运用自己的逻辑推理能力在解决问题时寻求平衡，从而形成强烈的自我意识和独立的愿望。到11岁时，你的孩子会开始经历自我反省，思考他是谁、他在这个世界上所处的位置。他的人际关系随着他的兴趣和社会经验的变化而变化。因此，现在，他摆脱了主要与同性往来的关系，开始与不同性别的人交往，还会与异性建立友谊。

你可以做些什么来对形式运算阶段的孩子产生积极的影响：[115]

1. 教育是循序渐进、不断积累的，因此，通过参与孩子的生活来影响孩子的学习是很重要的。这需要你参与他的学业，鼓励他进步，并在他学习的同时传递积极的强化。

2. 成为一个积极的倾听者，这样你的孩子就知道你关心他在做什么。通过关注和倾听他所说的话，他的想法和感觉就得到了你的认可。

3. 当你的孩子意识到你关心他的贡献时，他会更愿意和你分享其他信息。

4. 你十来岁的孩子正处于前青春期，最需要你的接纳和爱。他的自我意识特别强，很容易觉得尴尬。因此，表达你对他所做的事情的尊重，并且鼓励他珍惜和尊重自己。就像孩子在0到2岁之间所经历的巨大过渡一样，在那次过渡中，你和孩子的互动和对话使突触连接增加了，你处于前青春期的十来岁孩子也需要这些开放的沟通渠道。因此，你作为父母又一次被要求去说、说、说。弗洛伊德称这一时期为“风暴与压力”，而亚里士多德则称之为精神错乱的时代。当你的孩子从一个孩子变成一个成年人的时候，我们都能记得他所经历的激素变化的高潮和低谷。和你的孩子谈谈他的生理变化，向他解释他身体里发生了什么，为什么会这样。告诉你的孩子你理解他所经历的生理和心理变化，以及尊重他处于这段不成熟期时的思想、语言和行为，你将帮助他在巨大的生理、心理和情感变化中稳定下来。

没有哪两个孩子能以同样的速度经历皮亚杰的四个认知阶段，因为每个孩子的生理成熟过程都是独一无二的。正是他生理上的成熟和他与周围环境的关系共同促进了他认知能力的发展。虽然皮亚杰认知发展四阶段的顺序对所有的孩子来说是一样的，但是每个孩子都在用自己的速率前进。

以下为作者在写作本章的过程中所参考的资料清单：

1. Newsweek Staff, “Turning on the Motor,” *Newsweek*, March 13, 2010, accessed December 30, 2018, https://www.newsweek.com/turning-motor-174928.

2. Papalia, Diane E., *Human Development*, 136.

3. Newsweek Staff, “Turning on the Motor,” *Newsweek*, 1997, 26.

4. Newsweek Staff, “A Bundle of Emotions,” *Newsweek*, 1997, 78.

5. Papalia, Diane E., *Human Development*, 8th ed. New York: McGraw Hill, 2001, p. 140.

6. Ibid., 141.

7. Ibid., 142.

8. Underwood, Anne. “Hey—Look Out, World, Here I Come,” *Newsweek*, March 14, 2010, accessed December 30, 2018, https://www.newsweek.com/hey-look-out-world-here-i-come-174964.

9. Papalia, Diane E., et al., *Human Development*, 144.

10. Underwood, Anne. “Hey—Look Out, World, Here I Come,” *Newsweek*, 1997, 12–15.

11. Ibid.

12. Ibid.

13. Ibid.

14. Ibid.

15. Ibid.

16. Hayden, Thomas. “A Sense of Self.” *Newsweek*, 2000, 56–62. http://webshare.northseattle.edu/fam180/topics/temperament/asenseofself.htm.

17. Papalia et al., *Human Development*, 242.

18. Ibid.

19. Ibid., 243.

20. Ibid., 33.

21. Brazelton, T.B., and Greenspan, Stanley. "Our Window to The Future," *Newsweek*, 2000, 34.

22. Gardner, Howard. *Intelligence Reframed: Multiple Intelligences for the 21st Century*. New York: Basic Books, 1999.

23. Papalia et al., *Human Development*, 343.

24. Ibid., 33.

25. Goleman, *Emotional Intelligence*.

26. Ibid.

27. Ibid.

28. Gross, *Parental Involvement*, 27–28.

29. Stillman, Jessica. "Why Success Depends More on Personality Than Intelligence." *The Inc. Life*. January 11, 2017. https://www.inc.com/jessica-stillman/success-depends-more-on-personality-than-intelligence-new-study-shows.html (accessed April 24 2019, 2019).

30. Schuster, Donald H., and Charles E. Gritton, *Suggestive Accelerative Learning Techniques*. New York: Gordon and Breach, 1989.

31. Papalia, Diane E., et al., *Human Development*, 33.

32. Ibid., 32.

33. Ibid., 32-33.

34. Ibid., 32.

35. Ibid.

36. Ibid.

37. Ibid., 429-432.

38. Ibid., 429.

39. Ibid., 430.

40. "Lawrence Kohlberg Moral Development | Counseling | Pinterest | Kohlberg Moral Development, Morals and Human Development," Pinterest, accessed December 21, 2018, https://www.pinterest.com/pin/465418942734511790/.

41. Papalia, Diane E., et al., *Human Development*, 430.

42. Ibid.

43. Ibid.

44. Ibid, 431.

45. Ibid, 430.

46. Ibid, 431–432.

47. Ibid, 431.

48. Ibid, 431.

49. Ibid, 431.

50. Ibid, 430-431.

51. Friesen, Sharon. "*Bridges to Learning: A Guide to Parent Involvement.*" Distributed by ERIC Clearinghouse, 1986. https://eric.ed.gov/?id=ED272313, page 11.

52. Teale, W.H. "Toward a Theory of How Children Learn to Read and Write Naturally." *Language Arts* 56, no. 6 (1982): 568.

53. Ibid., 556.

54. Snowman, Jack, and Robert Biehler. *Psychology applied to teaching*. Boston, MA: Houghton Mifflin Company, 1986, pp. 63–64.

55. Papalia, Diane E., et al., *Human Development*, 32.

56. Ibid.

57. Ibid.

58. Ibid.

59. Ibid., 37–39.

60. Ibid.

61. Ibid.

62. Ibid.

63. Ibid., 38.

64. Ibid.

65. Ibid.

66. Ibid., 37–39.

67. Ibid.

68. Ibid., 161.

69. Ibid.

70. Ibid., 162.

71. Ibid.

72. Ibid.

73. Ibid., 162–163.

74. Ibid., 162.

75. Ibid.

76. Ibid., 166.

77. Ibid., 164.

78. Ibid., 165.

79. Ibid.

80. Ibid., 173–174.

81. Ibid., 172–173.

82. Ibid., 166.

83. Ibid.

84. Ibid., 163.

85. Ibid., 168.

86. Ibid., 171.

87. Ibid., 170.

88. Ibid., 250.

89. Ibid., 250–251.

90. Ibid., 250.

91. Ibid., 251.

92. Ibid., 251–252.

93. Ibid.

94. Ibid., 252–253.

95. Ibid., 253.

96. Ibid.

97. Ibid.

98. Ibid., 254.

99. Ibid.

100. Ibid., 254–255.

101. Ibid., 255–256.

102. Ibid., 256.

103. Ibid., 254.

104. Ibid., 256–257.

105. Ibid., 257.

106. Ibid.

107. Ibid.

108. Ibid., 257–258.

109. Ibid., 258.

110. Ibid., 260.

111. Ibid., 250–252.

112. McLeod, Saul. "The Preoperational Stage of Cognitive Development." Simply Psychology, accessed December 21, 2018, https://www.simplypsychology.org/

preoperational.html.

113. McLeod, Saul. “Concrete Operational Stage.” Simply Psychology, January 1, 1970, accessed December 21, 2018, https://www.simplypsychology.org/concrete-operational.html.

114. Papalia, Diane E., et al., Human Development, 32.

115. Ibid., 425–428.

Part Two

第二部分

06.

把你的家变成一个生活实验室

用运动和音乐来支持认知和情感的发展

孩子的大脑天生就善于发现。一个亲子关系良好的孩子会去探索他所处的环境并测试它的极限。为了促使孩子最大限度地发挥他的潜力，你必须确保环境能刺激他情感和智力的发展。

孩子的大脑天生就善于发现。一个亲子关系良好的孩子会去探索他所处的环境并测试它的极限。为了促使孩子最大限度地发挥他的潜力，你必须确保环境能刺激他情感和智力的发展。当你家里的孩子越来越多时，了解如何创造一个能满足和促进每个孩子正确成长的环境就变得越来越重要了。从创建一个有丰富印刷体字的环境到设置安全的边界，我将教你如何创建一个充满活力的家庭，满足你的小探险家那与生俱来的好奇心，并促使他的认知和情感往更高的层次发展。

冥想的益处[1]

我并不是出于精神或宗教上的原因而开始冥想的，我只是想帮助我的孩子成为更好的学生。我曾是一名教师，因此我很清楚，有许多非常聪明的孩子因为无法集中精力而不能发挥他们全部的能力。一天放学后，我回到家，发现邮箱里有本女性杂志，这本杂志是作为广告宣传寄给我的。封面上用粗体字写着一个标题：冥想能提高注意力。我好奇地读了起来。这篇文章立刻引起了我的兴趣，因为它说如果孩子们能学会冥想，他们就能更有效地集中注意力。我上钩了，从头到尾读完了这篇文章，然后按照它的指导进行冥想。这很容易，我马上就学会了。这是我做过的最自然的事情，因为它专注于呼吸，这件事我无须指导就会做。随着时间的流逝，我发现我每天都在期待那几分钟，我进入了一种完全平静安宁的状态。很快，我注意到我每天在那宁静的空间里度过的几分钟让我受益匪浅。

晚上哄孩子入睡后，我给自己设20分钟的闹钟，这是杂志上规定的每次冥想的时间。设置了闹钟我就不用在意时间了，可以自由自在地冥想。文章还给出了一个没有意义的音节让你作为咒语不断重复，这个词是“那达慕（Nadam）”。虽然他们说这个词是个无意义的音节，一个有音调而无含义的词，但我后来才知道它实际上是早期希伯来语中神的名字之一。按照文章的建议，我播放古典音乐，关上灯，坐在地板上进行冥想。我创造了自己的做法，每天冥想两次，每次20分钟，一次是在清晨叫醒孩子之前，另一个是在晚上哄他们睡觉之后。我对冥想能达到什么样的效果没有先入为主的想法，我只是以初学者的心态，顺从冥想的过程，接受呼吸的轻柔流动。很快，我注意到我不容易被外部事件所扰乱，而且困扰我的事情似乎比以往任何时候都少。我所不知道的是，我的身体和思想已经进入完全放松的阿尔法状态，这使我体内的内啡肽含量提升。这种满足感促使我继续每天冥想两次，每次20分钟。

后来我了解到，冥想可以让你很快地进入快速眼动睡眠，这是一种较为深度的、具有恢复作用的睡眠。因为半小时的冥想大约等于4小时的睡眠，每天两次，每次20分钟，我就获得了额外的益处。

很快，朋友和同事都开始注意到我的身心配合得非常好。有一次，当我参加网球比赛时，我的对手跳过网来问我是否服用了镇静剂，我当然没有。她只是搞不明白为什么我能如此冷静和专注。我从来都不是一个优秀的网球运动员，但我确实赢了那场比赛。在后来的生活中，我一直保持着这种自然的放松状态，我常常觉得我整天都像走在柔软的云上一样。这看起来很奇怪，但其实我是处在一种通常被称为“流动”的状态下。无论我在做什么——写作、阅读、教学、恋爱、养育孩子或参加体育活动——我都感到冷静、镇定，并且可以和他人建立密切的联系。

在真正开始教孩子们冥想之前，我继续练习了一个月的冥想，我意识到我需要先对冥想有所体验，然后才能指导别人练习。我最喜欢的一个关于甘地的故事说明了这一点：

> 从前在印度有一个贫穷的女人，她的儿子得了糖尿病。尽管他被告知吃糖对他的健康有害，他还是继续吃糖。这个女人不管怎么做，都不能说服她的儿子放弃糖果。她听说过圣雄甘地，想知道他是否能帮助她的孩子停止吃糖。尽管她住的地方离甘地很远，但她还是决定前往甘地的家。她花光了所有的钱，走了好几周，终于到了甘地的家。在拜见圣雄后，这位妇女立即解释说，她担心她患有糖尿病的孩子如果不戒糖就会死去。这位妇女确信甘地会帮助她，便问甘地是否能让她儿子停止吃糖。然而，甘地看着她的眼睛，用威严的语调告诉

她三周后再去找他。女人简直不敢相信。她想："三周，我花了差不多那么长时间才到达这里。我用光了我所有的钱，而且我儿子病得很厉害。不仅如此，在我们得到您的指导之前，他还会继续吃糖果。"她恳求甘地改变主意，但甘地不肯。于是女人严格按照甘地的指示，带着儿子回家了，三周后又去了一次。现在，甘地看着男孩的眼睛，用威严的语调说："现在停止吃糖！" 母亲惊呆了。"现在停止吃糖？就这样？我们千里迢迢地走了三周，就是为了听你这句'现在停止吃糖'吗？" 甘地回答说："是的，夫人，因为三周前您在这里的时候，我还在吃糖，所以我怎么能告诉您的孩子停止吃糖呢？但是，在你走后的这三周里，我自己也把糖戒了，现在我有权告诉他不要吃糖了。"

这是我喜欢的故事之一，因为它展示了育儿的核心原则：你想看到你的孩子成为什么样的人，你就要做什么样的人。考虑到这一点，我觉得我必须先学会冥想，然后才能教别人冥想。

在很短的时间内，我就成为一个冥想者了，我在自己身上体验到的微妙而积极的变化使我更加坚定。几周后，我认为我已经掌握了足够的知识来教我的孩子们，我确信这是一个非常有用的工具，可以帮助我的孩子集中注意力，集中精神，并体验到对学习的自然热爱。

首先，我们做了一点伸展运动，帮助他们平静下来——在你的头脑平静下来之前，你必须先让身体平静下来。接下来，我让他们跟我一起坐在床上，告诉他们用鼻子呼吸，同时感受自己的呼吸，指出他们吸入的空气很凉爽，让他们感受鼻孔周围的凉爽，而他们呼出的空气是温暖的，让他们感受鼻孔周围的温暖。就这样，我不仅让他们有节奏地呼吸，而且也让他们感受到了凉爽和温暖。很快，他们就真的喜欢上了冥想，每天只要花几分钟时间，我们坐在我的床上，按照一种简单的节奏呼吸。这是最重要的，因为这是我们一起在做的事，是他们和妈妈一起做的事，而且这很有趣。

一旦他们进入了专注于呼吸的状态，我又把一个带音调的咒语加了进来，它基本上是一个没有任何意义的音节，你无法赋予它什么含义，所以它不会干扰你的思绪，可以作为一个良性的焦点。我教给他们的咒语都是同一个——“那达慕”，先把它大声念出来，然后让他们闭上眼睛，在内心聆听。我让我当时7岁的大女儿道恩帮助她4岁的弟弟肖恩停止傻笑和胡闹。通过让他们参与到冥想的过程中并让他们各自发挥作用，他们开始努力地让冥想成功进行。作为其结果，他们变得有能力应付紧急局面，而且做有些事时表现得非常成熟。

在第一个月里，我们每天只冥想5分钟。随着他们熟练程度的提高，我把时间延长到10分钟，一天两次。我们会在下午4点他们放学回家时冥想一次，在晚上他们做完祷告之后再冥想一次。这是我们的惯例——肖恩和道恩喜欢它。当你教孩子任何新鲜的事物时，重要的是将其分解为易于消化的片段，所以当你教孩子冥想时，要注意你的孩子是否能够保持安静和集中注意力。记住，所有的指导都必须是适合他们的年龄段的。只有在你的孩子掌握了新的概念后，你才能相应地延长时间。

冥想的好处是很难被忽视的。这种共同的经历不仅让我们感觉亲密无间，还把我的兴趣暴露给了我的孩子们，让他们觉得他们在分享我的生活。冥想本身会自动地让你慢下来——实际上，一个冥想者总是可以通过平静和轻松的呼吸、谈话和举止分辨出另一个冥想者。然而，人们往往不愿意让自己安静下来去体验亚里士多德所谓的内心之旅。这也许是因为听任心灵归于静谧的过程可能唤醒人们内心的恶魔和不安全感。然而，真正居住在你潜意识中或内心深处的是平静的你。因此，当你在心门之前面对恶魔时，他们就会消散，就像所有那些欺凌者一样。而且，在似乎是永恒的时间里，你触碰到了你的内在，你应该成为的那个你。这的确就是你的命运，让自己安静下来，这样你才能听到自己内心的声音，那个真正的你。根据卡尔·荣格（Carl Jung）的说法，自然的自我总比你社会化后变成的那种满身是刺的人要好些。

从儿童早期开始，我们就在否认自己最重要的部分，就像洋葱一样，我们被自己的防御工事层层包围。但一旦你通过冥想一层一层地剥开洋葱，个性化的自我就会浮现出来，被你压抑、否认的部分和消耗殆尽的创造性能量也会恢复，加强这个自我。荣格称这种被否认的部分为阴影，他声称阴影既不是邪恶的也不是坏的，只是你意识不到它而已。你生命中最丰饶多产的部分全都处在阴影中。因此，一旦你认识到、融入并接受它，随着你的本能和活力逐渐恢复，你会变得完整，创造性会不断提升。

随着时间的推移，我的每个孩子都开始表现出非常阳光的行为，他们懂得和他人共情。我特别记得肖恩上一年级的时候，有一个孩子因为是犹太人而被欺负。肖恩走上前保护这个小男孩，提醒孩子们，即使他是犹太人，他们也是他的朋友。因为肖恩很受欢迎，他喜欢运动，比同龄人高大，成绩也很好，所以他能够影响其他孩子，让他们去感受别人的心情。

至于我的女儿道恩，她的故事中我最喜欢的一个发生在她13岁的时候。这个年龄的女孩通常都爱举办睡衣生日派对，道恩在学校里的密友也不例外。然而，道恩的另一个朋友被排除在某位同学的邀请名单之外。道恩很同情她，于是她决定不去参加派对留在家里，并邀请她那个朋友来我们家吃比萨过夜。我记得这段经历，就好像这件事发生在昨天一样，因为当道恩放弃她朋友的生日派对时，那个原本没被邀请的女孩收到了生日派对的邀请。信不信由你，那个女孩接受了邀请，留下道恩一个人在家。我对道恩说："我不认为这个女孩是真心和你做朋友的，因为她和你的价值观显然不一样。"道恩马上回答说："妈妈，这只是我朋友的一个缺点，而她性格中有很多优点。"道恩能自然而然地与他人共情，她富有同情心，心地善良，总是从大局出发，而不是像某些青少年和成年人在人际交往中经常经历的那样，纠缠于鸡毛蒜皮的小事。

冥想开始在我的生活中发挥更大的作用。我对它影响所有事情的方式很感兴趣。我发现我比大多数人都乐观，那些会令我的朋友们觉得困扰的小事情并不会令我困扰。而且，当我后来回到学校时，我不仅更快地学习了教材，而且更清楚地记住了它。因此，我开始审视冥想对我生活的影响，关注我的外在经历。

渐渐地，我意识到我正在改变。我是一个有丈夫和两个孩子的职场妈妈，现在很多人都会认为这是一种压力。然而，我似乎在生活中游刃有余。对我看到过的东西，我会记得比之前清楚，我丈夫指出我的视觉记忆增强了。不知怎的，我进入了一个让我每天都能感到独立、开放和快乐的空间。一天晚上洗澡时，我瞥了一眼我的脚趾，由于常年穿着高跟鞋，它们已经变形了。仿佛是第一次看到它们，我对自己可怜的小脚趾感到同情和怜悯。当我习惯性地、有意识地平息我内心那些批评的声音时，我觉得我更爱自己和他人了。我意识到，冥想唤醒了我的内在，它刺穿了我内心的面纱，释放了我内在的光。

我希望分享我个人的冥想之旅能稍微减轻你接受新观念所导致的焦虑和抗拒。减轻压力会影响到你生活中的每件事，因为你能学着更轻松地走过你的世界。实际上，我把29年前我能挺过我女儿离世的打击归功于我的冥想能力。因为正是在那里，在那个开放的空间里，我才能从失去亲人的极度痛苦中找到解脱。我常说，如果我临终时，有个朋友好心地来探望我，我会告诉他，我能留下的唯一智慧之语，就是“冥想”这个词。就连我已故的母亲也在90岁出头时学会了冥想，这帮助她适应了人生的变化。

减轻压力的技巧，还包括按摩和呼吸练习，对你的孩子在各个年龄和发展阶段都是有益的。如果你能帮助你的孩子放松，他会感觉一切都变得不同，他的血液循环会更好，他能更清楚地思考。当你教会孩子如何释放压力时，一切都变得更好了：他周围的颜色和光线，景物和声音，都变得更加生动和强烈。此外，当你的孩子大到可以学会冥想时，他也会学会自律。因为进行冥想需要你的孩子安静地坐着，控制他的思想，防止思绪纷乱，如果思绪乱了，就通过简单的呼吸技巧把它带回来。你的孩子正是通过这条路走向成熟的，但现在它更令人愉快了，因为它是自我导向的。因此，当你的孩子有意识地学会如何让自己处于放松状态时，他的皮质醇会降低，内啡肽会增加。这不仅是一种愉快的经历，而且它还能教导你的孩子如何开启他的可能性。你的孩子不仅会更聪明，而且会更冷静。

所有这些放松技巧，包括瑜伽、气功和创造性观想，都可以在任何时间和任何环境中学习。什么时候开始都不晚，不管你是一生都在进行冥想还是刚刚学了两个月，效果都是一样的。例如，麻省理工学院一项为期7年的研究表明，那些以前从未接触过冥想的人在学了两个月的冥想之后，获得了与从小就进行冥想的僧侣相同的好处和能力。[2]而且，止如前文说到过的，以及这项研究中提及的，听巴洛克音乐也可以使身心处于类似于冥想的状态，因此可以促进学习。所有这些行为都是以它们自身为基础的，随着时间的推移，你可以把它们结合起来，以增强注意力、集中精神和放松自己。

如何让孩子参与冥想[3]

冥想既不是一种宗教实践，也不是一种哲学，而是一种通过专注呼吸来实现静心的技巧。虽然冥想的主题多种多样，但它们用的都是同样的方法。当你提高集中的强度时，你的身体就会放松，血液循环也会改善，更多的血液会流向前额叶皮质和执行功能的区域。这能让你更好地处理信息，更长久地记忆图像，更有效地使用你的大脑。此外，冥想会影响大脑默认的模式。当思想游离时，消极的想法会进入内心；但当专注于一个点，如冥想时，消极的想法会消散，因为积极的想法取代了它们。因此，冥想是很棒的自律方式之一。通过冥想，你联结到了你的自我意识，强化了你的内在核心，这样你就可以沿着自己的道路，有效地重新引导自我的能量和力量。冥想者会告诉你，冥想可以扩展你生活的各个方面，包括你的记忆和学习能力。

• 怎样教年幼的孩子进行冥想[4]

就连3岁的孩子也能学会冥想。在短时间的冥想之后，你的孩子会觉得警醒、放松，这时他们的大脑也做好了学习新知识的准备。因为冥想的感觉是如此的自然，你的孩子会愉快地做出回应，吸收他遇到的任何东西，就像迎着阳光的花朵一样。

当你的孩子进行冥想时，他学会了如何减轻他的焦虑和紧张，还得到了一种内在的能力，可以控制他的身心。一旦他掌握了冥想的基础，你的孩子立刻就会受益。当他长大后，你将发现，只要有需要他就会独立地进行冥想，以管理自己的压力。即使是把注意力集中在呼吸上这样简单的事情，也能帮助他缓解身为一个受欺负的孩子或一个不满的成年人所感到的紧张情绪。

无论是在家里还是在学校，掌握了冥想技术的孩子们都能在心里找到解决问题的方法。因此，你的孩子不需要通过“计时隔离”来重建他的稳定感，而可以将“计时隔离”作为一种工具来重置他的内心状况。

• 从哪里着手

1. 有一个办法可以简单地让孩子们接受冥想，那就是把冥想作为休息的一部分，无论是在午睡前还是就寝前。因为孩子们都很好奇，所以你的孩子和大多数孩子一样，不想错过任何活动，不管那活动是什么。因为冥想是件可以做的事情，而不是让你的孩子立刻睡觉或中止玩耍，所以他会更愿意参与到这件新奇而有趣的事情中来。因为冥想是放松的，如果做得正确，可以让你的孩子处于类似睡眠的状态，这对他有很多好处，能让他感觉焕然一新，充满活力，挥去所有的焦虑或眼泪。

2. 每次冥想的时间不宜过长，这一点很重要，尤其是对学步期的孩子来说。每次做几分钟就可以了，绝对不要超过5分钟。当你的孩子学会了如何冥想之后，你可以按照孩子的情况，稳扎稳打地推进，逐渐把每天的5分钟增加到7分钟、10分钟等，最后，你的小冥想者每天都会冥想两次，一次在早上，一次在下午晚些时候。对小孩子（5岁以下）来说，每天冥想两次，每次10分钟已经足够了。

3. 在家里创造一个没有干扰的安静空间。刚开始时，放点巴洛克音乐做背景音乐是有帮助的。为什么要放巴洛克音乐？这是因为它的节奏与你孩子的心跳是同步的，每分钟60次，还能自动地让他放松，做好冥想的准备。听着你选择的巴洛克音乐，孩子的呼吸会慢下来，他会自然地放松。

4. 现在，让你的孩子平躺下来，双臂放在身体两侧。让他躺在床上或地垫上都可以。这样做的目的是保持脊柱挺直，但不要僵硬。在这个年龄段，教孩子坐着冥想比较困难。但如果他们躺下，他们小小的背部立即就伸直了，他们就可以用膈来进行正确的呼吸。所有的孩子，不管多小，当他们仰卧时，都会用肚子呼吸。他们本能地知道正确的呼吸方式，当你让你的孩子以冥想的姿势躺下时，你就是在提醒他这一点。

5. 一定要在手边放一条毯子，因为当身体放松时，体温会降低，你要让你的小冥想者舒适暖和，这样他才能专注于呼吸。

6. 使用渐进式放松技巧（在下一节中会对此进行介绍）来放松身体的所有肌肉群，从脚部开始，一直到头顶。这会让你的孩子在准备冥想时身体处于休息状态。

•具体的操作

冥想能给你的孩子一个调整自己的机会，要投入时间练习，不要中断。通过冥想，你的孩子将学会如何集中注意力，集中精力，有效地处理信息。正是这些技能将在他的一生中很好地为他服务，帮助他把左右脑联结起来，以获得最佳的效果。

开始前的说明：

1. 向你的孩子解释，他在冥想时可能会觉得冷，所以你会在他身边放一条毯子，如果他需要的话可以用。

2. 接着告诉他，他可以躺在或坐在铺在地板上的垫子上。

3. 然后告诉他，你会把灯光调暗，播放巴洛克音乐作为背景音乐，帮助他放松。

4. 然后，把注意力集中在一个音节上，比如“om”或“ahh”。向他解释，他可以选择自己喜欢的音节，但这个音节不能有任何意义，这样就不会产生联想，联想会使他在冥想时分心。

现在你可以开始了：

1. 使你的孩子感到舒适。让他在垫子上坐下或躺下。如果他躺下，让他把手轻轻放在身体两侧，间隔一臂的距离，手掌向上。

2. 在他的垫子旁边放一条薄毯子，提醒他随时都能使用它。

3. 把灯光调暗。

4. 现在，让你的孩子告诉你他选择的音节。他会喜欢这部分的冥想准备工作，因为他要告诉你他选择的音节和他为什么喜欢它。你现在可以告诉他，他选的音节被称为咒语，所有的冥想者，包括妈妈，都有咒语。如果他难以做出选择，告诉他可以使用“om”，这是一个全世界通用的音节，比如在阿拉伯语单词Assalam Alaykom（愿你平安祥和）或希伯来语单词Shalom（祝你平安）中都有这个音节。不管他选择什么词都可以——做这个选择的意图就是用他的声音一遍又一遍地对自己重复他选出来的词。

5. 然后，指导你的孩子慢慢地大声重复他的咒语10次。他会为听到自己的声音说出自己专门选出来的音节而感到高兴。接下来，引导他尝试着将他选择的音节与他的呼吸相匹配。然后，要你的孩子闭上眼睛，感受他的声音与他的呼吸所产生的共鸣。接着，问他是否能听到自己的呼吸声。现在，请他把他选的音节带进去，这样他就能听到这个音节与他内心的声音一同回响。通过默念这个词，并在脑海里倾听它，他正在为将来取得默读的能力做准备。通过把他念诵咒语的声音和他的心跳匹配起来，你的孩子就进入了冥想和放松的领域。

6. 刚开始时，冥想练习应该每天进行5分钟。然后，慢慢地，你可以增加孩子的冥想时间。最后，你可以慢慢地把冥想时间增加到每天10分钟。当然，时间安排要灵活，因为冥想应该是有趣、好玩、有益的体验，而不是一种义务，否则孩子可能会抵触它。冥想的好处是如此明显和直接，很快你的小冥想者就可能会希望一天冥想两次。

渐进式放松技巧[5]

渐进式放松是一种简单的等长运动①，你可以用它来使自己从头到脚所有的肌肉群紧张和放松，通过释放肌肉张力来放松身体。在准备冥想的时候，先做一点渐进式的放松练习是个好主意，这可以帮助你的孩子安定下来，把注意力集中到身体上。这项技巧可以在任何时间、任何地点使用，站着、坐着或躺着都行。实际上，在面对一个困难的任务或测试时，你的孩子可以学着通过简单地收紧整个身体，让他所有的肌肉得到放松。就连晚上就寝前也可以利用渐进式放松来帮助你的孩子自我舒缓并安然入睡。

你几乎可以把渐进式放松作为任何活动的一部分。它就像是一种基本的蔬菜或鸡汤食谱，渐进式放松为冥想及各种其他的惯用模式奠定了基础。

渐进式放松所需的时间实际上比一般宣称的要短。你的孩子对这种技巧练习得越多，他就能越快地调整好他的身体，学会如何放松少数仍然保持紧张的肌肉群。很快，他就能一个个地控制肌肉群放松。最终，他将能够完成整套渐进式放松的动作，并在短短几分钟内释放全身的压力。这是你可以教给孩子的重要的技巧之一，在孩子成长的每个阶段都可以反复使用。所有年龄段的人都能采用这一放松的基本处方。

---

① 肌肉收缩时肌纤维长度不变，张力增加，关节角度不变的运动方式。——编者注

让我们开始吧！

首先，让你的孩子平躺在地上，双手离大腿几英寸远。然后，告诉他闭上眼睛，让他想一想自己身体的感受，但不要评论。这就为引导你的孩子安静下来奠定了基础。

指导孩子收缩脚趾，同时心里想着“挤、挤、挤”。这样他就可以连续三次收紧和放松脚趾肌肉。下一步，告诉他放松，让脚趾放松。

然后，让你的孩子收缩小腿肌肉三次，同时对自己重复“挤、挤、挤”三次。现在，告诉他放松，放松他腿部的肌肉。

按照肌肉群的方向，让你的孩子收缩他的大腿肌肉三次，同时对自己说“挤、挤、挤”。现在告诉他放松，让他的大腿肌肉放松。

现在，让你的孩子收缩他的臀部肌肉三次，同时对自己重复“挤、挤、挤”。然后放松，默默地重复“放松”这个词。

然后，让你的孩子把双手放在肚子上，吸气，让肚子像气球一样充满空气。然后让他屏住呼吸，重复“憋住、憋住、憋住”。然后让他呼出肚子里的空气，同时对自己重复“呼出、呼出、呼出”，感受肚子逐渐缩小的过程。现在，告诉你的孩子放松肚子。记住要使用适合孩子年龄和发展阶段的语言和信息。因此，对于大一点的孩子，你可以使用更复杂、准确的词，比如把“肚子”称为膈或腹部，用呼出和吸入来代替“吹气、吹气、吹气”或“吸气”。不过，不论你的孩子处于哪个年龄段，都应该告诉他，要持续屏住呼吸，直到他不得不吐出或呼出这口气，同时对自己说“吹气”或“呼气”三次，这是很重要的。这会提醒他，他不仅是在吸气和呼气，而且是在深而缓慢地呼吸。

下一步，告诉你的孩子把双手放在肋骨上，在吸气时使胸腔充满空气。然后告诉他，把胳膊轻轻地放在身体两侧，吸气，同时对自己重复三次，“慢慢吸气，慢慢吸气，慢慢吸气”，然后呼气，对自己重复三次，“慢慢呼气，慢慢呼气，慢慢呼气”。最后，让他默默地重复“放松”这个词。

再下一步，双手放在身体两侧，让你的孩子尽量伸展手指，同时对自己重复三遍“伸展、伸展、伸展”；然后放松，默默地重复“放松”这个词。

现在轮到孩子的手臂或二头肌了，让他收缩他的手臂，同时对自己重复三遍“挤、挤、挤”；然后放松，默默地重复“放松”这个词。

让你的孩子耸肩，使肩膀的顶部几乎能碰到耳朵的底部，同时对自己重复三遍“挤、挤、挤”；然后放松，默默地重复“放松”这个词。

让你的孩子左右扭动脖子，顺时针、逆时针各三次；然后让头部恢复原位，同时默默地对自己重复“放松”这个词。

然后，让你的孩子尽可能地张大嘴巴，同时对自己重复三遍“坚持、坚持、坚持”；然后合拢嘴巴，默默地重复“放松”这个词。

接下来，让你的孩子捏着鼻子做一个滑稽的表情。再一次地让他默默地重复三遍“坚持、坚持、坚持”；然后放松，默默地重复“放松”这个词。

现在让你的孩子紧紧地闭上眼睛，做一个滑稽的鬼脸，同时默默地对自己重复三遍“挤、挤、挤”；然后睁眼，默默地重复“放松”这个词。

接下来，让你的孩子皱起眉头，同时对自己重复三遍“挤、挤、挤”；然后恢复原状，默默地重复“放松”这个词。

最后，让你的孩子保持放松，感受他身体的感觉。处于这种平静的状态下的他才是真正的他。接着，让他检查一下自己的身体，并对他的脚趾说：“脚趾，你放松了吗？”对他的小腿说：“小腿，你放松了吗？”然后对他的大腿说：“大腿，你放松了吗？”对他的臀部说：“臀部，你放松了吗？”对他的肚子说：“肚子，你放松了吗？”对他的肋骨说：“肋骨，你放松了吗？”对他的胸部说：“胸部，你放松了吗？”对他的手指说：“手指，你放松了吗？”对他的手臂说：“手臂，你放松了吗？”对他的肩膀说：“肩膀，你放松了吗？”对他的头说：“头，你放松了吗？”对他的嘴说：“嘴，你放松了吗？”对他的鼻子说：“鼻子，你放松了吗？”对他的眼睛说：“眼睛，你放松了吗？”对他的额头说：“额头，你放松了吗？”通过检查各肌肉群的紧张程度，你的孩子会意识到他是他身体的伙伴，他可以通过简单地收缩和放松每个肌肉群来影响他所有肌肉群的紧张程度。如果感觉哪个肌肉群仍然保持紧张，他可以让注意力回到那个肌肉群，再次处理它。然后，用一个强有力的收缩，让你的孩子收紧他的身体，接着释放，同时让他的全身放松下来。

呼吸[6]

一旦你学步期的孩子学会了渐进式的放松练习，那他就做好了准备，可以进行冥想了。教你的孩子冥想最简单的方法就是让他跟随自己的呼吸。通过深入关注他的呼吸，你的孩子正在熟悉他身体的运作过程，并学习如何控制它们。

让我们开始吧！

让你的孩子注意他的呼吸，专注于吸气和呼气。然后，让他留心感受，当他吸气时，鼻子周围的空气是凉爽的，而当他呼气时是温暖的。

现在，让你的孩子继续专注于他的呼吸，同时在吸气和呼气时重复一个无意义的音节。让你的孩子来选择他想要的无意义的音节。当他继续呼吸时，他应该不断重复这个无意义的音节，只注意它的发音。他选的单词必须是无意义的音节和音调，这是很重要的，这样他才不会把它和任何图像联系起来——只有这样他才能集中注意力。否则，他很容易因为这个词的意思而分心。在冥想中，我们称这种情况为“心猿”。当你的孩子选择了一个无意义的音节之后，你要告诉他，如果有其他干扰进入他的大脑，比如汽车或卡车经过的声音，或是外面传来的音乐声，他应该对那些令他分心的声音说声“嘿”，然后邀请它，不管它是什么，进入他的冥想。这样，他就可以很容易地回到他那个无意义的音节上来，在每次吸气和呼气时一遍又一遍地重复它。很快，这个无意义的音节就会消失，还有他对呼吸的关注也会消失，因为他深深地放松了自己，进入了冥想的平和状态中。

再一次地，让你的孩子检查他的身体，询问身体的每个部分是否已经放松了。如果还有哪里是紧张的，他可以通过告诉特定的肌肉群放松来重新处理。

当你的孩子第二次检查身体并对自己的放松程度感到满意后，他将回到他的呼吸和他选择的无意义音节上来。一点点地，他会使呼吸的节奏与音节的重复同步，保持注意力的集中。

当你的孩子准备好了，让他慢慢睁开眼睛。然后，给他一个积极的肯定，比如说告诉他："现在你准备好开始美好的一天了。" 让你的孩子慢慢地、小心地动起来，恢复到站立的姿势，提醒他，他的身体是多么的平静安宁。最后，在开始他的下一个活动之前，给你的孩子一些时间来适应。这样，他就能品尝和记住这种平静的感觉，在他的一天中，他在任何时候都可以回到这种状态中来。

重要的是要认识到，冥想是一种积极的体验，而不是睡眠。在冥想结束时，你的孩子会觉得非常清醒、警觉，并且彻底恢复过来了。

• 为年龄较大的孩子准备的冥想贴士[7]

当你年龄较大（5岁或更大）的孩子开始冥想时，设一个5分钟的闹钟。这样他就不会因为不知道5分钟什么时候到而担心或分心了。根据他容不容易熟悉冥想练习来安排他的进度，一点点增加冥想时间。稍大的孩子会发现，每天冥想两次，每次15分钟，对他最有益。如果他在上学前做冥想，他就会精神抖擞地开始一天的生活。如果他在放学后马上开始第二次冥想，他将再次恢复专注力，这样他就有精力完成家庭作业和准备做其他事情。

随着时间的推移，大孩子也会更深入地进行冥想。他就能更轻松地让自己安静下来，进入冥想状态。很快，他的幸福感会支持和支撑他回归平静，集中注意力，激发他冥想的欲望。就算练习冥想的时间还不长，你的孩子也会发现自己想要更多。

首先，让孩子躺在垫子上，如果他喜欢的话，舒服地坐在垫子或椅子上也可以。唯一的条件是一定要使他的背部保持挺直，如果躺在垫子上就可以轻易地满足这个条件。在这里要小心——当你想让你的孩子的背部挺直的时候，不要让他做得太过，否则会使背部变得僵硬或紧张。所以在描述姿势的时候要使用“柔和地”或“拉长”这样的词。如果他是坐着的，就让他想象有一根绳子系在他的头上，拉住他，使他把背挺直。如果他躺着，就让他想象有一根绳子系在他的脚趾上，使他从脚到头挺直。现在，告诉他放松，同时舒展他的胸部，轻柔地呼吸。接下来，让你的孩子检查他的身体，确保它是放松的，提醒他冥想需要他保持头脑安静，把思维集中在一个单一的点上。

一些年龄较大的孩子会睁着眼睛冥想，尽管这可能会让人有些不安和分心。其他孩子更喜欢看着一根点燃的蜡烛或一堵空白的墙冥想。不管你的孩子选择哪种形式，重要的是不要让他们分心。如果他闭上眼睛，他应该把自己的注意力集中在双眉之间——通常被称为“第三只眼”的地方。闭上眼睛，但头部稍微向上延伸，让你的孩子把注意力引向内心。

现在，让你的孩子专注于他的呼吸，深呼吸，尽可能缓慢、有节奏。引导你的孩子注意吸气时鼻孔处的空气有多凉爽，呼气时有多温暖。提醒你的孩子注意他的呼吸，运用他所有的感官，当缓慢而稳定的呼吸使他的身体放松，使他的思绪平静下来时，不安的念头就会消散。

你的孩子可能会发现，如果他静静地倾听自己的呼吸，他可能会听到内心嘈杂的声音。第一次集中注意力的体验对你的孩子来说是有趣的，因为他得到了与他的身体同步的额外好处。他的身体第一次以一种新的、令人兴奋的方式回应他的努力。

大多数孩子发现，用一句话当作咒语来配合呼吸，反而可以更容易地把分散的注意力集中到咒语这个令人分心的因素上。选择一些带音调无意义的词当作咒语，比如“om”“ah”或“one”，你的孩子就可以把注意力集中在这个不会引起联想的词上，因此也就不需要思考。由此，他开始了他的正念之旅，所谓正念，就是关注自己的思想和感受的观念。

首先，你要让你的孩子大声念出他选择的咒语。很快，他就能进步到自己默念，只在脑海里听到它。通过聆听回响在内心的咒语，他会让自己安静下来，能够听到内心嘈杂的声音。通过把他的注意力向内吸引，你的孩子很快就会不仅能听到，而且能感觉到能量在他血管里流动的脉冲声。

在这一节前面的地方，我们谈到了“心猿”的概念，这个概念指的是心一直在思考、思考、思考，接连不断地思考，永无休止。当你的思维从一个念头转到另一个念头时，它就像一只猿猴从一棵树爬到另一棵树。如果你的孩子在冥想时遇上了“心猿”，发现他的思维在四处游走，那么就告诉他，只要邀请那个不受欢迎的、让他分心的客人进入他的冥想就行了。越是抗拒一样东西，这样东西就越无法离开你的脑海，所以只要不去抗拒随机的想法，它们就会消散，你的孩子可以很容易地让他的思想回到呼吸的节奏上来。这个技巧将帮助你的孩子加深和集中注意力，同时捉住他的“心猿”。

如果你教了你的孩子如何保持冷静，那么即使是在不期而至的念头纷至沓来时，他也会很容易理解这些外部的想法不是他的问题。于是，就像它们会不请自来一样，它们也会悄然而逝。

而如果你的孩子抗拒外界的干扰，它们就会变得重要起来，扰乱他的冥想。我在冥想时，通常会对不速之客说：“欢迎，加入我的冥想吧。”顺其自然，所有的紧张都会消失。最重要的是，孩子的注意力不会被转移。这就是冥想的方法。

气功[8]

几年前，我在休斯敦独立学区完成了一项为期一年的试点研究，研究减压技巧及其对儿童学习科学、阅读，应对欺凌行为等方面的影响。我制作了一个视频，在我们开始冥想之前，我教孩子们如何练气功，然后引导他们进行对话，这样孩子们就可以在开始学习之前从他们的问题中解脱出来。之所以会选择气功，是因为它简单而有效。从某种意义上说，它是所有武术的根源，包括空手道、太极拳等。气功的独特之处在于它能够通过关注压力点和经络来清除体内的压力，因此练习者几乎可以立即放松，更容易进入冥想状态。气功是一种精心而巧妙地疏通体内能量，将其聚集起来维护身心健康和进行治疗的方法。气功集呼吸、精神集中和身体锻炼于一体，是一种综合练习。

气功适用于所有年龄段的人，它的主要作用是增强和储存能量。一般来说，可以每天练习气功一到两次，还可以把它作为药物治疗的一种辅助手段。气功的独特之处在于它遵循的是经络结构。

气功还因其物理特性、呼吸技巧等而有别于其他锻炼方法。它对疏通和循环能量来说也是非常有用的。这有助于降低压力，提高免疫力和消化能力，维护心脏和淋巴系统的健康——它通过激发活力加快了人体从疾病中恢复的速度。对那些经常练习气功的人来说，它加强了知觉和正念的状态，从而强化了其他的意识状态。最后，这些正念练习对锻炼的效能有积极的影响，同时还能增强你的总体体验。

气功不仅有助于情绪的平衡，而且有助于促进儿童和老年人的身体平衡。气功通过有效地平衡他们的经络，使心灵和身体协调一致，气功整合了心、身、灵。气功创造了一种整体的、幸福的积极氛围，通过统一或整合你的内在和外在生活，让你和你的孩子可以直面当这些系统不稳定或失去平衡时常常会出现的消极的自我暗示。这就是圆满。

气功有很多姿势。有些能支持内在的需求，有些能支持外在的需求，所有这些都会引导修习者走向更加平衡、幸福和充满活力的生活。

我练习气功已经有25年了，它是我日常练习的一部分，我把它和冥想结合在一起。

瑜伽[9]

瑜伽也可以作为冥想的前奏，而且它和气功一样，小孩子也能很快学会。瑜伽这个词来自梵语，意为结合、融合或和谐，瑜伽的动作可以让你的孩子重新引导他狂乱的能量。很快，你的孩子就会发现摆出瑜伽姿势需要集中注意力，从而到达一种放松的状态。实际上，某些类型的步行冥想属于瑜伽的范畴。当你的孩子越来越擅长瑜伽时，他的姿势会变得像冥想一样。运动员把这种状态称为“临场”。当你的孩子可以凭自己的力量进入临场状态，他就能轻松地学习任何东西。

世界上大约有四分之三的人练习过某种形式的减压技巧，而今天瑜伽已经成为主流。瑜伽不仅使用体位法来调整身体，而且还通过呼吸法来平衡心和身的二元力量。瑜伽有许多形式，包括阿斯汤加瑜伽（一种能消耗大量热量的力量瑜伽），坦陀罗瑜伽（其中有能够唤醒体内的生命力的练习），以及其他几十种。你可以根据孩子的年龄和阶段选择合适的瑜伽形式。

在美国，最受欢迎的瑜伽是哈达瑜伽（又名传统瑜伽），因为它包含了所有的体式。这是一种通用瑜伽，其名称的含义是“互补的力量”——或者说是太阳和月亮之间的平衡。在哈达瑜伽中有上千种姿势，它们被称为体式，其中很多体式都源自丛林动物的身体行为，尤其是猫科动物。因此，哈达瑜伽是孩子们的最爱，也是我个人的最爱，因为模仿动物的姿势不仅很有趣，而且放松和减压的效果也是立竿见影的。

•瑜伽如何有益于身心[10]

瑜伽的美妙之处在于，它对身心的影响可以转移到孩子生活的其他方面。例如，通过简单地控制呼吸，你的孩子会有一种安宁和平静的感觉。另一个好处是，体式本身可以增强所有的肌肉群，同时增加力量和耐力。以瑜伽开始孩子的一天，的的确确能让你的孩子感觉更幸福，从而影响他所有的互动。

当身心和谐时，孩子就会以协调的方式使用他的大脑。从某种意义上说，随着他的身体变得柔软，他的思维也变得柔软了。虽然西方的教育特别注重头脑，但最好的方法还是身心合一。毕竟，你的孩子的头是连在脖子上的，影响其中之一也会影响另一个。因此，当身心同时得到锻炼时，他就能以一种经过缜密思考的、熟练的方式集中精力。

瑜伽的第一步和其他放松技巧一样：把注意力集中在呼吸上。因为呼吸对我们的存在是必要的和自然的，我们都知道如何去做。如果你仰卧在地板上，你会注意到你的呼吸不是来自你的胸部，而是来自你的膈。这和你的宝宝出生时进行自主呼吸的方式是一样的。让你的孩子在呼吸时看着他的肚皮上下移动是做瑜伽的第一步。让他在吸气时感受凉爽的空气，呼气时感受温暖的空气，这样的不仅能把孩子的注意力引导到呼吸上，还能让他感受到鼻孔周围的凉意和暖意。

虽然呼吸被认为是理所当然的，但是通过学习在做瑜伽时控制呼吸，你的孩子很快就会意识到，他的呼吸节奏和速度也会影响到他的精神状态、情绪、注意力和整体健康。通过这种方式，你的孩子有能力控制一些非常重要的东西，借助呼吸技巧来帮助他管理自己的压力，帮助自己放松。如果你的孩子懂得让自己的呼吸慢下来，他就会训练自己去应对任何困难的情况，包括被欺凌。此外，呼吸控制可以延迟反应行为，通过这样的方式，你的孩子也在变得成熟。他越是根据经验的需要来练习控制自己的呼吸，他自己的权威就越能得到发展。就像那只聪明的老海龟把整个世界都驮在龟壳上以保持它的稳定一样，你的孩子也可以通过保持缓慢而平衡的呼吸，在混乱中保持冷静。

幸运的是，瑜伽不是一项竞技运动，任何人都可以练习它。在这方面，你甚至不需要很灵活或是有很好的协调能力，因为每个人都是用自己的方式和节奏来练习体式的。瑜伽尤其不鼓励孩子互相进行比较，要求他们在瑜伽上多花时间而不是尽快完成。通过使呼吸平静下来并学会如何利用呼吸来管理压力，你的孩子会获得自信和一种确信感，这将引导他在面对内心的批评时表现出更多耐心，不会有那么多消极的言论。然后，瑜伽就使孩子和他自己之间达成了伟大的合作。

•瑜伽在教育上的益处[11]

瑜伽能让孩子们活在当下。它强化了对此时此地的关注。无论是在教室里还是在其他教育环境中，瑜伽都能教会孩子如何集中注意力。因此，他不仅学得快，而且学得自然，学得轻松。瑜伽技术的本质是教人自律，而自律能让你的孩子有一种自我控制感。最终，这种自我控制会转变为一种自信的自我意识和积极的自我评价。在生命的早期阶段学到的任何东西都会融入孩子的心灵当中，并且很容易融入孩子的日常生活。从某种意义上说，早早学会瑜伽会养成孩子的第二天性。然后，当他每天在瑜伽上投入时间，而不仅仅是“做瑜伽”时，他就是在自动地支持自己的内在价值。现在，你的孩子知道自我满足和成功的感觉，倾听自己内心的指引，找到属于自己的真理。

我们的文化终于认识到了减压技巧这种古老的智慧所具有的价值。因此，现在美国有许多学校在他们的课程中运用瑜伽——一项被称为“om学校教育”的运动——其教学成果令人印象深刻。

2001年，《时代》杂志将洛杉矶的公立特许加速学校（Accelerated

School）[①]评为年度模范学校。加速学校把瑜伽纳入课程体系，从幼儿园到高中，每个孩子每周都有一节瑜伽课。此外，加速学校创造了一个环境，在这个环境里，孩子们都有自我意识，会学习关于卫生和健康的知识。把练习瑜伽作为学校文化的一部分，其结果是加速学校的孩子们会更加冷静，不太容易遇到欺凌，更专注，更愿意学习。这些孩子学会了如何管理自己的压力，因此在被欺凌时，他们会专注于自己的呼吸而不是打人，会有效利用时间而不是眼睁睁地看着时间过去。加速学校的年度报告指出，“持续不断的瑜伽练习给学生们带来了积极的影响。其效果在课堂上是显而易见的”[12]。

另一所在幼儿园里教授瑜伽的学校是纽约布里亚克利夫庄园的托德小学。在这里，5岁的孩子就在练习瑜伽，他们模仿狮子、狗和猫等动物的姿势。瑜伽练习结束后，这些孩子被要求平躺在垫子上，垫子被均匀地分开放在干净的地板上。然后，他们被要求去思考和想象一些能让他们快乐的事情，并体会这样做给他们带来的感受。这种休息状态实际上是我们的自然状态，因此儿童比成年人更容易对此做出反应。据在托德小学教瑜伽的克劳迪娅·泰歇尔（Claudia Teicher）说，孩子们经常被告知要冷静，但他们没有掌握必要的工具或技能。[13]在《纽约时报》的一篇文章中，泰歇尔说瑜伽是一种被证明能帮助孩子们找到平静状态的工具。

•瑜伽带来的健康与财富

医学界正在尝试使用瑜伽和其他减压方法帮助病人控制压力，降低血压，还有减少对止痛药的需求，缩短恢复时间，减少焦虑，并促进伤口愈合。[14]

---

① 美国基础教育中针对有学习困难的学生提出的一种学校整体改革模式，旨在加快有学习困难的学生学习的步伐，使他们能够回归教育的主流，而不是减缓他们的学习步伐和放低对他们的要求，使他们落后得越来越远。——编者注

根据加州大学旧金山分校临床医学教授迪恩·奥尼什博士的一项研究，每天练习一小时瑜伽，同时遵循低脂饮食和适度运动的患者逆转冠状动脉阻塞所花的时间为没有遵循低脂饮食和适度运动的患者的82%。奥尼什博士证明，练习放松技巧（如瑜伽）与营造一种平静状态，减轻压力，从而逆转冠状动脉阻塞有直接的关系。

在另一项研究中，仅练习了10天瑜伽呼吸的学生，他们的空间记忆能力比没有接受过瑜伽训练的学生提高了84%。

研究还显示，在为期4周的瑜伽课程中，对刚开始练习瑜伽的女性定期进行跑步机测试的话，可以发现她们的心肺功能都有所增强。

瑜伽对每个人都有益，不管他们是否理解它的哲学。它不是一种宗教，尽管有人从对它的实践中找到了精神慰藉。此外，尽管它能使身体变得结实，有助于集中精神，但它不单单是一项运动或锻炼。格奥尔格·弗尔斯坦（Georg Feuerstein）和斯蒂芬·博迪安（Stephan Bodian）在他们的著作《生活瑜伽：日常生活综合指南》（*Living Yoga: A Comprehensive Guide for Daily Life*）中指出，瑜伽“给我们的整个生命注入了大量活力，因此我们充满热情、生气勃勃，我们可以以和谐的方式处理日常生活事务。我们变得非常有创造力，能够在混乱中建立秩序，往真空中注入生命，在痛苦中获得安慰，换句话说，因为我们充满了欢乐和生命，我们在这世界上成了一个疗愈者”[15]。

你可以找到适合你孩子的年龄和发展阶段的特定瑜伽练习。注意，一旦你的孩子练习了瑜伽，他可能会真的喜欢上它。

•学龄前儿童与瑜伽

你的学龄前孩子灵巧得令人难以置信。如果你曾经看过你的孩子随着音乐跳舞，你就明白我的意思了。如果你让他从这个年龄段开始练习瑜伽，你会对他的精湛技艺大感惊讶。你的小瑜伽大师甚至可能比你做得还好——动物的姿势很能刺激他的想象力，他可能会沉浸在做出标准瑜伽姿势的纯粹狂欢中。他完成的每一种动物姿势都是建立在孩子的感官意识、听从指令的能力、成长的协调性和自我意识的基础上的。我的孙子们曾经很喜欢和他们的妈妈去公园练瑜伽，而当我上他们家去时，他们会做出完整的演示给我看。

龟式

给你的孩子看海龟的照片。然后，问他是否见过海龟。现在，让他假装自己是一只海龟，同时向他展示下列海龟的动作，这些动作有助于他放松自己。

1. 让你的孩子把他的头轻轻地伸向他的胸部。告诉他在身体前倾时感受头部的重量。

2. 让你的孩子耸起肩膀直至靠近耳朵，然后抬起头。现在，让你的孩子放下肩膀，抬起下巴朝向天花板。

3. 让你的孩子像画圈一样转动他的肩膀，同时保持手在身体两侧。现在，让孩子反过来做这个动作，像画圈一样向反方向转动肩膀。在开始第4步之前，确保你的孩子能分清他的右边和左边；如果他还不能，那就趁这个时候教给他吧。

4. 让你的孩子往肩膀后面看，先往左边看，能看多远就看多远。然后，让他以同样的方式往右边看。接着再做一遍龟式练习，这样你的孩子就会放松。

象式

这个姿势有助于增加肺活量，还可以让你的小瑜伽修炼者充满活力。

1. 让你的孩子双脚分开站直，双手紧扣在一起，让他的手臂像大象的鼻子一样垂在他面前。

2. 接下来，告诉你的孩子用鼻子吸气，像大象一样，把手臂举过头顶，一定要弓起背部，同时扩大胸部。

3. 现在，让你的孩子从嘴里呼出空气，同时把紧扣的双手想象成象鼻，轻轻地左右摆动，然后向下摆动，从分开的双脚中间穿过去。

4. 最后，指导你的孩子再次吸气，重复整组动作。在每次做这组动作时，都要先吸气，再呼气。

点燃的蜡烛式

这个瑜伽体式可以帮助你的孩子在集中注意力的同时放松身体。

1. 让你的孩子跪坐，臀部轻轻地放在脚跟上。

2. 然后，让他在伸展躯干的同时深呼吸。

3. 现在，用你温柔的触碰，帮助你的孩子在呼气时保持脊柱的伸展。

4. 接着，引导你的孩子把双肩向后翻，让它们随着他向下的动作垂下去。

5. 然后，让他伸展他的胸部，在不感到难受的情况下尽可能展开。

6. 现在，让他放松下巴，放松他的脸和脖子。

7. 然后，让他双手紧扣，想象自己是一支蜡烛，双手就是燃烧的火焰。

8. 告诉他接下来轻轻闭上眼睛，让闭上的眼睛放松10秒。

9. 现在，让他自然地呼吸，感受身为一支蜡烛的感觉。

10. 1分钟后，告诉你的孩子慢慢地、慢慢地睁开眼睛，安静地环顾四周，微笑，注意他的感觉有多好。

岩石式

岩石式非常适用于给孩子“充电”，恢复其活力。

1. 再次让你的孩子跪坐，臀部轻轻地放在脚跟上。

2. 然后，帮助你的孩子向前俯下身体，直到身体靠在他的大腿上。现在，让他的前额向前倾，直到轻轻地接触他面前的垫子，刚好超过他的膝盖。

3. 现在，让他把手放在他的两侧，靠近他的身体，手掌向上。

4. 接下来，让你的孩子检查他的身体，同时让他的脸放松。

5. 然后，让他安静地倾听他的呼吸，感受他吸气时的凉爽和呼气时的温暖。

6. 接着，进入最后一个动作，告诉他在做这个动作时要注意身体里有什么感受，让他尝试把自己和他身下的大地或地板联系起来……并保持静止。

猫式

这个瑜伽体式可以帮助你的孩子练习怎样让身心平静下来。

1. 让你的孩子想象一只猫伸懒腰时的样子。

2. 然后，问你的孩子能否告诉你一些关于猫的事情，例如，猫会做些什么。他可能会回答说猫会打呼噜、喵喵叫、伸懒腰。

3. 现在，问问他能否教你猫是如何伸展身体和喵喵叫的。

4. 然后，引导你的孩子像猫一样跪下，手和膝盖着地，双手位于肩膀下方，膝盖正好放在臀部下方。

5. 然后，在四肢着地的时候，让你的孩子把所有的手指尽可能地伸展开来，同时把手指指向正前方。

6. 然后，让你的孩子保持手臂伸直，坚持住，呼气，同时把他的背拱向天花板，拱得尽可能高……就像一只猫那样。

7. 接下来，让你的孩子一边看天花板一边吸气，并拱起他的背，把一条腿放在身后，就像一只猫在伸展身体。

8. 让你的孩子重复这组动作，首先在呼气时把背部弯成圆弧，再在吸气时拱起背部，但这次把另一条腿伸到身后，就像一只猫从背部开始伸展一直到尾巴一样。

9. 在觉得舒适的情况下可以一直重复这个姿势，但要记住，要把手臂伸直，动作要缓慢流畅。

犬式

在练习犬式时，让你的孩子想象自己是一只温柔的小狗。

1. 首先，让你的孩子四肢着地跪在地板上，双手位于肩膀下方，膝盖位于臀部下方。

2. 让你的孩子分开他的手，伸展他的手指，同时把手指指向前方。

3. 接下来，让你的孩子弯曲脚趾，并把他的手和脚压向地面，同时把臀部撅向天花板。

4. 然后，在觉得舒适的情况下，让你的孩子把头尽量向前倾，这样他就能从两腿之间看过去。

5. 现在，让你的孩子伸展背部，同时伸直腿和手臂，脚跟压在地板上。

6. 接下来，让你的孩子张大嘴巴，模仿狗打哈欠的样子。

7. 最后，让你的小瑜伽修炼者保持这个姿势五次呼吸的时间，然后把背部放低，回复到四肢着地的姿势。

松鼠式

让你的孩子想想松鼠是什么样子的。然后让他把自己想象成一只小松鼠。

1. 让你的孩子跪坐，双手放在大腿上。

2. 让你的孩子转为跪着，双手放在他面前。

3. 然后，让你的孩子把手臂向上伸展，一次一只，举得尽可能地高，假装他在找坚果。

4. 接下来，让你的孩子把坚果收集起来，抱在胸前，同时交替着用另一只手去拿另一个坚果。

5. 最后，让你的孩子回到岩石姿势，为他能把坚果储藏起来过冬而感到高兴。

创造性观想[16]

有许多名称可以描述创造性观想：视觉意象想象、形象化想象、创造性想象等等。然而，不管你怎么称呼它，这个过程都是一样的，就是想象特定的图像、感情、感觉和场景，把思绪集中在一个特定的任务上。当你的孩子想象自己实现了一个理想的目标时，他的注意力和记忆力被同时调动起来了。通过调动他所有的感官和感觉，你的孩子实际上可以体验到成功完成目标所需的步骤。因此，通过观察和感受自己每时每刻都在练习和操演的各个步骤，你的孩子将会成功地实现他的目标。无论你的孩子是在学习系鞋带，还是在长大之后准备参加奥运会比赛，方法都是一样的。这个过程都能起作用。

在过去，教育工作者教导孩子们说，如果他们是积极的思考者，他们就能让自己变得成功。不幸的是，这种态度虽然积极向上，并且以目标为导向，却很少奏效。这是因为成功不仅仅是“积极思考的力量”，它还是想象力和意志力的结合。接下来要告诉你的是，如何教你的孩子使用创造性观想来帮助他实现人生目标的方法。当你的孩子将他的左脑活动（逻辑、语言和意志）和他的右脑活动（创造力、视觉意象、梦想）结合在一起时，他将发挥出大脑的全部能力。他能够更好地处理信息，更长久地记住图像，还能有意识地存储记忆。最后一点是创造性观想的关键，因为当你的孩子把记忆储存起来时，它总是会依附在情感上，即当经历发生时，他所感受到的情感。因此，当他使用创造性观想技巧时，他是在有意识地储存一个想象出来的记忆，一个他成功实现了预期目标的记忆。孩子的大脑无法识别想象的经验是不是真实的，当它储存记忆时，它就会认为储存的是真实记忆。当你的孩子在回想他的一次经历时，他的身体会调动所有感官对这次经历做出反应，包括身体机能的变化，如血压、心率和呼吸，就好像它是真实的一样。当你的想象力使你置身于故事之中时，创造性观想与你在电影院所经历的没有什么不同。即使你知道你在看的景象是虚构的，你仍然会做出身体上的反应。例如，如果是恐怖电影，你可能会听到自己在尖叫。

•使创造性观想发挥作用[17]

创造性观想由两个重要的部分组成：第一个是让你的孩子放松，同时想象实现他目标的过程。这种想象类似于看电影，利用孩子的创造力来想象成功所需要的具体步骤。这可以很简单，例如让你的孩子想象他正在扣他的外套的纽扣，并在他的脑海里练习和操演所需的确切步骤。对于稍大的孩子，可以让他们观想在拼写之类的比赛中获胜、在考试中取得好成绩或赢得体育比赛。

创造性观想会给你的孩子带来很多乐趣。掌握召唤他的想象力的技术，同时成功地使用它来实现一个特定的目标，是件令人兴奋的事。现在他可以随时练习这个技巧了。随着时间的推移，你的孩子将会了解到，创造性观想不仅可以用来放松，还可以用来增强记忆力，提升学习效果，减轻疼痛和焦虑。

因为创造性观想在缓解疼痛、控制血压和改变行为方面非常有效，所以在许多医疗环境中，它得到了高度重视，被视为一种治疗方案。例如，现在我们已经知道，创造性观想可以改善心脏病患者的动脉堵塞情况，使他们的心率降低、血压稳定、压力减轻。我们还听说过，癌症患者会使用创造性观想来想象他们的白细胞正在积极对抗癌细胞，他们会模仿熟悉的游戏场景或电影场景来为他们的想象主题创造适当的背景或环境。一位正在接受化疗的教授告诉我，他想象的是一场类似于“吃豆人”游戏的战争，在这场战争中，他的癌细胞被具有保护作用的白细胞击垮并杀死。他还让其他感官也参与战斗，通过播放电影《亚历山大大帝》（*Alexander the Great*）的配乐来增强自己的体验。这些全都有助于调动他的所有感官，强化他的记忆，同时增加他的想象的真实性。他的医生们对他化疗的结果感到非常惊讶，他们告诉他说，他们从未见过癌症肿瘤如此迅速地缩小。今天，我们常常在报道里看到有人成功地把创造性观想与癌症治疗结合起来的事情。因此，这项曾经被认为不符合规范的治疗方案逐渐为大众接受。通过想象和创造性观想来动员患者调动自身的资源去对抗他的疾病，可以恢复他面对身患重症的现实时所失去的控制感。

几年前，我在《纽约时报（周日版）》上读到一篇文章，报道了约翰·霍普金斯大学所做的一项关于精神对身体影响的研究。这项研究显示，当癌症患者接受安慰剂化疗时，他们表现出了与接受真正药物化疗的患者相似的副作用——脱发、恶心、精疲力竭。进一步的研究表明，学过如何利用创造性观想和自我管理技巧来管理压力的患者能够把化疗生动地想象成他们的一个盟友。通过支持治疗而不是抵抗治疗，他们能够大幅度减少化疗的副作用。

21世纪的神经科学告诉我们，精神能影响身体，而身体也可以影响精神。身体就像是心灵的隐喻，两者可以作为一个整体来运作。例如，即使当你拥抱自己的时候，你的大脑也会把这个拥抱理解为有人在拥抱你，而不去注意拥抱你的人是谁……而且得到的好处是一样的。不管是谁给了你一个拥抱，你的心灵都会感受到那种联系、亲密、爱、快乐和温暖。同样地，当你微笑时，你的大脑会接收到这个微笑所激发的所有积极情绪，无论你是否真的快乐。不管你的真实感受或现状如何，创造性观想的练习可以对你的情感和身体产生强大的影响。

• 为孩子准备的创造性观想基础知识[18]

需要反复强调的是，在你驾驭心灵的力量与身体协调地工作之前，你必须使两者放松。首先，引导你的孩子进行渐进式的放松练习，这样他就可以在动脑之前消除身体的压力。然后再加入一种可视化技巧，让你的孩子想象自己踩在自动扶梯上，一边深呼吸，一边看着自己向下一层移动。还有一种可视化放松技巧是将颜色与自动扶梯结合起来，沿着彩虹的光谱向下移动到下一层。这调动了孩子更多的感官，因为他感受到了温暖的颜色，并放松到了一个快乐的状态。你可以引导你的孩子首先看到七楼的紫色光线，然后一个个颜色往下走，六楼蓝色，五楼青色，四楼绿色，三楼黄色，二楼橙色，一楼红色。你的孩子不仅会感到放松，而且还会利用他的创造力来控制他的压力。

现在让你的孩子想象一些让他感到特别快乐、平和的事情或地方。比如说躺在温暖的水中、沙滩上、海上的浮板上，或者是在花园里的某个他最喜欢的地方。有些孩子需要一点提示才能想到这样一个地方，在这种情况下，你可以告诉他们一些你最喜欢的地点，或者只是用某些东西来暗示，比如在空中升起的气球、睡在帐篷里或洞穴里。有个有创意的方法可以帮助你的孩子找到一个平和宁静的地方，那就是给他讲一个带着他去旅行的故事。我把这个技巧用在我的孙子孙女身上，带他们走过草地，让他们更多地运用感官，感受脚下湿漉漉的草地，听着左边的小溪发出潺潺的流水声，看到眼前有一座山，顺着不同颜色的梯田向上而不是向下移动，最后让他们达到放松的状态。

所有这些想法都是为同一个目的服务的：帮助你的孩子放松。一旦你和你的孩子找到了一个最喜欢的地方，让你的孩子闭上眼睛，详细地向你描述他看到了什么。孩子们喜欢这种做法，因为他们喜欢通过讲故事来吸引你的注意力。你的孩子很快就会熟练地清楚描述让他感到平静的地方。不需要多久，即使没有任何提示，他也可以自己去那里了。当你的孩子讲述故事的视觉、听觉、身体和感官细节时，你要积极地倾听。当他对你描述走在山边的梯田上的感觉和样子时，他可能会把自然界中的声音、气味等，如鸟儿的啁啾声，都一并描述出来。帮助他强调并引出一路上所有的描述词，这样他就可以通过积极联想来回忆细节。例如，温暖的空气是如何让人平静下来的，或者涟漪是如何在他的脚趾上激起凉意的。借助每一个细节，你的孩子会发现自己的的确确处于他所凭借经验创造的世界中。

虽然这一特殊的自发练习在一开始需要一点额外的时间，但你的孩子越能清楚地把让他平静的地方视觉化，他就会越快地放松，直到他能随时抵达那里，只要他想，任何时候都能立刻做到为止。所以，最初需要20分钟的练习，现在只需5分钟或更少的时间就能达到效果。这种方法的奇妙之处在于，无论何时，只要孩子感受到压力或焦虑，就能独立地运用这种方法，同时还能提升他的表现力。

总而言之，运用创造性观想来帮助孩子实现目标的第一步就是引导他走向能让他平静的地方，这样他就可以放松下来，体验到一种平静安宁的状态。然而，第二步是告诉你的孩子如何使用自发练习来设定他的目标，这样他就可以使用创造性观想作为工具来实现它们。

•如何教导你的孩子设定目标

不管你使用哪种放松技巧，最重要的一步是帮助你的孩子发现他想要达到的目标。设定目标并不像看起来那么简单，因为说起来容易做起来难。仅仅说“我想扣上我的夹克”或“我想系上我的鞋带”是行不通的，因为要实现他的目标，你的孩子必须把他的思想和行动结合起来。否则，他将注定要创造和重复无效的行为模式。

如果你的孩子对目标的设想很简洁，那么他实现目标的机会是最大的。每个细节都应该被识别出来，并融入他想象出来的形象中。他设想得越完整、越现实，他就越能更好地把他的目标视觉化。一开始，短期目标更有效，因为你的孩子很快就能看到结果，这会强化这项新技巧。不管是学会系鞋带还是扣夹克，都只是建立在他们自身基础之上的一系列步骤的视觉化，而你的孩子会察觉到他的长期愿望，这样，成功就建立在成功之上，直到他的目标实现。

• 目标以及如何实现它们

你孩子的目标对他来说应该是有意义的，因为只有这样，他才会集中精力去实现它；他越重视自己的目标，就越关注自己的想象。

在这个时候，重要的是通过问他需要什么才能实现他的目标，来让你的孩子完全投入到这个过程中去。然后，让他描述实现目标的必要步骤。现在，你们可以一起调查哪些行动能促进成功。通过帮助孩子理清思路，你们可以一起制定出一个明确的时间表来掌握他的任务。和你的孩子一起工作的另一个好处是，你们成了一个团队，当你关注他的进步，帮助他对他的计划进行必要的改进和调整时，你们之间的亲密关系就会得到发展。很快，你们就会意识到适应的正确时机，并进入下一步。

你和你的孩子已经成为合作者，一起努力去实现一个共同的目标。因为这是他的目标，他认识到他可以依靠你来支持他，并指导他完成他的创造性观想过程。通过引导他详细描述他的目标，你实际上是在给他提供自我控制的工具——驾驭自己愿望的力量。通过向孩子展示灵活性和在需要的时候调整目标所能起到的作用，你的孩子将会体验到自信，从而获得能力和成功。

• 最后，现在是时候把目标形象化了

走到这一步，是时候引导你的孩子练习和操演通向他目标的具体步骤了。到目前为止，他一直在运用逻辑这种由左脑负责处理的功能。而现在他将利用具有创造力的右脑来实现他的努力。在这个时候，你的孩子将学着像指挥交响乐队一样指挥他的整个大脑，利用他所有内在的创造性资源来达成他的目标。

记得先让你的孩子练习渐进式放松技巧，直到他觉得自己已经处于放松和平静的状态为止。放松下来以后，他就做好了准备，可以把注意力集中在目标的投射图像上了。因为他已经做好了行动计划，所以能够很容易地为他的目标建立一个详细的范式。

通过回顾达成目标所需的特定步骤来操演和训练你的孩子，在你引导他实现自我控制的过程中，始终关注他的目标达成的程度。首先，让他放松，闭上眼睛，引导他的头脑去想象他的目标。然后，指导他采取适当的行动来完成计划的每一部分。例如，如果你的孩子想要学习如何系鞋带，那就把这个目标分解成小的、可行的增量。接下来，告诉你的孩子在脑海中想象一下系鞋带的具体动作。引导他想象自己穿上鞋子，同时想象鞋带的质感和触感。当他移动手指来执行完成任务所需的步骤时，提示他思考当他轻松完成任务时在情感上的感受。

最后，你越是引导你的孩子去想象和回顾实现他的目标所需的步骤，他就越有能力根据需要唤起这些图像。因为创造性观想的体验发生在孩子的脑海中，所以可以随时随地练习和操演，就连午休或就寝时都可以。一次又一次地回到这些图像，会帮助你的孩子专注于他的目标，而创造性观想会让你的孩子心中得到积极的强化，这是成功的必要条件。

•创造性观想练习：想象自己是一朵白云

这种创造性观想是为了帮助你的孩子放松，教他安静下来，集中注意力。当你的孩子把自己想象成一朵白云时，他会感到放松，能够从事任何活动，也做好了学习的准备。

1. 首先，带你的孩子到户外，让他躺在垫子上，垫子可以铺在地面上，也可以铺在草地上。

2. 然后，让他仰望云层，想象自己是天空中的一朵云，感受一下飘浮在空中是多么令人放松。

3. 现在，回到家里，让你的孩子躺在地板垫子上，同时做一分钟的呼吸练习，让他的头脑平静下来。

4. 然后，让他想象自己在一个温暖、阳光明媚的日子里，在外面望着蓝天。

5. 接下来，告诉他让身体放松，同时做一次全身的等长运动，以缓解身体所有部位的紧张。

6. 然后，让他想象自己很放松、很快乐，仰望着湛蓝的天空。

7. 现在，让他想象一下当他看到一块蓬松的小云朵飘过时所感受到的那种平静祥和的感觉。

8. 让他看云，感受当它停在他头顶上时他所感到的快乐。

9. 告诉他继续看云，想象他现在是蓬松的白云。

10. 然后，让你的孩子相信他是天空中飘过的那朵蓬松的白云，感受那种快乐和放松。

11. 做完这个练习之后，你的孩子在这一整天里不论走到哪里都会带着那种幸福和放松的感觉。

用音乐来帮助学习

音乐的重要性再怎么强调都不为过。正如诗人威廉·康格里夫（William Congreve，1670—1729）在他的戏剧《悼亡的新娘》（*The Mourning Bride*）中所说："音乐有抚慰粗野心灵的魅力。"[19]很多人记错了这句经典名言，经常说音乐有抚慰野兽的魅力，但如果我们真的用音乐来学习这句话，你可能会正确地记住它。抛开这句话不谈，我想你会同意，音乐以我们无法理解的方式深深地影响着我们。

科学早就认识到了音乐对我们情感的独特影响。研究表明，音乐也会影响身体的愈合能力，以及某些类型的学习。总的来说，巴洛克音乐是最能优化学习状态和提高学习效率的音乐。

所以你可能会说，音乐用一种几乎是不可思议的特性影响着我们的生活。神经科学的进步表明，音乐可以增强你的记忆力，激活大脑的各个部分，让你更有效地学习和回忆信息。举例来说，想想你是如何学习字母表的。也许你的母亲是用一首现在所有孩子都知道的熟悉的歌把这些字母唱给你听的，这首歌将字母表与音阶相匹配，教孩子们用一个特定的字母对应一个特定的音符。无论你多大岁数，你仍然会唱这首字母歌，尤其是在图书馆或字典中查找资料时。还有吉明尼蟋蟀①唱的一首曲子，我们通过它学会了拼写E-N-C-Y-C-L-O-P-E-D-I-A（百科全书）。

无论是儿歌还是睡前故事，只要配上音乐，你学的东西都更容易记

① 1940年上映的美国动画电影《木偶奇遇记》中的动画形象。——编者注

住。你一辈子都记得住你小时候学的歌曲的歌词。

为什么音乐会影响我们的记忆？神经科学研究人员现在可以定性地测量欣赏和演奏音乐是如何增强大脑功能并改善大脑形态的。例如，脑部扫描显示，音乐联结了大脑的左右半球。这就是为什么失去说话能力的中风患者可以用唱歌的方式与人交流。大脑的右半球可以学习旋律，而左半球可以学习歌词。因此，许多中风患者如果随着音乐唱出一些短语，仍然可以表达自己的意思。

当你听音乐时，大脑的两个半球都会被激活。整个大脑被激活创造了更多的思考和处理信息的模式。听巴洛克音乐可以扩展大脑的功能，让你更快乐、更健康，更能以最高的智力水平去做事。

音乐一直是人类事业的重要组成部分，并以一种普遍的方式影响着世界各地的人们。因此，你可以很容易地看到，在我们的现代世界里，音乐是如何被有意地用来影响特定的结果的。当你在杂货店或购物中心购物时，店内播放的音乐是欢快的，鼓励你去购物。如果你去看医生，那里的音乐通常是引人沉思或令人平静的。如果你去健身房，那里的音乐通常是快节奏和刺激的，鼓励你锻炼。

能够促进学习的音乐应该是能让人放松的，因为能让人放松的音乐遵循着与你的心跳同步的节奏和节拍，大约每分钟60拍。当你听能让人放松的音乐时，它会让你进入冥想的状态，把更多的血液输送到掌管执行功能的前额叶皮质，并促进全身的血液循环。当你放松的时候，你的注意力会向内转，这是促进学习的最佳条件。

然而，并不是所有的音乐都能引起这样的反应。我们每天听的大多数音乐都是娱乐性的，目的是振奋我们的精神，使我们兴奋起来。这种类型的音乐节奏较快，比较激烈。快节奏的音乐会让你的心跳加速，这很有趣也很刺激，不过它并不能让你平静下来。

但与心跳同步的音乐会让你处于最佳学习状态。在让你平静下来的同时，它也会帮助你集中注意力。当令人放松的音乐让你自然地安静下来时，它会将你的心跳调节到一种非常放松的状态，在这种状态下，你的脑电波从13—39赫兹的β波段变化到大约8赫兹的α波段范围。地球有一个特殊的谐波共振或电磁场，它也以大约8赫兹的频率发出脉冲。当你的身体和大脑平静下来，达到自然的放松状态时，你的大脑会变得更加警醒，更容易吸纳学习内容。

尤其值得一提的是，18世纪时维瓦尔第（Vivaldi）和巴赫（Bach）创作的巴洛克音乐中舒缓的"广板"或"慢板"乐章，与你正常的心跳节奏是同步的。用竖琴或小提琴等弦乐乐器演奏的巴洛克音乐对改善健康、记忆力和注意力最有益处。这就是你经常看到竖琴手在为进行治疗而设计的空间里演奏的原因，这类空间包括医院的大厅和养老中心。

一般来说，音乐具有一种刺激和促进学习的神奇能力。堪萨斯大学的音乐治疗师詹尼拉·霍夫曼（Janalea Hoffman）以巴洛克音乐为背景，对两组数量相同的护理专业学生进行了测试。霍夫曼在她的研究中使用了一个实验模型，她没有对对照组进行音乐治疗。她的研究结果表明，接受音乐治疗的护理专业学生比对照组的测试成绩更好，心率更低。霍夫曼证实了她的初步发现，大约每分钟60拍的舒缓音乐，可以减轻压力、降低血压、减缓疼痛，所有这些都能加速愈合、保护身体免受疾病侵袭。[20]

在克利夫兰的圣路加医院，医生们在手术中使用音乐作为治疗方案，结果发现他们的病人对镇静剂和止痛药的需求减少了。他们选择的音乐中有一些是巴洛克音乐，包括维瓦尔第和勃拉姆斯（Brahms）的作品。此外，巴尔的摩市圣艾格尼丝医院的冠心病护理科主任雷蒙德·巴尔（Raymond Bahr）博士指出，听30分钟巴洛克音乐中的慢板乐章所产生的效果与服用10毫克的安定相同。

多年来，人们一直用音乐来增强记忆训练。事实上，外语学校经常使用托马提斯法，这种方法依靠音乐和助记法来进行语言学习。虽然托马提斯法已经在欧洲得到了成功的应用，但在美国还没有被广泛接受。

巴洛克音乐本身就具有帮助冥想的作用，因此可以放松身体，改善前额叶皮质的血液循环，帮助大脑集中注意力。如果你在完成任务时只听巴洛克音乐，你会受益匪浅。我决定用古典音乐作为我孩子生活的背景音乐。当我成为祖母后，我鼓励我的孩子们把巴洛克音乐下载到iPod（便携式音频设备）上，在他们的婴儿房里24小时播放。时至今日，当我的孙子们学习或玩耍时，还能在他们的房间里听到精选的巴洛克音乐。既然音乐能促进身体健康和大脑健康，也能让你的孩子更聪明、更快乐、更健康，那为什么不放点巴洛克音乐呢？这样一个简单的步骤就可以对孩子的学习能力造成积极的影响。

在使用音乐作为教学工具时，或许可以教你的孩子一首童谣、摇篮曲或字母歌，试着把需要学习的任务“分块”，或者说拆分成小的单元。小单元应该能够在4秒内被陈述或阅读。然后暂停几秒，让新信息找到归宿。之后添加下一个信息单元，以4秒的间隔时间再次陈述或阅读。记住，在两个小单元之间停顿大约4秒，给大脑一段时间来消化新信息，同时播放巴洛克音乐作为背景。

多年来，人们把信息分解成小单元，这是一种成功的记忆方法。此外，神经科学揭示，当新知识被分块时，大脑学习新知识的效率更高。因为新知识被拆分成小块，它创造了一种单调的节奏，帮助你有效地记住新知识。这种方法类似于记忆电话号码、地址或邮政编码的方法，把一个长数字分成两个、三个、四个或五个更小的部分去记忆。

当你教孩子新东西时，引入不同的学习方式是很重要的——把听觉、视觉和动觉都用起来。这样，孩子的左右脑就能更好地相互交流。通过最大限度地利用孩子的左右脑，可以增强你孩子的大脑的可塑性，增加其左右脑的血流量，增强其大脑改变和成长的能力。当你的孩子像指挥交响乐队一样使用他的大脑时，他的大脑突触会增加，这可以促进学习。

当孩子的大脑处于放松状态时，它对外界的刺激具有独特的接受能力，并且表现出最佳的协调性。为了达到最佳演奏效果，交响乐队的每个部分都必须集中精力，等待自己演奏音乐的时刻。少量的良性压力可以帮助音乐家保持高度警醒，等待轮到他们表演。然而过大的压力不但不能让他们保持警醒，还可能会让他们发挥不佳，甚至失手。如果不努力保持协调，让每个音乐家自己发挥，那演出根本就无法进行。大脑也是如此。

•创建你自己的促进学习的音乐播放列表

正是巴洛克音乐那舒缓的乐章促进了学习。我已经整理了一份我喜欢的古典巴洛克音乐的个人播放列表，不过你也可以自己寻找最能体现你的品位、节奏和风格的巴洛克音乐。当你搜集巴洛克音乐的音频时，你可能会发现你更喜欢现代作曲家，比如斯蒂芬·哈尔彭（Stephen Halpern），他的音乐在拍子和节奏上与巴洛克音乐是相似的。

古典巴洛克音乐推荐曲目

· 泰勒曼（Telemann）：G大调双羽管键琴幻想曲中的广板

· 维瓦尔第：《四季·冬》中的广板；D大调吉他和弦乐协奏曲中的广板；C大调曼陀林、弦乐、羽管键琴协奏曲中的广板

· 巴赫：《耶稣，我心所慕喜乐》；F小调羽管键琴协奏曲，BWV（巴赫作品目录）1056中的广板；G弦上的咏叹调；C大调羽管键琴协奏曲，BWV 975中的广板；E调鲁特琴组曲；《羔羊将安然放牧》

· 科莱里（Corelli）：12首大协奏曲第五号作品中的F大调10号协奏曲中的广板

· 卡迪欧索（Caudioso）：曼陀林和弦乐协奏曲中的广板

· 阿尔比诺尼（Albinoni）：G小调弦乐中的慢板

· 亨德尔（Handel）：《弥赛亚》

· 珀塞尔（Purcell）：《小仙后》

· 蒙泰韦尔迪（Monteverdi）：《晚祷》

· 舒兹（Schütz）：《安魂曲》

· 斯卡拉蒂（Scarlatti）：奏鸣曲

· 拉莫（Rameau）：序曲
· 约翰·帕赫贝尔（Johann Pachelbel）：D大调卡农

在这个层面上，您的孩子的音乐体验不仅是愉快的、抚慰的、有趣的，而且还能起到促进学习的作用。研究表明，弹钢琴的孩子会在其他方面的学习上有所收获。根据神经学家戈登·肖（Gordon Shaw）的研究，参加了6个月钢琴课的3至5岁儿童在时空推理方面有了显著的进步，而这正是学习工程学、数学和国际象棋所需要的能力。不仅如此，与上唱歌课、电脑课或根本没上过什么课的孩子相比，上钢琴课的孩子在学习上有更高的成功率——而且孩子年龄越大，他们在时空推理方面的进步就越显著。例如，加州一个贫困地区的二年级学生在一年的时间内每周上两次钢琴课后，他们不仅数学成绩有所提高，而且其表现与邻近富裕学区的四年级学生不相上下。

额外的放松练习

下列练习可以帮助你的孩子集中注意力，放松身心：

•眼睛放松练习

放松练习可以让眼睛放松和提高眼睛的灵活度。

1. 让你的孩子在不移动头部的情况下看天花板。

2. 然后，让你的孩子在不移动头部的情况下向右看，看向右边的墙。

3. 现在，让你的孩子在不移动头部的情况下往下看地板。

4. 接下来，让你的孩子在不移动头部的情况下向左看，看向左边的墙。

5. 现在，让你的孩子转动眼珠两圈，然后再往反方向转两圈。

6. 然后，让你的孩子把自己的手伸到眼睛前面，盯着自己的手看7秒。

7. 现在，让你的孩子看房间的另一边，凝望对面的墙7秒。

8. 最后，告诉你的孩子搓他的手，来来回回搓，就像在钻木取火一样。然后告诉他，当他的手感到温暖时，把双手手掌分别放在两只眼睛上，感受温暖覆盖着眼睛的感觉几分钟。

•呼吸放松练习

你的宝宝自然而然就会正确呼吸，当他仰卧时，他会用膈呼吸。但到他5岁时，他开始用胸部进行较浅的呼吸，浅呼吸没有放松的效果。以下放松技巧将帮助你的孩子恢复更健康、更深的呼吸方式。如果在练习时你的孩子感到头昏眼花的话，只要引导他回到他更熟悉的浅呼吸即可。

吹泡泡

教你的孩子如何用吸管在一玻璃杯清澈的水中吹泡泡，这是帮助他把注意力集中在吸气和呼气上的最简便的方法。告诉你的孩子吹气的动作要平稳流畅，如果是用泡泡圈吹泡泡，那就鼓励他均匀而深入地吹气。还有一种有趣的吹泡泡方式，在用泡泡圈吹泡泡时用巴洛克音乐作为背景。你在任何一家玩具店里或网上都能买到一个简单的泡泡圈。

克制地呼吸

让你的孩子躺下，双手静静地放在身体两侧。然后，让他注意自己的呼吸是快是慢。现在，让你的孩子试着放慢呼吸。接下来，问他在不屏住呼吸的情况下，通过简单而均匀的呼气和吸气，可以呼吸得多慢。

吸入凉意，呼出暖意

现在，让你的孩子留意，当他吸气时，鼻孔处的空气是多么的凉爽，当他呼气时，鼻孔处的空气是多么的温暖。让他做几次缓慢的深呼吸，他会继续注意到他吸气时感觉凉爽，呼出时感觉温暖。通过留意温度从冷到暖的变化，你的孩子也在专注于他的呼吸，这将使他自动放松，并进入冥想的状态。

调整你的肚子

现在，让你的孩子把手放在肚子上。然后，让他尽可能地吸气，使他的肚子像气球一样充满空气。接下来，让他通过呼气把空气从肚子里呼出来。很快，他就会注意到，当他的肚子充满空气时会膨胀，而当他呼气时，它就会变瘪。然后，让他再一次往肚子里充气，同时屏住呼吸30秒，重复“坚持、坚持、坚持”，然后告诉他呼气，让他的肚子恢复正常。

智力发展游戏和练习

在把这些游戏和练习介绍给你的孩子以促进他的智力发展时，注意不要强迫孩子。如果他有抵触情绪，那就转向别的事情。让他来引导你找到他感兴趣的东西。如果激发不了他的兴趣，不能使他兴奋，那他是不会参与进来的。

当你的孩子准备好了，他内心的老师会鼓励他去探索。在这个阶段，他完成了任务本身就是一种奖励。通过熟悉他关注的对象，你的孩子将会体验到一种成功的感觉，这将会激励他进入下一个发展阶段。现在，他会学到更多的东西，这种自信的感觉会引导他形成强烈的自我意识。当你的孩子在只有内在回报的情况下去回应外界的挑战，而不是顺从别人的意见时，他就正在走向成熟。

如果你的孩子在这个阶段玩得很开心，那就随他去吧。当你的孩子把兴趣集中在一个方面时，也随他去吧。你的孩子把他全神贯注去做的事情视为他的工作，总有一天他会把这种集中和专注转移到学习上去的。

• 记忆游戏

在这个游戏中，你的孩子会被鼓励去注意周围的事物。这个游戏背后的理念是，你在周围环境中认识的物体越多，你学到的东西就越多。这个练习需要一遍又一遍地重复。每次你的孩子玩记忆游戏的时候，他都会注意到更多的细节。很快，他就会整天指着周围环境中的物品去辨认它们，同时记住它们。

让你的孩子安静地躺下，闭上眼睛，练习短促呼吸的技巧，直到他感到放松为止。这个过程只需要不超过两分钟的时间。一分钟后，问问你的孩子是否放松下来了。他会告诉你他的真实感受以及他是否需要更多的时间。现在，你们正在倾力合作……这非常好玩！

接下来，让你的孩子闭上眼睛，让他想象周围环境在此时此刻是什么样子的。引导他在脑海中描绘出眼前的事物。然后问他还记得什么。现在，问他记不记得周围环境中有些什么颜色。最后，让孩子继续闭着眼睛，让他在脑海中构想一下，当他往左右两边看时能看到什么。

然后，给你的孩子几分钟的时间让他发挥自己的想象力。让他想象一下身边有些什么东西。接下来，让你的孩子睁开眼睛往周围看一眼。然后问你的孩子，是大部分事情都符合他的想象，还是只有一部分符合。一定要告诉他这只是个游戏，我们只是在玩。告诉你的孩子，今天他的回答可能是这样的，明天他的回答可能是那样的。但是要让他一点点、一天天地注意他在周围环境中观察到的东西。

你的孩子会喜欢和你玩这个游戏，只要你让他轻松愉快，并且让他告诉你他记得的所有事情，再回答一些问题，比如：你昨天穿的是什么颜色的衣服？你的朋友今天穿的是什么颜色的衬衫？或是你中午吃了什么？要经常提醒你的孩子，他注意得越多，记住得越多，他就会对周围的环境了解得越多。

•刺激孩子对物品进行分类、排序、整理和计数

在这个年龄和阶段，你的孩子不得不从事一项非常重要的智力活动，在这项活动中，他能分类、排序、整理和计数任何物品。你的孩子可以使用常见的日用物品参加这项活动，只要它们可以被分类、排序、整理和计数。在这项活动中，你可以制定各种各样的游戏规则。例如，物品可以按大小、纹理、颜色或形状进行分类。

因此，保存大量有趣和色彩鲜艳的物品以进行分类、排序、整理和

计数是个好主意。一些常见的备选物品是煮锅、平底锅、塑料盖子、塑料碗、不同质感的布料，还有众所周知的大纽扣。水果和蔬菜也很适合整理、排序、计数和根据各种类别分类，如颜色、质地、大小、形状和气味。

让你的孩子凭借触觉来分类

让你的孩子根据他的不同触感进行分类。比如柔软、丝滑、光滑、粗糙、凹凸不平等。帮助你的孩子挑出属于同一个类别的东西，然后把它们放在一起。

帮助你的孩子按几种不同的分类法分类

这个排序游戏教授了一个叫作乘性分类（multiplicative classification）的概念。在这个游戏里，你的孩子将学到什么是项目和对象的子类。例如，在较大的木珠这个类别下面，可能有各种颜色的木珠，如蓝色和红色。在玩这个游戏时，你的孩子通过观察、操作、触摸和感受有趣和独特的物品来学习。甚至在他能够口头描述物体之间的关系之前，他就已经开始理解它们了。

首先，将不同大小、形状和颜色的纽扣堆在儿童桌上或地板上。然后，让你的孩子和你一起分类，一次只用一个类别，例如颜色。这个时候，你可以对你的孩子说："让我们挑出所有的蓝色纽扣，并把它们放在一堆。"

现在，让你的孩子和你一起将两种不同的分类标准叠加对纽扣进行分类。例如大小和颜色。让你的孩子和你一起把所有的大号绿色纽扣堆放成一堆。最后，如果你想要增加其他属性来继续进行分类，那就每次添加一个新标准。这里有三种可供你分类的标准：纹理、大小和形状。

让你的孩子按大小排列物品

指导你的孩子把各个特定类别的物品排成一行。例如，大纽扣、玩具汽车、娃娃等。现在，让他从每个类别中挑出特定的尺寸，比如小型汽车和大型汽车，或者大纽扣和小纽扣。让你的孩子把每个类别中最小的东西拿给你。然后让他从每个类别中给你一个稍大一点的物品。最后，让他把每一类中最大的一项交给你。

你的孩子可以通过清空洗碗机学到什么

邀请你的孩子帮你清空洗碗机，把盘子、玻璃杯、叉子、刀、勺子、煮锅和平底锅放好。这样做，你就是给你的孩子上了一堂很好的按类别分类的实物课。例如，对你的孩子说："把盘子从洗碗机里拿出来，然后放到这边的碗橱里。"一件一件东西、一个一个项目地来，你可以用这个练习来训练他进行分类和排序。

此外，你这是在把一项工作交给孩子，而孩子天生就有工作的欲望。孩子们喜欢做家务。当他在你身边工作时，他会从模仿成年人行为的过程中获得一种巨大的成就感。和你的孩子一起做家务会让他觉得自己是团队的一员，这是一种奇妙的亲密体验。你可以享受这小小的机会窗口——而家务也可以被视为乐趣。

让你的孩子帮你整理洗好的衣服

就像清空洗碗机一样，你的孩子也会喜欢整理洗好的衣物。这项任务为分类提供了一次很好的体验。当你给衣服分类时，你会自动把相似的物品放在一起，比如把所有的深色袜子放在一起，还可以进一步按照黑色、蓝色和棕色对这些袜子进行分类（祝你找到所有成对的袜子！）。

让你的孩子和你一起玩计数游戏

这是另一个创造性的、有趣的体验，你的小探险家一定会喜欢它。现在他可以一对一地学习事物的对应法则，比如数字和物品。

教你的孩子唱计数儿歌

你的孩子会喜欢计数的。当他做好了准备的时候，他会去数所有的东西。所以，当你给他念《这只小猪》（*This Little Piggy*）、《翻身歌》（*The Rollover Song*）、《10瓶橙汁在墙上》（*Ten Bottles of OJ on the Wall*）或其他计数儿歌时，一定要摸着他的一个个小脚趾数。触觉与语言和数学的联系创造了一种刺激记忆的物理暗示。还有，儿歌本身也为计数增添了一种创造性观想的效果，因为他会把每首儿歌视觉化。你的孩子就是从这个时候起开始理解数字是符号的，尽管在这个阶段，他们还不完全理解这是为什么。

帮助你的孩子把相同容量的水倒进不同大小的杯子里

虽然这个练习有点复杂和抽象，但你的孩子在六七岁时就能熟练地掌握它了。不过，你可以早点让他接触它。这个练习想要揭示的就是皮亚杰所说的“守恒”。这个概念意味着如果你把同样多的水倒入不同形状的容器，水的数量仍然是一样的。然而，不到六七岁、尚处于前运算阶段的孩子会认为，因为玻璃杯的形状不同，有的高，有的矮，水位高的杯子里一定有更多的液体。这是一个需要掌握的重要概念，它有助于孩子在未来掌握更复杂的数学概念。[21]

1. 把几个高矮粗细不同的圆筒杯放在一张儿童桌上。告诉孩子你有一个量杯。接下来，把量杯装满水，让你的孩子看你在做什么，把装满了水的量杯指给他看。然后，让你的孩子把量杯里的水倒入高圆筒杯中。现在，再让你的孩子把水从高圆筒杯中倒到短圆筒杯中。接下来，问你的孩子哪个圆筒杯装的水更多。

2. 在儿童桌上放一个高玻璃杯和一个矮玻璃杯。再次把量杯装满水指给你的孩子看。现在，让孩子在两个杯子里各倒一量杯水。最后，让你的孩子观察水在两个杯子里看起来有什么不同，而它们的量是完全相同的。

14颗纽扣就是14颗纽扣

这是守恒主题的一个变体。

1. 让你的孩子数出14颗大纽扣，然后把它们堆成一堆。

2. 让他再数出14颗大纽扣。

3. 然后，让孩子把第二组14颗大纽扣分成更小的组，如7和7、10和4、8和6等，并让他数一数每组大纽扣的数量。

4. 现在，让他数一数第一组中大纽扣的数量。很快，他就会发现，无论你怎样分组，数量14将始终保持不变。

5. 最后，利用玩具车、积木等其他物品，邀请你的孩子一起来玩这个游戏。这样，他就可以看到这个规律适用于所有物品。

•通过游戏认识空间关系和时间

认识背面、内部、前、后、左、右

由于你的孩子在学龄前仍然是以自我为中心的（迷失在一种称为自我中心主义的状态中），他还是很难理解他人的视角。因此，他仍将与依赖于他人视角的空间概念和关系做斗争。

1. 教你的孩子帮你布置餐桌，这需要用到复杂的概念，包括左、右和镜像。

2. 教你的孩子如何在桌子上放置餐垫。

3. 当他把盘子放在餐垫中央时，让他用两只手端着盘子，借助自己的左右手来分辨左右。

4. 接下来，让你的孩子知道餐巾应该放在盘子左边，而水杯应该放在右边。

5. 现在，教他如何摆放餐具，餐刀放在盘子右边，勺子放在餐刀右边，叉子放在盘子左边。在我把这个重要概念教给我自己的孩子时，我加了一个故事，告诉他们叉子是一位公主，它受到餐刀的保护，餐刀是一位骑士。这就是为什么餐刀总是要朝里放，锋刃朝向盘子。我还说勺子是公主和骑士的孩子。通过构建一个由公主、骑士和宝宝组成的家庭，布置餐桌勾起了我儿子和女儿的兴趣，他们很快就给这个故事添加了他们自己的构想。

6. 你的孩子学会了布置餐桌后，把餐垫向不同的方向移动，先把它放在桌子的一边，然后再放到另一边。现在，你的孩子可以看出，具体地说，无论你怎样移动餐具，盘子左边的叉子和右边的餐刀和勺子的相对位置是不变的。

能够帮助孩子理解镜像的游戏

除了左右之外，这个阶段的孩子通常也很难理解镜像的概念。因此，像“变戏法”这类要用到这一概念的游戏，可以使这一概念不那么难懂，同时还能带来乐趣。这种动觉式的学习方式可以通过将他的感觉运动和逻辑联系起来，教你的孩子使用他的整个身体来学习。这不仅能使他对镜像有清晰的认识，还能使他对左右的概念产生清晰的认识。请记住，“变戏法”是唱歌和跳舞的结合。

1. 首先，牵着孩子的手，围成一个小圈，同时唱《变戏法》。

2. 让孩子跟着你唱“把右手放进去”，并指导他和你以及其他参与者一起把右手放到你们组成的圆圈里。

3. 接着，唱“把右手拿出来”，并告诉你的孩子在你把右手从圆圈里拿出来时跟着你做。

4. 接着唱《变戏法》，同时教孩子玩这个游戏。一边跟你一起玩，一边学习所有的空间概念，这会让他非常高兴。

5. 唱完这首歌，和你的孩子一起完成歌中的所有指示。当你看到他每次做对时那高兴的小脸，你会很开心的。让这首歌引导你把身体的每个指定部分带到游戏中去。

建造一座充满故事的3D房屋

这是我最喜欢的游戏，因为它充满了我童年时代的快乐回忆。

1. 首先，帮助你的孩子用积木搭一座房子。

2. 接着，把玩具车、不同性别或职业的玩偶娃娃，如男孩、女孩、士兵、骑士等，放上去。

3. 然后，问你的孩子他想把娃娃、玩具车等放在哪里。例如，玩具车应该放在房子的顶部还是前面？

4. 现在，让你的孩子帮你编一个故事。也许有一只巨大的鸟或龙藏在后院或房子后面。

5. 让你的孩子告诉你，他想把所有的参与者放在房子的什么地方。

6. 现在，让你的孩子把故事讲给你听。然后问他要做什么，这样你就能了解他对游戏的感受。

7. 让孩子自己创造故事，包括会发生哪些情节。

8. 最后，以孩子的想象力来引导故事的情节发展。

做个日晷

通过认识和理解有助于发展逻辑思维的特殊概念——时间——来帮助大脑按照逻辑顺序进行思考。没有视觉的帮助，时间本身是很难把握的。日晷就是这样一种辅助工具，它的制作比你想象的要简单得多。

1. 首先，观察在太阳下影子是怎样在一天当中随着时间的推移而移动的。

2. 帮助你的孩子在一张硬纸板或一张图画纸上画一个圆，并在圆上画一个钟面，用刻度标明一天中的每一个小时。

3. 然后，把你的钟面放在外面的地上，同时把一支铅笔插在表盘的中心。

4. 接下来，在这一天的特定时间段回到这里，这样你和你的孩子就可以看到铅笔的影子是如何在圆圈中移动的。

这会让你和你的孩子看到怎样通过具体的方法去了解抽象的概念。

现在，你和你的孩子可以为成功制作了日晷而庆祝了。

烤饼干

另一个有趣的练习是烤饼干，这个练习可以让孩子们学会测量时间。不仅如此，你还能借此教给他重要的数学概念。烤饼干调动了所有的感官。更重要的是，你的孩子将在等待他的饼干烤好的时候学会如何延迟满足，这是走向成熟的重要一步。烤饼干的香味和甜美的味道会让孩子的注意力集中在工作上。

1. 当你和孩子按食谱做烤饼干的准备时，你的孩子会专注于测量必要的原料的质量和体积，这是一节关于守恒和数学的入门课。通过注意饼干需要烤多长时间，你也在教你的孩子度量时间。

2. 阅读食谱中的说明，这样你的孩子就能确切地知道饼干需要在烤箱里烤多久。在时钟上给孩子指明时间。在测量指定的烘烤时间时请他来负责看着钟。

3. 在饼干烤好之前，问问你的孩子是否知道它们还需要烤多久。这个时候，他可能会根据内心的认知或时间感来进行猜测。不管他的回答是对是错，让他把注意力再次转移到时钟上，称赞他回答得非常好。

种植胡萝卜缨

帮助你的孩子种植胡萝卜缨，这样她就可以学会测量时间。

1. 首先，把胡萝卜的顶部切下来，把它放在一杯水里。

2. 接着，拿出一个日历，给你的孩子看一个月所对应的日子，把每一天都打上记号，这样他就能在心里和视觉上计算出胡萝卜缨的生长速度。

3. 当你和你的孩子观察胡萝卜缨的生长时，你可以向他指出在特定的时间内胡萝卜缨生长了多少。

这样，你的孩子不仅能享受到看着事物成长的乐趣，而且还获得了度量时间的能力。

家务时间！

教孩子如何帮你做家务，这样他就能估算时间了。

1. 给孩子看你的手表并指明时间。

2. 现在，问你的孩子他想先做什么家务。然后问他做家务需要多长时间。

3. 现在，和你的孩子一起完成家务。

4. 最后，再看看你的表，这样你就可以指出他的估计有多接近实际情况了。

•通过讲故事来刺激语言的发展

在怀孕大约4个月的时候，你的孩子开始在子宫里学习语言。孩子出生后，通过和他说话、说话、说话，可以刺激他的语言发展。复杂的语言可以促进智商的发展。在这一阶段，女孩往往走在前面；然而，在幼儿园阶段，语言的发展就是均衡的了。吸引孩子的最好方法就是停下来，看着他，听他说话。

1. 首先，给你的孩子讲一个故事。

2. 现在，让你的孩子告诉你这个故事是关于什么的。

3. 让你的孩子给你讲一个故事。

4. 现在，你告诉你的孩子他的故事是关于什么的。

5. 最后，利用你们两人之前讲的故事里的人物，和你的孩子一起创作一个故事。

把你孩子的故事写下来

帮助你的孩子制作一本故事书或故事板来扩展他的想象力，使他的故事变得生动。

1. 让你的孩子给你讲一个故事，你把它写在纸上。

2. 然后，把这个故事做成一本小书。

3. 用色彩鲜艳的丝线把书页缝在一起。

4. 问你的孩子是否愿意在他的书里画几幅画。

5. 书做好后，你们再一起把它重读一遍。

此外，也可以用一张大的图画纸来进行这个过程，把孩子的故事写在图画纸上，然后贴在墙上，孩子可以在上面涂色和画画来丰富他的故事。

为你的孩子创建一个印刷体字丰富的环境

1. 买些图画纸，用大号的印刷体字给家里熟悉的东西贴上标签。例如床、浴室、门、窗和冰箱。用色彩鲜艳的蜡笔给这些字涂上颜色。接下来，用胶带把标签贴在各个物品上，这样就不会造成任何损坏。很快，你的孩子就会把词和物品联系起来，并开始记忆和识别哪个词属于哪个物品。虽然你没有教他阅读和拼写，你的孩子已经对这两者都很熟悉了。通过创造一个印刷体字丰富的环境，你将改善他的知识环境。

2. 你还可以通过叫出家里东西的名字来创建印刷体字丰富的环境。例如：如果你在给孩子念书，你可以说出书名；如果你走进厨房，你可以念出冰箱门上贴着的“冰箱”字样；如果你打开冰箱，你可以念出牛奶盒上贴着的“牛奶”字样；你可以念出鸡蛋盒上贴着的“鸡蛋”字样；等等。

3. 孩子身边到处都是文字。通过向孩子展示哪个单词属于哪个物品，你就用印刷体字丰富了他的环境。

就寝时间与故事时间

每天晚上睡觉之前给孩子念一个故事，他就会养成读书的习惯。如果你让他和你一起阅读，同时看着书页上的单词，他会模仿你，试着阅读。当他犯错时，不要纠正他，安静地听着他给你读他的故事就行。随着时间的推移，你的孩子会成为一个阅读者，因为他开始认识页面上的单词并记住它们的意思。这项活动能够大大加强你和孩子的亲密关系，在教会他良好的语言技能的同时，还会使他终身受益。

•社交和情感发展练习

交谈让孩子有机会在一个友好的环境中表达自己的想法，从而产生价值感、认同感和自我实现感。以下内容有助于提高孩子的语言技能和培养其良好的自尊心。

玩“西蒙说”①来教授空间关系的概念和规则

1. 通过玩“西蒙说”，你的孩子将对空间关系进行探索，包括将你的手放在头顶、上方、下方等。

2. 它还能教孩子们懂得规则，让他们知道规则，这样他们才能遵守规则。

3. “西蒙说”也让孩子们接触到轮流的概念。例如：“西蒙说”让你的孩子去做某件事……那么他必须先倾听，再照着做，这样他才能玩这个游戏。

当你和你的孩子玩的时候尽量多跟他说话

你的孩子爱说话，迫不及待地想告诉你发生在他身上的所有事情，不论这些事情是发生在家里还是他自己的小巢里。利用孩子的天性，以游戏的方式提高他的语言表达能力和沟通技巧，但不要让这成为一次教学或一堂课。根据辛格和辛格（Singer and Singer）的研究[22]，在生理测试中想象力得分高的孩子语言技能也会更好。

---

① “西蒙说”这个游戏的规则是，一个人给另一个人发指令，如果说了“西蒙说”就要按这个指令去做，如果没说“西蒙说”就不能做。——译者注

为了达到最佳效果，可以把身体活动和交谈结合起来，比如表演戏剧、木偶戏、烤面包、唱歌等。餐桌是最好的谈话场所，一起吃饭的家庭在所有事情上都做得更好，包括学习。在我家里，我经常和我的孩子及丈夫玩一个叫作“意外之喜”的游戏。餐桌上的每个人轮流分享一件白天发生在他们身上的好事。我家里的每个人都喜欢这个游戏，更重要的是，它引发了各种各样的想法和对话，丰富了我们的晚餐时间。在我的家庭里，每个孩子都喜欢有发言权并且能吸引所有人的注意力，我相信在你的家里也是一样。

以下为作者在写作本章的过程中所参考的资料清单：

1. Gross, Gail M., *The Only Way Out Is Through*, 112-119.

2. Trafton, Anne. “The benefits of meditation.” *MIT News Office*. May 5, 2011. http://news.mit.edu/2011/meditation-0505 (accessed May 8, 2019).

3. Gross, Gail M., *The Only Way Out Is Through*, 112–119.

4. Ibid

5. Ibid, 109–111.

6. Ibid, 111–112.

7. Ibid, 112–119.

8. Ibid.

9. Ibid., 107–108.

10. Ibid.

11. Ibid., 108.

12. Hyde, Andrea M. “Yoga at the Promise Program: A Feminist Qualitative Case Study of School-Based Yoga,” 2017, doi: 10.4135/9781526402912.

13. Ibid.

14. Gross, Gail M., *The Only Way Out Is Through*, 108.

15. Feuerstein, Georg, and Stephan Bodian. *Living Yoga: A Comprehensive Guide for Daily Life*. New York: G.P. Putnams Sons, 1993.

16. Gross, Gail M., *The Only Way Out Is Through*, 112–119.

17. Ibid, 116–119.

18. Ibid.

19. Congreve. *The Mourning Bride* (Place of Publication Not Identified: Nabu Press,

2010).

20. Hoffman, J., et al., "The Effects of 60 Beats Per Minute Music on Test Taking Anxiety Among Nursing Students." *Journal of Nursing Education*, February 1990.

21. Diane E. Papalia et al., *Human Development*, 255.

22. Ibid., 296.

07.

孩子成长中逐渐显现的自我意识

影响其思维方式及与他人的互动方式

在儿童早期，你的孩子在3至5岁时就开始认为自己和其他人是分离的。他从对自己的单一表征转变为对自己与他人关系的表征映射。在此之前，他无法区分自己的真实自我和理想自我……

针对不同性别孩子的教养指南

3岁的孩子开始按性别分开玩游戏了。这种行为似乎普遍存在于大多数已知的社会中。然而，到了童年中期，性别影响会更加明显。因此，到了3岁，你就会发现大多数孩子玩耍的方式都不一样。一般来说，男孩和女孩玩的东西不同，互相都不欣赏对方的风格。[1]一开始，男孩子喜欢很多人一起玩，在游戏中表现得比较有攻击性，而女孩子则沉浸在人际关系中，往往更喜欢一对一的游戏。不管玩具是什么，也不管玩具有多特别，孩子们似乎总是更愿意与跟自己同性别的人一起玩。

在4岁的时候，男孩们通常会互相配合。到6岁时，他们会参与到涉及协调和竞争的游戏中去。[2]女孩能掌握大约六种社交暗示，包括语调和面部表情，而男孩则能掌握一到两种。女孩会用眼神交流，而男孩不会——男性内心深处有一种生理感受，那就是直视另一个男孩的眼睛是对其支配力的挑战。这个男孩不知道他能否在竞争中击败另一个男孩；而如果你愿意做她的朋友，女孩会把她最喜欢的洋娃娃给你。为什么会这样？

从纯粹的生物学角度来看，性别对玩耍的这些影响会在儿童开始成长并掌握生存所必需的行为时出现在群体当中。男孩们进行的攻击性游戏使他们做好了交配的准备；而女孩们参与的关系游戏则为她们孕育下一代做好了准备。实际上，所有其他灵长类动物都具有同样的性别特征，这是为了满足繁殖、种族延续和生存的连续性的需要而进化出来的。

在大部分男孩成熟的过程中，他们的性别会影响他们的角色扮演游戏。他们的故事描述的是危险和危机，是关于战争和战斗的故事。而大多数情况下，女孩们关心的是建立关系，比如建立家庭。[3]

•男孩和女孩的学习方式有何不同

在谈到育儿策略时，注意到男孩和女孩的学习方式不一样对我们是有帮助的。男人来自火星，女人来自金星……真的是这样吗？男孩和女孩之间的差异真的有那么大吗？还是我们的生物决定论更像是一个自我实现的预言？神经科学告诉我们，男孩和女孩是不同的。男孩的大脑更大，但女孩的大脑生长得更快。他们的兴趣和学习方式通常也有所不同。但这些差异真的像我们曾经认为的那样重要吗？

新的研究告诉我们，对孩子的学习影响最大的是我们为孩子创造的环境。回顾历史，我们能发现许多不符合性别刻板印象的著名男性和女性。我们可以谈谈沃尔夫冈·莫扎特（Wolfgang Mozart）、列奥纳多·达·芬奇（Leonardo da Vinci）和米开朗琪罗（Michelangelo），这些男性动作灵巧，能长时间坐着，字迹优美，对艺术、文学、音乐和写作有浓厚的兴趣。

我们还可以谈谈网球传奇人物比利·简·金（Billie Jean King）、宇航员萨莉·赖德（Sally Ride）、土木工程师玛丽莲·乔根森·里斯（Marilyn Jorgenson Reece）、飞行员杰奎琳·科克伦（Jacqueline Cochran）、医生兼研究员伊丽莎白·布莱克本（Elizabeth Blackburn）等历史上对体育、数学、工程和科学感兴趣的女性。

在当今世界，不走寻常路反倒是惯例，而不是例外，父母在抑制和增强孩子的基因构成方面有着最大的影响。

•泛泛而论全都是错误的，包括这一个

的确，许多男孩比同龄的女孩能领会的社交暗示少，而女孩会产生更多的血清素和催产素，所以她们更冷静，对情感联系更感兴趣。男孩比女孩成熟得慢。女孩的大脑皮质中有更多用来处理语言功能的部分，她们流利的语言表达能力与其有较大的胼胝体有关，而男孩的大脑皮质更多地被

用来处理空间关系，因此他们比较适于通过运动和视觉体验来进行学习。此外，由于女孩体内的血清素和催产素含量较高，她们比男孩更坐得住，而男孩可能需要活动才能感到舒适。

然而，女孩和男孩所能学到的东西是差不多的，这就是问题之所在。男孩和女孩之间的差异在幼儿身上最为明显，然而随着年龄的增长，家庭环境、兴趣和同龄人对他们的影响更大。到孩子们上高中三年级的时候，男孩和女孩之间的差别已经很难被觉察到了。了解这些细微的差别可以帮助教育工作者以积极的方式来引导学生，满足他们的需求。

当小男孩不想用眼神交流并在他的座位上坐立不安，而小女孩在说话和传纸条时，一位精明的老师会组织他的课堂，把小男孩需要四处走动、小女孩需要口头表达这些因素考虑进去，并将其解释为生理习性的一部分而不是行为不端。一个聪明的老师也会在白天为男孩和女孩留出游戏的时间，让他们放松下来，以创造性的方式表达自己。事实上，允许孩子们，特别是小男孩们，晚一点上学，甚至是晚一年，会让他们有一点点优势，因为更成熟一些的孩子可以更有效地吸收在学校里获得的知识。

在我从事研究和教育的这些年里，我发现男孩和女孩看待在学校里发生的问题的方式确实是不同的。女孩们往往会从自身角度来看待她们的问题和失败，更会自我批评，而男孩则以更聚焦的方式看待他们的问题，把他们的失败归因于某一特定的学习领域，而不是过分地泛泛而论，认为自己能力不足。具有讽刺意味的是，女孩在学校往往比男孩表现得更好，更有可能留在学校并毕业。

那么，我们能做些什么来帮助男孩和女孩拥有快乐、充实、全面和成功的学校生涯呢？

1. 确保你孩子的学校对休息时间做了规划，其中要有自由玩耍的时间。

2. 注意不要给孩子贴标签，尤其是像注意缺陷障碍或注意缺陷多动障碍这样的，除非这是由专业医疗人员诊断出来的。许多男孩和部分女孩只是处在过于活跃的边缘，却被贴上了错误的标签。

3. 鼓励女孩玩玩具，并让她们参与能用到对空间关系的认识和空间操作技能的活动。

4. 鼓励男孩进行课间休息，并允许他们在课间休息期间活跃起来。

5. 帮助你的女儿说出她对课后作业和学校问题的感受。因为女孩可能会专注于交流、人际关系和对认可的关注，所以她们很容易陷入浓烈的情感体验中。通常，女孩会颠覆自己的感受，需要得到别人的认可，这会导致自尊心受伤问题。

6. 让你的女儿参加体育运动，帮助她建立自信。

7. 创造性地帮助你的儿子提高读写能力，包括鼓励其写日记，读幻想、幽默、战争和神话故事。男孩以行动为导向，是喜欢竞争、经常冲动的冒险者，所以给他们一个机会创造性地表达自己、探索自己的兴趣是非常重要的。这有助于把他们的话语与他们的感受联系起来，并使两者都得到认可。

8. 用日常的例子让你的女儿有机会体验STEM（科学、技术、工程、数学）。通过使用电脑，女孩们可以探索从建筑、医学、工程到烹饪等领域的任何东西。你也可以让你的女儿参加全国众多STEM项目中的任何一个。

9. 确保教师了解男孩和女孩的不同学习风格，这样他们才能通过不同模式的教学来营造满足这两种需求的学习环境，即女孩对空间学习实践（包括几何）的需求以及男孩对丰富的活动规划的需求。

•幼儿与性别

孩子们第一次意识到自己是男孩还是女孩是在18个月到30个月大之间。事实上，这是他们第一次尝试用“他（he）”和“她（she）”来区分男孩和女孩。此外，婴儿时期的孩子从父母那里得到了很多性别暗示。当父母与男孩和女孩互动时，他们会用不同的方式与他们的男孩和女孩说话，用不同的方式拥抱他们，用不同的方式跟他们玩耍，用不同的方式与他们进行社交互动，父母对性别的看法就是这样传达出去的。

社会学习和角色塑造是性别意识发展的重要组成部分，不要把它与性混为一谈。和其他事情一样，父母和主要看护者是孩子的第一任老师。幼儿通过观察和与父母、家庭及其他孩子的互动来学习信任、性别和性。媒体、托儿所和小学也会影响孩子在与他人的关系中看待自己的方式。在性别意识发展的早期阶段，孩子会通过模仿父母中与他同性的一方来进行角色扮演。他们还通过观察和体验生活中重要的人的社会互动来学着理解人际关系的价值。这种社会行为拓宽了性别意识发展所需的基本要素的范围。

3至6岁的孩子开始理解性别差异，因为他们可能是第一次意识到并注意到男孩和女孩有不同的生殖器。女孩可能会认为男孩看起来更有魅力；而男孩会认为女孩少了点什么。这些外部观察导致了性别恒常性，孩子们的行为开始与他们的性别保持一致，同时还会意识到如果一个女孩穿裤子，一个男孩穿裙子，这在任何方面都不会影响他们的性别。

此外，我们看待男孩和女孩在社会中的角色的方式也对文化产生了影响。在这里，刻板印象会使人们对男孩和女孩应该是什么样子的产生狭隘的想法。这可能会成为一个问题，因为刻板印象是有限的，而且在许多情况下是不正确的。例如，在我们的文化中，男性成为厨师，女性成为律师和国会议员的例子并不少见。所以，随着孩子们在性别发展方面的进步，我们为他们创造的经验类型有助于拓宽他们的眼界和视野。如果我们让他们接触各种各样的玩具，比如通常被认为是男孩玩的积木、机械工程玩具，以及通常被认为是女孩玩的工艺品和娃娃，那我们就有机会让我们的孩子找到他们最喜欢的东西，充分发挥他们的潜能。实际上，机械工程玩具和积木可以帮助女孩在数学和科学方面做得更好，这有可能会促使她们将来从事医学或工程方面的工作。而允许男孩玩煮锅、平底锅等炊具以及颜料、玩偶等，他们将来可能会成为伟大的厨师、设计师或艺术家。

重要的是要记住，性别是在从婴儿期到青春期这段时间里发展出来的，这与性是不同的。这更多地与我们对男孩和女孩的期望有关，而与他们的性解剖学，包括生理因素和DNA，没有很大的关系。孩子们对自己性别的理解有助于其感知自己身体形象和自我价值。电视、电影和电脑游戏已经改变了我们对文化中的性别认同的看法。我们有像“惊奇队长”和“神奇女侠”这样的女性，她们强健、阳刚，有气魄；相反，有许多单亲爸爸在做饭和抚养孩子，做那些曾经被认为是只有女性才会做的事情。

有一种情况叫作性别认同障碍。这种情况很少见，但如果发生了，父母需要理解这意味着什么，以及它对亲子关系有何影响。研究表明，这种情况出现在男孩身上比出现在女孩身上多，需要由专业医疗人士来进行诊断，这样父母才能知道如何帮助他们的孩子在世界上找到自己的定位。儿童的发展，无论是性别认同还是性别稳定性，在整个儿童时期都有起伏。然而，一旦性别认同稳定下来，父母就有很大的机会帮助他们的孩子成为一个全面发展、适应能力良好的人。

要给予孩子展示自我的独立空间

• 给你的孩子一个独立的区域，这样他们就可以安全地在环境中发展自己

3至5岁的孩子非常活跃，他们的大运动技能、精细运动技能和眼手协调能力进步得很快。在这一时间段他们开始逐渐能够控制自己，让自己眼手协调，并发展出越来越复杂的活动系统。虽然他们在运用精细运动技能方面还没有那么熟练，但他们很快就发现了如何使用手。虽然一开始他们在系鞋带、扣扣子、使用勺子或叉子或端一杯牛奶时可能显得有些笨拙，但他们每天都在迅速地进步。因此，当他们打翻东西或发生意外时，保持冷静是很重要的，提醒你的孩子，即使有倒霉事发生，你们也能一起解决问题。现在，你已经让你的孩子成了你的伙伴，你们可以共同创造一个没有任何遗憾、冲突或内疚的解决方案。在这个时候，如果你3至5岁的孩子有一个安全的、适合他年龄的空间，那么他会受益匪浅，他可以称它为自己的空间，在那里他可以自己尝试一些东西。现在，他需要有机会创造性地玩耍，四处走动，探索他的周围环境，无论是独立进行还是与他人一起，而不会与父母和兄弟姐妹产生任何冲突。在这个发展阶段，你的孩子需要的是一个独立的区域，在那里他可以尝试去做各种事情，挑战他的界限，为独立做准备。

你3至5岁的孩子似乎特别爱奔跑，有点像劲量兔子（Energizer Bunny），一直在前进。实际上，据艾米莉·格洛弗（Emily Glover）所

说，有研究表明，让顶级的运动员跟随3至5岁的孩子一天，到吃午餐时，运动员的耐力已经到了极限，而学步期的孩子还是能量满满。当你看着你的孩子玩、跑、跳、蹦、舞动等，直到精疲力竭才肯停时，你就会明白，你必须安排时间休息。坚持在每天的固定时间给他安排一段时间午睡，这样他就不会感到惊讶，也知道会发生什么，通过这种方式你可以引导孩子意识到自己的身体状况，使他明白有玩耍的时间，也有休息和恢复的时间。[4]

在这些日子里，你会一遍又一遍地听到“妈妈，我想自己做”的声音。然而，有些时候，你3至5岁的孩子仍然难以控制他的精细运动技能。需要眼手协调的事情，比如系鞋带、捡小物件、扣衬衫扣子，都是很有挑战性的。尽管如此，随着你的孩子发展出一套更复杂的行为系统，他的进步会很快。你可以通过游戏以及孩子能触摸、操作、握住和观察的物体，来给孩子机会练习和操演，使他眼手协调，这样他很快就会掌握自己吃饭、穿衣、捡小东西的技术，还能学会绘画、涂色和使用塑料剪刀。当你鼓励你的孩子走向进一步独立时，请耐心地让他改进他的大运动技能和精细运动技能。

到3岁时，孩子的左脑或右脑的支配作用就会明显地体现在他的惯用手上；这当然会影响到孩子的协调能力。大脑发育的另一种表现是你的孩子喜欢用艺术表达自己。现在，他会到处乱涂乱画，同时还会创作和设计形状、物品和图片。在任何情况下，都不要改变孩子的惯用手，这会在生理上和情绪上对他们造成毁灭性的影响。你应该让你的孩子在没有任何阻碍的情况下自然发育。

在皮亚杰的认知发展理论中，前运算阶段是从2到7岁，在这一阶段你可以观察到孩子在几乎所有认知成长领域的进步。[5]他将第一次真正地理解他所生活的世界，不仅仅通过感官，而且通过思考。他会明白符号所代表的并不仅仅是存在于眼前的物品、人和事件。在这个阶段，他可以在思想上把符号和对象联系起来。从这时起，你那处于前运算阶段的孩子就能有效地使用语言和图画来描述他的感情、家庭和朋友了。从某种意义上说，你的孩子开始有逻辑地思考，他有能力把事物分类，比如有生命的和没有生命的。他懂得了守恒，可以去中心化，懂得了计数和分类，还能区分幻想和现实。

在这个阶段的开头，你的孩子仍然以自我为中心，相信宇宙是围绕着他转的。因此，你的孩子看起来可能很自私，但实际上他只是无法理解别人的观点而已。然而，很快他就会开始摆脱自我中心主义，去欣赏别人的观点，并认识到不是每个人都像他那样看待世界。当逻辑思维和共情作用开始影响你孩子的思维时，他将学着与他人互动，更具合作性。然后，他会发展出一种心理理论，这使他能够理解自己的思维过程。现在，他能更好地区分现实和幻想，对空间关系做出更精确的判断，并识别欺骗。

•语言爆炸

你的孩子在3至5岁之间重要的认知飞跃之一就是语言习得。一旦语言能力开始发展，你的孩子就会不停地用声音、节奏和故事自言自语。作为自我中心主义的一个例子，你的孩子很自在地与自己进行着长时间的谈话，这通常被称为“私语”。人们认为，私语可以帮助孩子养成自律的习惯，这种行为在10岁左右就会消失。在3至5岁之间，随着语法和句法的不断完善，通过快速映射，孩子的词汇量会激增。此外，随着孩子的社交对话逐渐增加，他的语言运用能力也会越来越强。虽然语言发育迟缓的原因还不清楚，但及早发现是很重要的，这样才能赶在孩子的认知、情感和社交受到严重损害之前进行治疗。最终，你的孩子与成年人的社交活动会促进社交语言的发展，而这是提高读写能力所必需的。

还记得阿特·林克莱特（Art Linkletter）根据他的广播节目出版的图书《童言无忌》（*Kids Say the Darndest Things*）吗？好吧，请记住——他们真的会乱说话。一旦你的孩子掌握了一点点英语，他就会毫不顾忌地重复他听到的任何话语，并以像大人一样说话为乐。所以要注意：任何你不想被别人听到的话都不要在你的孩子面前说。一些家庭和朋友之间最尴尬的时刻都是由小朋友复述在私下里听到的一句恶毒的话引起的。在我们家，我清楚地记得，在一次家庭婚礼上，我4岁的儿子走到一个表兄面前，问他是不是被大家称为“呆瓜”的那个表兄。（他是。）

•监控你孩子看电视的情况

对看电视加以限制是很重要的。实际上，你必须监控你孩子看电视的情况。电视不是互动的，而是催眠的。它创造了被动的体验，从而阻碍了想象力和创造力的发挥。不仅如此，研究还表明，看电视会引起一种类似于抑郁的不适，甚至对很小的孩子也是如此。如果你孩子在看的教育节目里有闪动的数字和字母，而他的大脑在2岁之前又处于高速发育的状态下，那这会引发类似于注意缺陷障碍或注意缺陷多动障碍的学习问题，孩子成长中的大脑会对闪动刺激的模式做出反应，使他保持高度警惕的状态。[6]然而，2岁以后，看看过去的节目，如《芝麻街》和《罗杰斯先生的邻居》（*Mister Rogers' Neighborhood*），不仅可以增强自信，还可以帮助孩子建立自尊。在没有父亲的家庭中，像《罗杰斯先生的邻居》这样的节目为孩子们提供了父亲的一个替代品，让他们看到了一个善良、慈爱、包容的父亲是什么样子的。一个积极的男性榜样是至关重要的，因为孩子们渴望那个缺位的家长，同时又不知道那个家长应该是什么样子的。因此，要让他们接触到一个积极的男性榜样，给他们提供机会进行情感上的互动，并获得必要的心理输入，这是只能从一位慈爱的父亲那里得到的东西，也是有些单亲家庭所缺少的东西。研究表明，没有父亲可以效仿的男孩延迟成熟的风险很高，因为他们会一直寻求没能从父亲那里得到的认可和亲密关系。

孩子看电视的时间要与他们的年龄相适应，在家里一定不能让他们看暴力节目。暴力对成长中的大脑有很多有害的影响，你可以在第2章中找到更多这方面的内容。如果一个成年人每周看一小时的暴力节目，他的大脑会将这种视觉记忆储存为虐待。因此，不难想象电视暴力会在你孩子正在发育的大脑中留下些什么样的记忆。因为你的孩子的想象力会将他置于故事之中，所以观看暴力画面会产生暴力记忆，从而产生等同于虐待的错误记忆。对孩子所看到的电视节目和在线视频进行监控是很重要的，要确保孩子不受电视暴力的侵害，就像保护孩子不受陌生人的暴力侵害一样。

做你孩子的家庭伴侣。通过一起看电视，你可以解释和讨论你的孩子所看到的东西，提出和回答任何可能出现的问题。这样，你就可以面对那些不支持你的价值体系的观点。然后，你就可以发起一场积极的对话，谈论每个节目的主题和人物。如果你想让你的孩子从电视节目中受益，他必须积极参与。此外，要和他交流你对每个节目的看法和感受，增强你孩子判断现实和虚构的能力。通过指出节目和广告的区别、幻想和现实的区别，你就是在教你的孩子成为一个有鉴别力和聪明的观众。

发展自主性，独立可以激发安全感

在儿童早期，你的孩子在3至5岁时就开始认为自己和其他人是分离的。他从对自己的单一表征转变为对自己与他人关系的表征映射。在此之前，他无法区分自己的真实自我和理想自我，但通过体验自己的感情，并觉察到指向自己的情绪，他开始理解儿童早期那些同时产生的情感。现在，随着自我概念的发展，他开始理解自己的感受。埃里克森告诉我们，这个阶段所涉及的危机是主动性对罪恶感。[7]如果能顺利度过这个发展阶段，你的孩子就会获得毅力这种美德。成功解决这一危机为孩子的自尊提供了保证，这在全球范围内都有被体验到，它依赖于父母对孩子的认可。但是，因为在儿童早期，自尊可以建立在成功和成就的基础上，它带有一种无助的低级模式，会影响孩子的思维方式和与他人的互动方式。

在全世界所有的文化中，游戏都是非常重要的。游戏的重复性和形式是每个特定社会的文化和认知结构所决定的。游戏的这些方面从本质上来说反映了每个文化的道德、伦理和价值观。最重要的是让你的孩子玩。给他必要的时间和空间，在一个安全的、有保障的、丰富多彩的环境中，有适合他年龄的物品供他操作、触摸、观察和体验，这样他就可以发挥他的创造力来玩耍。

我们已经探讨过游戏的重要性，但是我们还没有探讨过哪些类型的游戏可以展示孩子的认知能力和社交能力。皮亚杰和莎拉·史密兰斯基（Sara Smilansky）都认为功能性游戏、建构性游戏、假装游戏和有规则的正式游戏与孩子社会和认知技能的发展是紧密相关的。[8]记住，一旦你的孩子参与到正式的游戏中，他也会逐渐了解规则并遵守规则。假装游戏是最重要的，尽管你会在儿童早期看到很多运动类游戏。

此外，米尔德里德·B. 帕滕（Mildred B. Parten）提醒我们，游戏在这个发展阶段变得非常社会化，社会化的程度随着孩子长大而逐渐增加。[9]在这个年龄，孩子们开始按性别交朋友，你的孩子会有一到两个特别要好的朋友。由于社交能力的增强，孩子们可能会经常更换朋友，对结交新朋友持开放和灵活的态度。随着男孩和女孩对父母行为模式的模仿，他们会对针对不同性别设计的玩具表现出更强烈的偏爱。对玩具和活动的性别偏好出现在幼儿园阶段。3至5岁的孩子会被和他们相似的孩子所吸引，这与他们未来基于共同兴趣而结交朋友的行为相呼应。与那些恃强凌弱、咄咄逼人的孩子相比，社交能力强的孩子更受欢迎。[10]

一旦你的孩子订下了友谊之契，他会和他最亲爱的朋友一起经历积极和消极的行为。你可以帮助你的孩子发展社交能力，教他如何交朋友。想要被人喜欢和接受，同时又觉得自己不如别人受欢迎，这正是儿童早期真正的情感危机。事实上，你3至5岁的孩子会告诉你他的感受，公开地表达自己的情绪，很容易因被拒绝而伤心落泪，也容易大发雷霆。同样，嫉妒在儿童早期也很常见，因为孩子们会为了得到朋友和家人的关注和喜爱而相互竞争。

你3到5岁的孩子仍然以自我为中心，相信他认识的每个人的想法和感受都和他一样。他才刚刚开始意识到有些人的欲望和需求是不同的。在这个时候，他正在培养一种良知和道德结构。不仅如此，他还开始了解规则，明白做事有对错之分。随着空间关系的发展，他的判断能力也在发展，因此，他意识到了应该根据这些规则来评估他的行为。然而，他还需要一些时间才能真正理解这些规则以及为什么必须遵守这些规则。渐渐地，他的思维会发生变化，甚至会怀疑这些规则是否可以改变。

•如何帮助你的孩子交朋友

交朋友是你的孩子能学到的重要的技能之一，这将使他终身受益。众所周知，拥有亲密的朋友可以帮助人们活得更长久、更幸福，也可以帮助人们在学业和工作上取得更大的成功。

并非所有的孩子都天生擅长社交，有些孩子可能害羞或有行为障碍，如注意缺陷多动障碍，可能需要额外的帮助来学习与其年龄相适应的社交技能。然而，所有的孩子都能从父母对结交朋友的指导中受益。

这里有一些关键的技巧可以帮助你的孩子在很小的时候就交到朋友：

· **把简单的、日常的社交问候教给他。**如果你有一个学步期的孩子或学龄前的孩子，你可以通过练习简单的日常互动来教你的孩子如何变得亲切。当你在外头或是在杂货店或公园里时，你可以让你的孩子微笑着和别人打招呼和道别。

· **一对一的游戏聚会很重要。**找一个下午，邀请一个邻居家的孩子来你家里做手工、玩娃娃或在后院玩耍。带着你的孩子去图书馆或博物馆，邀请一位同是母亲的朋友和她年龄相仿的孩子一起去。一对一的游戏聚会是建立联系和分享经验的最佳机会，你的孩子在上学时也可以像这样结交朋友。

· **教你的孩子如何通过对话建立联系。**当我的孩子还小的时候，在我们参加社交活动之前，我会先教给他们一些打破隔阂的办法。他们学会了问“你最喜欢的颜色是什么？”或 “你喜欢读什么类型的书？”这样的问题。这帮助他们在很小的时候就通过共同的兴趣和经历与他人建立联系。这也教会了他们如何做一个好的倾听者。

· **帮助孩子发现有趣的集体活动。**你的孩子喜欢唱歌或画画吗？你的孩子真心喜欢运动吗？帮助他，让他参加兴趣小组或社团，跟与他有共同兴趣的人一起参加活动。孩子们喜欢“相同”，虽然你不必教他们事事仿效他人，但你可以通过引导他们进入一个环境，让他们有机会与其他有相似喜好的孩子互动，从而使他们感到舒适。

·如果你有一个特别容易焦虑的孩子，一定要用心倾听他、观察他。 给这个孩子更多的时间来排演和练习他在社交场合中可能会说的话。让他在一个安全、温暖的环境中练习和排演社交技巧对他会有帮助，例如在家时，你可以教孩子领会社交暗示，教孩子与其年龄相适应的社交技能，通过分享你的实践经验来支持孩子。此外，还可以教孩子共情和控制冲动。这些策略可以帮助你的孩子以一种积极的方式与他的同龄人相处。

·你想看到你的孩子成为什么样的人，你就要做什么样的人。 理所当然，以身作则，树立良好的社会行为榜样是教育孩子的好方法之一。向你的孩子展示你是如何热情地问候朋友的，当他们遇到困难时你是如何感同身受的，你是如何提问并认真倾听他们的回答的。强调这些朋友在你生活中的重要性。

·记住，你的孩子在社交上会犯错误，因为他还不成熟，不懂社交。 你的孩子没有任何问题，他只是需要多学习社交技巧和解决问题的方法，直到他完全理解为止。

为了交到朋友，你必须知道如何做朋友。作为父母，你可以帮助你的孩子理解什么是朋友。你要让他懂得人际关系的重要性，而不是让他与世隔绝，这样他才能知道，在他的一生中应该要建立有意义的友谊。

在这方面，父母们一直纠结的一个问题是应不应该让孩子们把自己的东西分享出去。关于这个问题有许多不同的意见。我们在第4章中进行了简要的讨论。在我自己的家庭里，我选择不让我的孩子分享他们的私人物品。我的感觉是，当你强迫孩子做一件涉及他个人所有物的事情时，无论是玩具、衣服还是食物，你都削弱了孩子的自我意识，使他对自己的控制变得无效。这种行为会让你的孩子感到无奈和失望，甚至会认为自己的东西都不属于自己。你的孩子必须有一定的势力范围，在其中他可以学习独立和获得自我控制。但如果你让他分享，你就侵犯了他脆弱的、正处于成长中的自主性，而他自己的权威正是由这种自主性演变而来的。然而，不分享也有后果，这些后果是由孩子自己的选择决定的。现在，你正在教他因果关系，让他有能力做出决定并相信自己的决定。他的自我意识、他的安全感和自尊就是这样建立起来的。一如往常，你想要教孩子什么，就得让他跟着你做什么，所以你想看到你的孩子成为什么样的人，你就要做什么样的人。教授分享的最好方法就是分享给他看。然而，无论你的孩子是否同意，你都必须尊重他的决定。通过尊重他的选择，你实质上认可了你的孩子，这样做的回报就是他会感到被尊重和重视。同样，孩子也必须接受不分享的后果，他应该知道，如果他不跟任何人分享任何东西，他们也不必和他分享。这样的经历很适合于教学，因为如果你在场的时候出现了问题，你就可以向孩子指出，目前的情况可能是不分享的结果。用一种不具威胁性的、冷静的语气和你的孩子说话，解释不分享的自然后果。随着时间的推移，一旦他意识到他不必为保护自己而拒绝分享，他自己就能学会分享。最后，凭借他自己的策略和同龄人群体的社会化，他会自动开始分享。当他做好了自愿分享的准备时，他就会这么做。

•如何带着同情心有效地规训你的孩子

你很清楚你的孩子需要有规矩才能茁壮成长。但是，绝不能为了有规矩而构建规矩，却忽略了真正的目标：你必须在日常生活中把你和孩子之间的信任培养起来。让你的孩子在睡觉训练中“哭个够”或者诉诸体罚，会让你的孩子大脑充满应激激素，这些激素会抑制他大脑中某些区域的成长，而这些区域对高层次思维来说是至关重要的。你可能把你的宝宝训练得会自己睡觉了，但你也严重地损害了他的未来。

没有纪律，就没有自由。当父母组成一个家庭，分别把来自自己原生家庭的不同规训方式带到这个家庭里来时，共同做出决定建立一个适合于新家庭的规训计划是很重要的。不管这个计划是什么样子的，它都必须是持续的、公平的、适合孩子年龄的、合理的、有爱心的。万事开头难，当你为孩子的行为设立规则和破坏规则产生的后果时也是如此。我给出的共情过程是一个很好的模式，可以让你的家人都投入到规训的过程中来。当孩子们，尤其是处于学步期的孩子，投入到对自己的规训当中来时，他们更有可能遵守在自己的协助下制定的规则。然而，对任何规训计划来说，都有一些事情必须加以重视。例如，如果你坚持对孩子的良好行为进行积极强化，他就会为了得到你的认可而始终如一地表现，因为表扬是最有效的强化手段之一。如果你的孩子表现得不好，那么一定要当场纠正他，但不要批评孩子。例如，你可以告诉他："你是一个好孩子，但你做了一件淘气的事。" 通过向他解释虽然他的行为错了，但他仍然是一个好孩子，你可以激励他，给他空间让他在未来做得更好。要反复重申，无论有什么过错，你都爱他……虽然你不喜欢他的坏行为。没有安全感的孩子更有可能受到外界因素的影响，所以你要做的就是不断地让你的孩子相信你爱他、重视他。强化好的行为比纠正坏的行为更容易。

有一个要点是，在所有的亲密关系中——无论是亲子之间的，还是重要的伴侣之间的——必须让对方知道，无论他是对是错，他始终相信你会支持他，因为你爱他。你要从一开始就在你的孩子身上建立起这样的信念，把他可以信任你，你会无条件地陪在他身边这种观念灌输给他。信任建立在体验的基础上：如果你的孩子学会了信任你，他就会信任自己。此外，从一开始就向孩子表明，无论发生什么情况你都会陪在他身边，让他依靠，他才会觉得当他遇到麻烦时可以来找你。我读过一封极为简洁的信，是一位治疗师写的，她曾帮助过她酗酒的孩子。当她的儿子约翰尼十几岁时，她给他写了一封公开信，刊登在报纸上，告诉他，虽然她希望他不要酗酒，未成年人这样做是违法的，然而，如果他喝醉了，他可以相信，她一定会来接他……信里没有一句指责的话。这位治疗师是她孩子的支持者，向他展示了她是可以依靠的，同时也为他树立了一个可靠的父母的榜样。她要传达的基本信息清晰明了：她希望他信任她，希望他活下去。对她来说，最重要的是他没有出事，没有伤害自己或别人。

•关于规训的最后一句话

在确定规训方法时，一定要考虑到孩子的性格。每个孩子的个性都是独一无二的。有些孩子只需要一次摇头或一个不赞成的表情就能纠正、改变或调整他们的行为，而其他孩子可能需要更强硬的方法。所以，了解你的孩子，根据他的性情来确定你的规训方法，可以节省很多时间和精力。

记住，小孩子不喜欢变化，有些孩子很难从一项活动转向另一项活动，从一个地方移动到另一个地方，或从一个事件转移到另一个事件。在这种情况下，练习和让你的孩子为变化做好准备是很有帮助的，这样他就可以顺利地过渡，给他足够的时间来调整，告诉他将要发生什么。其他孩子可能依然很自恋，因此更难满足。在这种情况下，准备些激励和奖励的手段，并进行积极强化会有帮助。

说到规训，打屁股这个问题总是回避不了的。而且，正如第2章所探讨的，有研究表明，被打过屁股的孩子更喜欢打人，更容易表现出攻击性行为[11]。美国儿科学会指出，体罚“效果有限，而且有潜在的有害副作用”[12]。老一辈人相信“孩子不打不成器”，他们为打屁股找到了立足点。但在今天，总有比打屁股更有效的替代方法，而且没有副作用。有关打屁股的更多信息，请参阅第2章。

道德和共情是可以教会的

我们第一次看到孩子的道德行为是在他3岁时。在这个阶段，你的孩子开始思考他的独立性，他在世界上的位置，以及他的良心。你能够教给孩子的东西并不多，其中之一就是共情，我们在喜欢欺负人、具有过度攻击性的孩子身上注意到的事情是他们都缺乏共情的能力。因此，要抓住这个机会窗口，把对与错的区别教给你的孩子。引导他理解自己行为的后果及其对周围人的影响。如果你的孩子在婴儿期就缺乏关爱，没有得到足够的抚摸、拥抱、交谈，那么他可能无法同情他人或与他人共情，包括他行为的接受者在内。研究发现，在婴儿时期缺爱的孩子，其认知能力没有得到充分的发展，在某些情况下，他们难以与人建立密切的人际关系。[13]

通过为你的孩子打好共情和道德的基础，你就能让他免受来自同龄人的压力，这种压力往往会破坏他在学业上的表现。尽管孩子们在八九岁之前还无法从认知上理解共情，但你的孩子早在6个月大的时候就开始模仿你的情感反应、反应和互动了。通过使用我给出的共情过程，你可以帮孩子建立自我联结感、自尊，并为他们拥有良好人际关系的一生奠定基础。

在孩子的社会性取得发展的这个重要阶段，教会孩子共情，这样做，你就可以消除孩子一生中在社交和情感上的障碍。

根据阿尔伯特·班杜拉的说法，作为灵长类动物，你是一个社会学习者，你通过模仿来学习。作为父母，不管你喜欢与否，你都将看到你的孩子模仿你所做的每一件事，所说的每一句话。所以，如果你对你的家人和朋友表现出共情，你的孩子也会效仿你。了解了社会学习是如何起作用的，你就会明白礼貌、良好的举止和体贴会对孩子的社会交往产生怎样的积极影响。如果你常常使用“请”和“谢谢”这一类的词，你的孩子也会这么做。如果你想树立一个好榜样，你的孩子会让你时刻保持警惕，如果你犯了错，他会给你指出来。这种方法更为友善、温和，它不是咄咄逼人的一道命令——它能培养出更好的语言技能、更强的联想能力，是一种更容易让你的孩子做出回应的方法。[14]

•培养有良好行为的孩子

你的孩子在胡闹，而你却束手无策。你感到不知所措和沮丧，不知道还能做点什么。如果你是一位妈妈或爸爸，在养育孩子的过程中，你可能时不时地会有这样的感受。虽然情况总有不同，但研究发现，当不良行为模式出现时，你可以从六个方面着手来纠正不良行为，并培养出更好的行为。

六个方面让孩子有更好的行为：

1. 亲密关系。最重要的是和你的孩子建立亲密的关系。如果你的孩子和你关系很好，他会感到安全，因此在所有事情上都会做得更好。有安全感的孩子解决问题的能力更强，在完成一项任务上能坚持更长的时间，认知和社交能力的发展也会更好。重要的是，当你和孩子建立关系时，不要因你的问题给他带来负担。这会造成他的焦虑，夺走他的童年。

2. 沟通。要和孩子进行良好的沟通，就必须积极地倾听他的话语。实际上，积极倾听是家庭沟通的基本要素。它需要一个安全的、可以保持信任的环境。在这个环境中，建立在体验基础上的信任能够得到发展，家庭成员保持眼神交流，给彼此充分的关注。此外，重要的是不要去维护自己的立场，要对包括父母在内的所有家庭成员进行共情。

3. 环境。应该创造一个安全的空间，让你和孩子坐在一起交流。这个环境不应是专属于某人的场所，比如办公室、书房或卧室，而应该是一个公用的地方，比如厨房的餐桌旁，这是房子的心脏，“炼金术”发生的地方。共情应该每周至少在固定的时间内进行一次，而且要坚持不懈。

4. 共情过程。我给出的共情过程通过让你的孩子参与解决家庭问题，比如解决冲突，来教他们共情和互助。参与家庭事务能让孩子感觉自己受到尊重并让他对这个家庭更有责任感和归属感，因此他会对将要发生在他身上的事情做出选择，这对所有人来说都是双赢的结果。

5. 做事有始有终。凡事都要坚持到底。如果你是可靠的，而你的孩子发现他可以依靠你来支持他——无论对错——那么他就会重视和信任自己。如果你的孩子重视并信任自己，那么他就会信任整个世界。我们就是这样培养出自我实现的孩子的，这样的孩子是有安全感、积极主动的，而不是消极被动的。

6. 你想看到孩子成为什么样的人，你就要做什么样的人。你的孩子从你那里得到提示。你是孩子的第一位老师，随着孩子的成长，他会用更挑剔的眼光来看待你。防止孩子出现行为问题的最好办法是成为一个积极的榜样，用良好的养育技能，以负责任的方式满足孩子的需求。这样你的孩子就会举止得体，做事负责，能够共情，为人可靠。

当你的孩子体验到他们会因为自己的行为而获得奖励或他们的行为会产生一个好的结果时，他就更有可能表现良好。共情过程有参与的规则，根据你家庭的实际情况，可以灵活运用这些规则。但一般来说，你的孩子会在规定的时间内说话，而你要专心地听，进行眼神交流。然后作为父母的你，要在同样长的时间里发表你的观点，而不是维护你的立场。然后全家人一起进行讨论，这会让你的孩子投入寻找解决冲突的方案中去。

这是一个有效的解决问题的策略，对所有人都有积极的作用。这种方法在分配家务和轮换家务活时很有用，而且可以让你与孩子保持联系，了解他们在社交、情感和学业上的表现。

教你学步期的孩子共情

在我们的社会中，共情是帮助我们与他人建立联系并带着同情心和理解进行人际互动的一个关键因素。然而，能够识别别人的情绪并设身处地为他们着想，是一项比大多数人所认为的更复杂的技能。它不是某种你拥有或没有的东西；我们每个人都拥有不同程度的共情能力，我们也可以在自己的一生中不断增强这种能力。

即使孩子在八九岁之前不具备完全理解共情的认知技能，父母也可以在孩子很小的时候就开始教导他们共情。即使在6个月大的时候，婴儿也会观察父母对陌生人的反应。然而，最重要的发育年龄是18至24个月。这是学步期的孩子第一次意识到其他人的感受可能与他的不同，并开始认识到自己是一个独立的人。在这个阶段，孩子能够吸收父母教给他们的社交技巧，建立一个稳固的社交基础，帮助他们成长为可靠的、富有同情心的成年人。

教学步期孩子共情的小贴士：

1. 你想看到孩子成为什么样的人，你就要做什么样的人。当父母展示如何与他人建立稳固的社交关系时，孩子们会观察、学习和仿效这种行为。当你与你的朋友、家人和陌生人共情时，你的孩子就会懂得应该如何回应他人，并与他们互动。

2. 让孩子参与慈善活动。就算是学步期的孩子也可以跟着你把用过的毯子和衣服捐给当地的流浪者收容所。

3. 要求你的孩子站在他人的角度思考并进行角色扮演。例如，如果你的孩子告诉你他的朋友要搬走了，那你不仅要问他对此有什么感觉，还要让他试着想象一下他的朋友对搬家的感受。共情需要练习，你越是和孩子交谈，让他思考别人的感受，他就越能自发地对别人共情。

4. 认可孩子的感情。当你的孩子生气或烦恼时，让他说出自己的感受。帮助你的孩子学会认识和处理这些感觉，而不是把它们推到一边。通过学习如何意识到自己的感受，他将更好地了解如何与其他正在受情绪困扰的人相处。

5. 如果孩子能与他人共情，要表扬他。即使他当时可能没有意识到自己在做什么，但当你告诉他，你看到了他伸出手去拥抱在操场上受伤的小男孩时，你就增强了他对他人抱有同情心的意识，并向他强调了这是一件多么美好的事。

6. 玩个非常规猜谜游戏。当你们在公园的时候，让你的孩子猜猜荡秋千的孩子是什么感觉："如果他笑着，眼睛睁得大大的，你认为他在荡秋千的时候开心和兴奋吗？你怎么想？" 或者，"看见那个交叉着双臂独自坐在那里，眼睛只盯着地面的男孩了吗？你觉得他现在感觉怎么样？"

7. 在孩子长大些后，你可以开始让他们定期参与家庭的共情过程。每个人都有相等的时间发言，不会被打断，也不会有人为自己开脱。在这里，每个孩子都投入到了提出想法和解决方案的过程中。每个人的感受都会被考虑到。这个过程有助于你根据自己的家庭动态来加强你的基础社交互动示范和教学。

从小教孩子们共情有很多好处，这可以帮助他们建立强大的内心来转移来自同龄人的压力和欺凌，也可以帮助他们成长为有能力与他人建立健康关系的可靠成年人。记住，对你的孩子要有耐心；共情是一种复杂的技能，需要时间去学习和理解。

道德智力和共情一样，是可以教会的。有许多创造性的方法可以帮助你的孩子理解他希望别人怎样对待他，他就要怎样对待别人。例如，像拍手歌和躲猫猫这样的游戏强调了等待、轮流、互让等概念以及互惠的必要性。而且，你的孩子会喜欢积极地参与讲故事的过程，因为故事是有寓意的。这样的道德故事可以成为戏剧、游戏、积极倾听、分享相似故事、角色示范的起源，所有这些都是有趣的活动，不带说教或讲课的色彩。

当你的孩子还处于学步期的时候，他就已经意识到某些游戏需要一定的规则，他会对此做出适当的反应。虽然这些规则是围绕躲猫猫、把猫咪藏起来等游戏制定的，但它们还是会为道德推理奠定基础。当你的孩子参加有规则的游戏时，他学会了什么是好的，什么是坏的，什么是对的，什么是错的，当他因为正确地玩游戏而得到微笑和笑声、掌声和赞许时，他就得到了积极的强化，使他更愿意遵守规则。只有当你的孩子理解了规则的概念，他才能将这些知识转化为更成熟的道德推理意识。

如何应对兄弟姐妹之间的竞争

啊，兄弟姐妹。你的兄弟姐妹可能是你的第一个朋友……以及你的第一个敌人。兄弟姐妹之间的竞争是如此激烈，甚至会影响到我们在家庭中扮演的角色，以及我们在成人世界中为自己选择的职业。例如，由于与兄弟姐妹的竞争，我们对毕生志向的选择可能会与兄弟姐妹的选择截然相反。

从学步期开始采取策略防止兄弟姐妹间的竞争最有可能获得成功，因为这能让整个家庭的发展有一个良好的开端。

- **让你的孩子为新生儿的出生做好准备**。记住，并不是你学步期的孩子主动要求得到一个新弟妹的——事实上，他在这件事上没有选择。要想让孩子不失去安全感，最好的办法就是让他成为你的盟友。让他参与所有的准备工作，比如为新生儿购物，在挑选过程中征求他的意见。只要对他眨眨眼、点点头，他就会帮你购物，挑选玩具，甚至帮你为宝宝挑选专门的食物。如果你把你较大的孩子带到这个过程中来，他将来更有可能会带着善意参与育儿。

此外，如果你知道新生儿的性别，就提前告诉他；让他参与给新生儿起名以及其他所有的规划活动，让他感觉自己也是圈内人。这样会让你的孩子投入这个过程中，觉得自己参与了这个过程，这样他就会更有安全感，更容易接受新生儿。

- **当你的小宝宝回家时，给你学步期的孩子带一份礼物**。这会让他觉得自己很特别，和宝宝有联系，是家庭的一分子。
- **不要让学步期的孩子和新生儿单独在一起**。这是解决问题的良方。

学步期的孩子无法理解抽象概念，他很容易把挫折感发泄在新生儿身上，却不知道后果。

• **向你的孩子保证你们爱他，在家里有他的位置。**对哥哥姐姐来说，地位被取代是一种常见的感受，这可以通过与妈妈和爸爸一对一相处来化解。

• **不要让学步期的孩子把房间让给新生儿。**不管你怎么解释，他都会觉得不那么舒服，这是理所当然的。此外，不要让哥哥姐姐与弟弟妹妹分享玩具。这会剥夺孩子们在走向自我控制和独立时刚刚获得的控制感。我能听到外面小宝宝咿咿呀呀的声音，但属于你孩子的东西是他的财产，只有在他同意分享的情况下，才能把它拿到公共区域去。

• **让你的孩子了解他在家里的地位。**给他看包括他在内的家庭照片，以及他出生时留下的笔记和卡片。孩子们喜欢听关于他们生活的故事，睡前是最适合于拥抱的时间，也是最适合于讲一个来自真实生活的睡前故事的时间。

• **给大孩子一些奖励。**如果你学步期的孩子做大哥哥做得好，你可以把他的睡前故事时间延长10分钟作为奖励。这和其他额外的特权会让兄弟姐妹觉得成长是件好事，而且能带来具体的好处。

• **不要给大孩子任何与新生儿相关的额外责任。**生这个孩子不是他的主意，无论如何也不应该让这个孩子成为他的负担。这意味着永远不要让一个孩子做另一个的保姆。如果你让大孩子觉得他有责任照顾宝宝，他很快就会怨恨宝宝的。

• **如果可能的话，间隔一段时间再生下一个孩子。**3年是一个很好的间隔，因为当你的新生儿出生时，上一个孩子已经羽翼渐丰了。

• **公平点。**你的孩子会用挑剔的眼光看着你，并且已经在怀疑你可能更爱这个新宝宝了。因此，重要的是你要公平对待所有事情，包括不要总是把宝宝的需要放在他哥哥姐姐的前面。在这个适应期，你孩子的感情是非常脆弱的，明智的父母会时刻关注他的情绪，从不拿一个孩子和另一个孩子做比较。

• **不要挑起竞争，绝对不要。**在家庭游戏里没有谁是赢家谁是输家。这是一个家庭，不是一个运动场，孩子应该在合作而不是竞争当中成长。永远不要告诉一个孩子你爱他胜过另一个孩子，因为他表现得更好。这是在制造分裂，可能会使一个孩子永远敌视另一个。

• **父母要有父母的样子。**这意味着你要负起成年人的责任，再怎么疲惫也要给每个孩子一些与妈妈爸爸独处的时间。

• **永远不要轻视、贬低你的大孩子或让他难堪。**永远不要跟他们说要做个大姐姐或大哥哥，要表现得成熟些，要懂得理解之类的话。他们是孩子，他们也有感情。相反，你可以用“你当然有这种感觉，我完全理解”这样的话来认可他们的感受。与他们共情会让他们更愿意合作。

• **永远不要让一个孩子按照另一个孩子的方式去做事。**

• **永远不要和这个孩子谈论那个孩子。**你不喜欢别人在背后说你的坏话；对你的孩子也要遵循同样的礼貌行为。

• **不要操纵孩子。**操纵是一种羞辱，会让你的孩子觉得自己被轻视了，如果你伤害了他的自尊心，他就不会再相信你、他自己或其他人。

• **通过倾听来练习和排演交流。**让你的孩子告诉你他们的感受。如果你以共情的方式来倾听，他们会告诉你一切，你们可以一起找到解决问题的方法。让你的孩子投入到这个过程中来。

• **最后一点，要有准备。**在节日、生日和家庭聚会来临之际，提前考虑好，为整个家庭设法制定一些规则，想出一个有助于把兄弟姐妹之间的竞争扼杀在萌芽状态的计划。

每周至少抽一段时间，找个安静的地方，进行一次家庭谈话，你们全家可以轮流以共情的方式谈论你们的感受。这可以帮助你了解你孩子的情况，看看他在做什么……以及最重要的，他有什么感受。

这种共情过程应该在一个中立的空间里进行，比如厨房。它要求每个家庭成员都能专心倾听他人的意见，不要为自己辩护，也不应忽视自己的感受，同时彼此都要投入到思考解决问题的方案中去。我们就是这样来建立一个讲求合作而不是竞争的家庭，一个完整而不是分裂的家庭的。

•当父母助长兄弟姐妹之间的竞争时

还记得你妈妈问你“你为什么不能像你姐姐那样好”或“你哥哥以前微积分得A，你为什么连B都得不到”的时候吗？

当你为人父母时，你是否发现自己也对孩子说过类似的话？这些看似温和的评论可能会引发兄弟姐妹之间的竞争。而且，这样的竞争往往会升级，并播下不健康的兄弟姐妹关系的种子，这种关系到他们成年后还会继续存在。作为一个家长，你可能会在无意中助长孩子之间的竞争；作为一个孩子，你可能会在无意中成为父母分裂或操纵孩子的棋子。

在某些情况下，会做出这种举动的父母实际上可能是把他们的自卑、自恋、缺乏控制感和安全感的问题投射到孩子身上了。有可能他们曾经也被拿来和自己的兄弟姐妹比较，于是他们就把自己过去的经历投射到了自己的孩子身上。当父母为了控制孩子或让他们互相嫉妒而比较和对比他们的成年孩子时，就会产生一种分裂或操纵的形式。

真正发生的事情是，父母用分裂和操纵的方式来维护他们的控制权。他们用这个孩子来对抗那个孩子，或是厚此薄彼，这意味着他们偏爱某个孩子。但在有关感情的事情上，孩子们是敏感且富有洞察力的，他们能够领会父母行为的细微差别。当父母表达他们的爱和感情时，孩子们能立刻觉察到偏爱和排斥。如果父母这种分裂和操纵的行为长期持续下去的话，是会造成持久的后果的。

所有的父母都爱他们的孩子；然而，不可否认的是，对一些父母来说，养育子女受到他们自身问题的影响。归根到底，拥有力量的是父母，如果他们是为了孩子的最大利益而采取行动的，那他们就能把如何建立一个幸福、健康的家庭的秘诀留给孩子。尽管有控制和操纵的行为，不过大多数父母确实希望他们的子女有融洽的关系，不要被童年时代的嫉妒所累。

•父母能做什么？

1. 意识到并承认自己的行为。问问你自己："为了获得爱、关注和控制，我是否在我的孩子之间制造了敌意？"

2. 要认识到你的孩子是独立的个体，重要的是不要去比较他们。

3. 退后一步，让你的孩子有独立感。

4. 有必要的话去做心理咨询。

你的第一个孩子得到了你全部的爱和关注，生活在最好的世界里。因此，他有充足的机会去建立亲密的亲子关系，得到最好的养育，最大限度地满足他的需求。然后，突然间，在没有任何选择、了解或选项的情况下，一个陌生人——新的弟弟妹妹——来到了他的世界。妈妈和爸爸需要倾注大量的时间和关爱在这个新人身上，他似乎已经取代了自己，成了妈妈和爸爸生活的中心。

一开始，刚出生的宝宝是个新奇的事物，你的大孩子甚至会喜欢正在进行的一些繁忙的活动，特别是如果他也参与其中的话。但很快他就会厌倦这种新奇感，想要重新成为父母唯一关注的对象。然而这是不会发生的。不仅如此，你的孩子很快就会意识到他的地位已经不复存在了……永远的。

一个恼人的想法出现在大孩子的意识边缘：也许父母最爱的是这个新生儿。矛盾从此开始激化，长兄长姐出于沮丧，可能会变得"两面三刀"，他会妨碍你的育儿，甚至可能会伤害新生儿。在没人注意的情况下拧他一下或打他一下，把小孩子的玩具藏起来，甚至公开表示愤怒，比如"我不想要或不喜欢这个新生儿，我想让你把他送回去"，这些只是说明这件事有多难处理的几个例子。

一般来说，长兄长姐很可能会变得好斗，甚至当新生儿不在他身边的时候也是如此，或者他会倒退，做出更孩子气和更缺乏自信的行为，所有这些都是为了努力找回他原有的、现在已经失去的地位。如果不对这种竞争加以补救，就有可能产生终身的消极影响。然后，如果你家里又生了一个孩子，父母的时间和精力就不得不再次被分割。

如此这般，直到你最后一个孩子出生，为了商品和服务而进行的竞争确实是很少见的。更复杂的是，年幼的孩子想法很具体，这意味着他既以自我为中心，又不能批判性地处理他的情绪。因此，当他情绪低落的时候，他会反应性地爆发出来，而不是思考和选择最好的做法。

他对此时此地的理解是具体的，他并不能真正理解城市、州、宇宙之间的区别……对生与死也是如此。他的想法很神奇，相信今天被杀死的东西明天会复活。由于大脑仍处于发育阶段，你的孩子可能会根据这些早期的挫折发展出能伴随他一生的模式，这不仅会影响他对兄弟姐妹的想法和感受，还会影响他对其他重要关系的想法和感受。

•怎样帮助学步期的孩子渡过父母离婚这一难关

学步期的孩子仍然需要亲密的亲子关系，而且他们还需要依附于你。因此，作为对被遗弃感的一种反应，离婚可能会使学步期孩子产生倒退的、缺乏自信的行为。当父母中有一方永远离开家时，会让人非常不安，而探视则会导致依赖和攻击行为。父母可以通过通力合作来减少负面影响。

1. 和学步期的孩子进行适合他们年龄的对话。你必须向孩子解释你们将要离婚了，父母中有一方将不再住在家里，以此来帮助他面对未来会发生的变化。这场对话应该在离婚之前进行。

2. 让你的孩子确信，你们的分离不是他的错。

3. 向你的孩子保证，虽然你和即将成为你前配偶的人不希望再住在一起，但你们都爱他。

4. 不要让你的情感问题成为孩子的负担。

5. 千万不要在你的孩子面前吵架或相互指责。

6. 不要让你的孩子陷入该忠于谁的困境之中。这只会适得其反，造成紧张、压力和情绪问题。

7. 让生活维持日常的样子，坚守你的纪律，尽可能快地让你的孩子稳定下来。

8. 为你的日常家庭生活和父母探视制定一个有条理的时间表。这将给你的孩子一个他可以依赖的例行程序，这可以帮助他重建安全感。

9. 和你的孩子谈谈他的担忧，允许他悲伤，鼓励他和其他人谈谈他的感受。秘密是被压抑的感情，会导致情绪问题。

最重要的是，给孩子满满的爱。怎么爱你的孩子都不嫌多，而父母离婚是他最需要你的爱和安全感的时候。

•如何管理来自重组家庭的兄弟姐妹

不久前，我和几个朋友一起吃晚饭，大家谈论起自己的孩子来。我的一个朋友说了一句非常有趣的话，他说他在抚养他妻子的儿子，而别人在抚养他的儿子。

这让我想到了我们今天所拥有的各种家庭结构，以及出身不同的兄弟姐妹们是如何设法彼此建立联系的。被称为家庭的东西不再只有一张面孔了，存在着由同父同母的兄弟姐妹、同父异母或同母异父的兄弟姐妹和没有血缘关系的继兄弟姐妹组成的各种家庭类型。

你可以采取以下措施来保证你的孩子在他们的直系家庭和扩大家庭中有充分的机会获得和平与和谐，以确保他们能健康和充满活力地一起生活：

1. 沟通。和你的伴侣一起坐下来，用我给出的共情过程，讨论一下你们在规训、家庭传统和家庭期望方面的不同风格。问一问你们可以一起做些什么来建立一个适合你们新家庭的新结构。通过创造“新常态”，你和你的配偶将让孩子们摆脱过去，成为共同创造者，创造一些对你的家庭有用的新事物。

还要考虑到，你和孩子们都正处于一个过渡时期。因此，为了把你们的关系转变成家庭关系，在开始时有必要花一点时间和你的亲生孩子独处，这样他们就知道他们在你心中的地位是稳固的。记住，对你的孩子来说，这是他们头一次被迫和别人的孩子分享你——他们并不见得想要这些兄弟姐妹。因为重组家庭里的孩子无法选择新的兄弟姐妹，他们可能会失去控制感。帮助他们维持稳定和安全的感觉可能需要花费父母很多的时间。

2. 了解规则。使用我给出的共情过程，和新家庭里所有的兄弟姐妹一起坐下来，积极倾听孩子们对新家庭的感受和想法。问问他们认为在这个家庭里应该有什么样的规则。父母和兄弟姐妹之间要平等地分配讨论时间，给每个孩子足够的时间来表达他的感情，不要为自己辩解。最后，大家一起来讨论，这样每个家庭成员都会投入到设立家庭管理的规则和规训中来。这样你就能积极主动地建起一个新的家庭模式，它有新的基本规则，包括对日常生活、界限和相互尊重的规定。

3. 创建一个家庭身份。通过创建一个新的家庭身份，你把每个家庭成员联系在了一起。让兄弟姐妹分担家务，这样他们就必须依靠彼此来完成任务。一起进行家庭旅行——一个所有兄弟姐妹参与的家庭活动。在旅行中，不论是玩游戏，远足还是进行其他活动——如划船、野营、骑自行车和徒步旅行——都需要合作和协调。作为一个整体去参加球赛、组建合唱队和参加学校演出。组建你的家庭团队，创造新的回忆，用全家一起度过的时光来填满它。这样，兄弟姐妹们就会成为一个家庭的组成部分，并获得归属感。

4. 在需要的时候寻求帮助。认识到什么时候需要外部人士的指导是很重要的。父母最了解自己的孩子。你知道他的过去以及那段过去是如何影响他的行为的。

因此，寻找苦恼的迹象是很重要的，如在家里、在幼儿园或托儿所的行为问题，睡眠习惯的改变，体重的增加或减少，交友关系的变化，尿床、咬指甲或拉扯头发等倒退的行为，悲伤或抑郁。咨询专业人士对恢复家庭的健康和幸福很有帮助。最后，请记住，你的家庭正处在一个转变期，所以要带着发自内心的同情和共情前进。

为什么孩子会吹牛

“我是全班读书读得最好的人！”

“我比我所有的朋友都聪明。”

听起来是不是有些耳熟？孩子们喜欢吹牛有几个原因。他们还在学习如何在这个世界上进行社交，作为父母，我们的工作就是用爱和同情来帮助引导他们。

你的孩子可能会吹牛的原因是：

1. 如果你的孩子在吹牛，这可能表明他自卑、缺乏自信或不成熟。因此，吹牛可以让你的孩子感觉更好，让他比实际更高大、更膨胀。通过夸大自己的经验和成就，他把自己提升到比同龄人更高的水平。例如，如果你的孩子拥有比他朋友更多或更好的东西，并且他觉得缺乏安全感，那么夸大自己的成绩就会在提升他地位的同时使别人显得更渺小。

2. 你的孩子可能会以吹牛来确立自己在家里和外部世界中的地位。例如，排行老二的孩子如果觉得父母对他不够关注，他有可能会吹牛，以寻求一个能让他觉得自己很特别的空间。所有的孩子都想要被接受和被爱，有时候吹牛是他们为实现这一点而付出的努力。

3. 你的孩子可能会通过吹牛让自己显得很重要并获得关注。因为你的孩子没有成年人那样的社交技巧或应对能力，所以自夸就成了一种寻找和创造友谊的技巧。同时，他也不知道吹牛会让别人对他敬而远之，甚至讨厌他。因为吹牛是一种反社会行为，它实际上会提高孩子的敏感性，导致产生不安全感和孤独感。

4. 吹牛的孩子可能是在模仿或仿效妈妈、爸爸、哥哥或姐姐。我们是社会性动物，我们通过社交模型来学习。孩子们经常模仿他们在身边看到的以及似乎能对别人起作用的东西。

那么，如果你的孩子爱吹牛，你该怎么办呢？

为了制止孩子吹牛，父母帮助他培养自信、建立良好的自尊是很重要的。

1. 你可以遵循我给出的共情过程。以一种不带偏见和不具威胁性的方式和你的孩子探讨一下别人对吹牛的感觉如何，以及为什么这样对他不管用。

2. 教孩子更好的社交技巧和暗示。在家练习和排演这些社交技巧，直到它们成为孩子的第二天性。通过以身作则和培养新的、更健康的社交习惯，你可以教会孩子如何带着自信和技能去结交朋友。

3. 帮助你的孩子弄懂别人为什么不喜欢吹牛，会避开那些爱吹牛的人。你可以问他，当他的朋友吹牛时他有什么感觉，他对那些吹牛的朋友有什么看法。

4. 让你的孩子知道他是被无条件地珍惜和爱着的。这样做，你将打开一道通往成功缔结友谊之经验的大门，这种经验将伴随你的孩子一起成长。

5. 记住要了解你的孩子，倾听他的声音。然后，你就能在恰当的时机表扬他并无条件地爱他。

6. 最后，你想看到你的孩子成长为什么样的人，你就要做什么样的人。你的孩子会模仿你的行为。不要自吹自擂，否则你会发现你是在自己家里鼓励这种行为。

让你的孩子知道他是多么的重要，你有多爱他，这样他就不需要让自己在别人眼中变得伟大了。记住，你的孩子是脆弱的；他需要被关注，需要你看着他，觉得你为他骄傲，你欣赏和爱着真实的他。那么，他就不必靠吹牛来让自己感觉良好或寻找归属感。这将帮助他在家庭和社交圈里找到自己的位置。

谁是天才儿童

根据定义，天才儿童是“在智力、创造力、艺术、领导能力或特定学术领域表现出极强能力的儿童，他们需要学校通常不会提供的服务或活动来充分发展这些能力”。[15]

根据汤普森、伯杰和贝瑞的一项研究[16]，天才儿童和普通儿童之间存在着生物学上的差异。天才儿童的细胞增殖能力看起来更强，这也增加了突触的活动。这些因素使思考进程增强了。从生物化学的角度来看，天才儿童大脑里的神经元更多，因此，他们发展出来的大脑模式能够进行更复杂的思维活动。在他们的大脑中，前额叶皮质的活动更活跃，这使得他们的思维更具洞察力，直觉更敏锐。[17]天才儿童大脑中的α波活动更多。他们不仅能比一般的孩子更快地产生更多的α波活动，而且他们维持这种活动的时间更长。这样他们就能更轻松、更专注地学习，而且有着更好的记忆力和整合能力。[18]天才儿童的脑波律动出现得更频繁，这使得他们能够专心、集中，进行调查和探究。

《天才的成长》（*Growing Up gifted*）一书的作者芭芭拉·克拉克（Barbara Clark）认为，天才儿童的特点有：自律、独立，往往是反权威的；有着别具一格的幽默感；能够抵抗群体压力，这是一种在早期就得到了发展的策略；适应性更强；更爱冒险；对模棱两可和不自在有更大的容忍度；难以忍受无聊；偏爱具有复杂性、不对称性、开放性的事物；发散性思维能力强；记忆力强，注重细节；知识面广；需要用来思考的时间；需要支持性的氛围，对环境很敏感；需要认可，需要机会来进行分享；审美情趣高，审美判断力强；在发展性别角色整合方面有更高的自由度；没有刻板的男性或女性认同。

然而，天才儿童的特征因性别而有所不同。[19]女性天才儿童的特点有：喜欢学校，尤其是科学、音乐和艺术课程；喜欢她们的老师；经常阅读新闻、杂志和其他非必需的读物和专题报道；积极参与戏剧和音乐创作；不经常约会；喜欢空想。

男性天才儿童的特点有：不喜欢学校；不喜欢老师，认为他们无趣；很少做家庭作业；不喜欢体育，很少参加团体运动；被认为是激进的或非传统的；总喜欢独处，喜欢将自己的精力放在思考和自己的兴趣上。

天才儿童似乎也有他的情绪压力。研究表明，实际上，天才儿童的自尊可能弱于普通儿童。这与天才儿童对自己的高期望和他为之奋斗的不切实际的目标之间似乎有直接的联系。这种情况往往会引起焦虑，因为天才儿童不切实际地强迫自己。另一个导致天才儿童自我评价过低的因素似乎是，有些父母觉得自己有义务督促他们的孩子，认为有了这样的孩子就会产生监督其教育进程的额外责任。教师和家长都可以帮助天才儿童解决自尊问题，这需要他们首先认识到这个问题的存在，然后帮助他们设定更现实的目标，建立更恰当的行为反应。由于他自己和成年人共同体施加在他身上的压力，天才儿童会变得沮丧，发展出强迫性行为，如完美主义。这样的孩子不仅给自己设定了不切实际的标准，而且往往对别人也抱有很高的期望。这使他的人际关系变得很紧张，因为他变得无法接受比较典型的行为。家长和老师可以通过帮助天才儿童了解自己行为的动态，教他们做出更恰当的反应来缓解这种状况。

另一个在天才儿童和同龄人群体的情感互动中产生的问题是自我怀疑感。因为天才儿童往往与众不同，所以他通常可以不需要像其他孩子那样做课前准备就能参与课堂活动。结果，他可能会发现自己变成了一个懒惰的学生，养成了不好的学习习惯。有天赋的孩子常常有很强的语言能力，只需随便应付应付就能取得很大的进步。不幸的是，这些行为都倾向于创造一种会使他大脑功能的发展变慢的环境。因为他不需要发展自己的学习技能并将其与自己的能力相结合，所以他的未来会有失败的风险。天才儿童的高智商往往伴随着高度的焦虑，因为从某种意义上来说，他对自己和周边的一切都极度敏感。当被要求在一个他没有准备好的领域里取得出色的成绩时，天才儿童会变得非常不安，感到无助和失落，开始处处碰壁。与此同时，家长和老师经常刻意不去表扬天才儿童，以此作为一种行为矫正技巧，这也令他感到困惑和沮丧。他可能会对自己的能力失去现实感，因为没有得到对自己高质量成果的恰当欣赏，孩子就不知道要根据什么标准来评价自己。他的贡献失去了相关性，天才儿童会对自我价值产生消极的感觉。因此，天才儿童可能会决定模仿身边人的行为，这种行为似乎得到了应有的奖励。在模仿他人以获得认可和认同的同时，天才儿童经常会感到迷失,失去他对自己的定位。对大一点的孩子来说，这种行为可能表现为学习成绩不佳、卖弄、装疯卖傻。为了寻求一致性和同龄人的认可，天才儿童会适应任何能让他感觉良好的事情——他不仅很聪明，适应能力也相当强。实际上，在一个不鼓励智力早熟的文化中（托伦斯，1969），天才儿童可能会因为没有得到培养和理解而失去他的天赋。[20]

这就提出了一个问题，环境在天才儿童的生活中究竟会产生多大的影响？基因活性水平与细胞发育之间似乎有直接的联系（克雷希，1969；罗森茨维格，1966），而且，这种活性会直接影响学习。不同的经验不仅能改变大脑的解剖结构，还能改变它的化学成分。发表在《比较神经学杂志》（*Journal of Comparative Neurology*）上的一项研究选用了两组具有相同基因品系的老鼠，得出的结论是环境确实可以改变大脑的学习能力。一组老鼠在无刺激的环境中长大，每只老鼠都单独生活在一个光线昏暗的小笼子里。而对照组则可以每天在一个网状铁丝笼里进行30分钟的探险。这一组还有玩具玩，并体验了在实验室环境下进行的一般互动。两组老鼠被给予了相同的食物和标准的医疗保健照护。经过检查，生活在受刺激环境中的老鼠，其大脑皮质明显比无刺激组更大、更肥厚。神经胶质细胞更大，数量有所增加，而神经胶质细胞与大脑神经元接收的营养有直接联系，它会影响大脑的学习潜能。还有证据表明，在这些老鼠体内为大脑皮质供应营养的血细胞，其直径更大，它们的大脑发生了化学变化。它们有更多的乙酰胆碱酯酶，这是一种会在神经冲动的跨突触传导中出现的酶，以及更多的羟基胆碱酯酶，另一种存在于神经胶质细胞中的酶。进一步的研究表明，这些酶会随着年龄的增长而减少，因此，记忆力和大脑功能的丧失在老年人中非常普遍。当生活在受刺激环境中的老鼠被放到不受刺激的环境中时，它们的大脑又恢复到了原来的大小。然而，它们脑内的化学变化保持不变。此外，在有丰富刺激的环境中长大，大脑皮质和化学变化更大的老鼠确实更聪明。另一个与此非常相似的实验是用一组失明的和一组视力正常的老鼠来做的。在这项研究中，失明的老鼠被置于有刺激的环境中。结果，失明的老鼠虽然有残疾，但学习能力反而更强。结合这些研究和其他类似的研究，教育工作者和研究人员开始感到，在天才儿童所处的环境中，对与教育和刺激有关的因素进行早期干预是很有必要的。即使是创伤性刺激也比没有刺激要好。另一项研究表明，受到刺激的动物情绪更稳定，更好奇，更能学会集中注意力，并且有恰当的应对反应。[21]

因此，天才人群的需求是非常重要的。天才儿童首先需要的是一位训练有素、知道如何教育天才儿童的老师，他不会被天才儿童唬住、吓倒或激怒。然后，这位“天才教师”需要家庭和学校与他合作，这样他才能为天才儿童量身定制一套课程。天才儿童需要得到赞赏、尊重，应该对他们优秀的成绩和行为进行适当的奖励。此外，要理解他们这些特殊的孩子的敏感性，因为天才儿童可以像学习积极的东西那样，以同等的热情和加速能力学习消极的东西。他是未来的领袖人物，因此，我们有责任训练他，使他所有的天资能够被用来服务社会。

显然，教育和引导天才儿童重要的步骤之一是根据其需求为他制定个性化的课程。托伦斯建议教育工作者创建一组适用于合作学习环境下的课程。适用于天才儿童的教学方法包括个性化教学，针对特定科目进行同质分组，小规模分组，以及创造一个可以鼓励各个根据自己的速度来持续学习的自由环境。教师必须成为促进者。教育工作者必须把区分特征、相关需求、组织模式和课堂策略的概念包含到他们的课程中去。归根到底，所有人的变量都是爱和理解。如此一来，在良好的教育环境下，天才儿童将获得最佳的成长机会。[22]

• 有天赋的后进生的特点、特殊需求和恰当的教学技巧

有天赋的后进生有着不同于天才儿童的个人特征，但环境因素也起着非常重要的作用。根据托尔曼和奥登的研究，有天赋的后进生的特点是：他们的学业成绩与他们所测得的智商（认知能力和知性智力）并不相称；他们的行为符合一种可以解释的模式，即缺乏安全感和自尊的模式；缺乏自信；无法坚持做一件事；缺乏整合资源以实现目标的能力；有自卑感；为了抑制消极情绪而耗尽了心理能量，导致兴趣范围狭窄。抵消掉所有这些消极能量的代价是使这些能量从创造性和生产性行为中消失，导致天才儿童把自己的失败归咎于他人。[23]

导致有天赋的儿童成绩不佳的一个重要因素是他与核心家庭的关系。皮尔斯和鲍曼认为，对这样的孩子来说，父亲是一个潜在的影响因素。在一项针对优等生和后进生的研究中，他们得出了以下结论[24]：

1. 优等生认为他们的父亲是他们生活中最有影响力的人。

2. 后进生会指名道姓地谈论他父亲以外的男性，例如老师、叔叔或牧师。

3. 后进生与父亲关系不好，无法表达自己的消极情绪。

从这些信息中，皮尔斯和鲍曼两人证明了成绩不佳却有天赋的儿童，其父母实际上没有在家庭价值观和标准方面成为他们的榜样。而且，似乎父亲越是排斥和惩罚孩子，孩子就越没自尊。[25]在另一项由卡恩斯、麦考伊、泽巴赫、斯塔德利和赖特进行的研究中，后进生的父亲比那些充分发

挥了他们潜力的学生的父亲对他们的孩子抱有的敌意更大。这项研究还表明，有天赋的后进生并没有觉得课程无聊，这是一个广为流传的神话，他们是在建立社交关系上遇到了难题。参与这项研究的后进生在语言的流畅性、灵活性和独创性方面得分较低，在与同龄人的关系方面得分也较低。[26]

最后，在不接受他们的家庭环境中感到不快乐的学生会发展出应对的防御机制。正是他用来在家里维持平衡的这个机制创造了一种拒绝接受的世界观。实际上，孩子是通过经验和模仿来学习的，因此他会把他从家庭互动中学到的东西反映给世界。

母亲在家庭中所扮演的角色似乎对后进生的影响较小。母亲所能产生的最显著的影响是采取自由放任的态度。正如斯特罗德贝克（Strodtoeck）在他的著作《家庭互动、价值观和成就》（*Family Interaction, Values and Achievement*）中所探讨的那样，他研究了家庭和文化关系，并得出结论说，当父母之间的权力结构平等时，孩子们最有可能发挥他们所有的潜力。[27]然而，如果家庭中的权力天平强烈地向爱惩罚的父亲的方向倾斜，学生就更有可能成绩不佳。他进一步得出结论说，一位坚强、强势的母亲可以抵消一位严厉、专制的父亲所造成的影响。如果母亲和父亲都是严厉的专制主义者，那么情况就不会改变。斯特罗德贝克还提到，在他对成绩不佳的但有天赋的学生的情感问题进行的一项研究中（该研究也被写进了《家庭互动、价值观和成就》中），他发现，一个强势的、拒绝接受不同意见的父亲所导致的一个重要问题是，孩子不能认同占支配地位的父母的价值观。如果孩子碰巧和他父亲一样是男性，那问题就更严重了，他将无法吸收或融合父母的标准和价值观。因为这个学生拒绝家庭的角色对自己的指导影响，所以他会在同龄人群体中寻找榜样。不幸的是，他会被与自己思想意识相似的同伴所吸引。因此，这种有天赋的后进生往往会与一个表现不佳的社会团体有关联。沃尔什进行的一项研究表明，由于成绩不佳的男孩感到自己不被家人所接受，他们的行为受到了更多的限制，他们对外界的态度也会更加消极、更具防御性。[28]所以，因为他们的家庭对他们表现出不友好的态度，他们在接受家庭或社会的价值观时就会犹豫不决。他们因此对外部环境怀有敌意，并需要花费大量精力来控制和掩饰这种敌意。这种精力的消耗是如此之大，以至于这些孩子们没什么精力去从事创造性的业余爱好。他们为了保持某种表面上的平衡而精疲力竭，这会导致他们把失败的责任推到其他人身上。这些孩子有一个有趣的特点，即他们受限于他们的不安全感，无法认识到他们有能力帮助自己。这些孩子变得听天由命，希望命运或运气会给他们带来好处。

成绩不佳却有天赋的儿童的行为模式在他们很小的时候就已经表现出来了。已经有一些研究对成年的后进生过去的表现进行了追溯，一直追溯到他们小学的时候，找到的记录与成年人当前的学业不良问题是一致的。肖和麦丘恩指出，有天赋的儿童成绩不佳实际上是一个长期性的问题。[29]他们相信，如果没有长期而艰巨的早期干预，这个问题将会伴随这些孩子一生。有趣的是，女孩们要到大约九年级时才会表现出成绩不佳的模式，人们认为，这更多地与性别身份有关，而与学习技巧关系不大。除非在幼年时期做出重大努力来抵制这些模式，否则后进生就有可能成为社会中相对没有生产力的成员，这对他们和我们都不利。这些孩子的性格和社会交往会一直有问题。因此，早期教育必须既在学习领域也在情感领域做出矫正。实际上，老师不仅要理解他们，而且要把这种理解转化为一个既能提高学习成绩又能提高自信的计划。

帕金斯指出，后进生最突出的特征之一就是退缩，尤其是在数学领域。[30]他解释说，这种现象与学生的防御机制直接相关。如果一个孩子感到不安全、害怕，他就会屏蔽这些感觉，努力保护自己不受它们以及它们造成的痛苦伤害。然而，大脑却不能清楚地将这种阻塞区分开来，结果，学生把一切都屏蔽了。数学受到的影响是最大的，因为要有思维的逻辑进程才能理解它，而后进生的高度焦虑阻碍了这种模式。

帕金斯列举的其他一些倾向有：经常从事与学习无关的事情；把大量时间花在与同龄人进行非工作性的社交互动上；存在不适于有效学习的课

堂行为；学生渴望逃避不愉快的经历，这使他无法有效地对抗环境；不惜一切代价保护自己的逃避和防御反应；还有退缩。

莫罗和威尔逊发现，后进生更难控制自己的行为，更爱冒险，更不安分，对生活更不满意，属于一个消极的、往往对外界充满敌意的同龄人群体，在一个非生产性的环境中寻找目标和运作。[31]

弗伦奇和卡登认为成绩不佳却有天赋的儿童对其将来的职业感到困惑。他不仅要遵守学校的规定，还要遵循学校的学术取向，因而倍感压力。这个孩子为个性化而奋斗，因此常常被视为一个叛逆的人。实际上，许多聪明的辍学生对职业课程比对大学预科课程更感兴趣。因此，弗伦奇和卡登建议在公立学校系统内创建一个更合理的职业培训计划，并辅以适当的指导系统。[32]

为了更好地理解这个问题的影响范围，我们必须首先认识到，成绩不佳是一种完整的生活方式。因此，针对后进生的教育计划必须有一个广泛的基础。拜穆尔和帕特森建议，这样的计划应该包含以下几个方面：家庭咨询；特殊的学校环境的营造，可能包括同质分组；帮助他们找到适合作为模仿榜样的同龄人；以及个人咨询，这将有助于确定目标和愿望。

在拜穆尔和帕特森所做的一项研究中，他们将后进生分成4组，并给每一组提供不同类型的咨询，结果证明亲子团体治疗是最有效的。[33]而效果最差的咨询方式是因成绩不佳而训斥学生，再以激励的话来补救。这是家长和老师最常用的方法。亲子团体治疗能够奏效的原因之一是，通过让孩子与父母处于平等的地位，他学会了自尊和自爱。因此，后进生在被成年人接受的同时，也获得了独立感。最终，这种治疗的结果使学生认识到一个抽象的概念：如果别人能接受他，他也能接受自己。当然，这种疗法虽然最有效，但相当耗时。理所当然，最成功的治疗师是专业的治疗师，因为他受过良好的训练，能够让后进生认识到自己并没有出什么问题。这类咨询的另一个重要因素是能让孩子们认识到他并不是在独自面对自己的问题或生活在自己的世界里。打破这种孤立感的一个效果是建立自我价值感。

正是从这时起，父母和孩子之间可以开始进行真正的交流了，因为一旦他的反应和愤恨、敌视的感情得到了有效的表达，他就可以开始建设性地发展适当的行为技巧了。

这种教育计划还应该把课堂改造包含进去，实际上，这将把补救的概念带到学校里来。戈德伯格对一次非常成功的课堂改造进行了研究，在这次改造中，所有智商超过120的孩子被安排在同一个教室里，而且所有的班级都是独立的。[34]这使得后进生可以接触到智力水平与他们相当并且具有卓越学习技巧的孩子。研究表明，以这种方式分组后，后进生确实比以前表现得更好。成功的部分原因如下：

1. 孩子们被给予了更有趣、更具刺激性的信息。

2. 他们获得了能力更强的同龄人群体的认同。

3. 他们有充足的机会得到老师的帮助来解决个人的和学业上的问题。

根据这些发现，戈德伯格得出结论，控制教育环境非常适合于用来帮助后进生。

如何培养孩子独特的天赋

如果说参加TED 2013能够证明了什么的话，那就是：无论我们有多年轻或多老，我们都有独特的天赋和才能。当16岁的杰克·安德拉卡（Jack Andraka）上台时，这位年轻人开发胰腺癌早期检测仪的能力给我留下了深刻的印象。我想知道：这个孩子的家庭给了他什么样的激励，才能使他坚持不懈地向200位不同的教授寻求获得进入实验室的机会，直到收到约翰·霍普金斯医学院的阿尼尔班·迈特拉（Anirban Maitra）博士的肯定答复为止？

安德拉卡的妈妈曾告诉《巴尔的摩太阳报》（*Baltimore Sun*），“我们家并不是特别热爱运动，我们不常去踢足球或打棒球。相反，我们有大量科学杂志，我们会围坐在桌子旁，讨论人们的想法是如何产生的，以及我们会有什么不同的做法”。[35]

这样的激励遵循了发现学习模式。发现学习是一种探索概念的方法，发现学习是一种探索概念的方法，以发展新的思想以及新的思维和行为模式。这种方法不会给孩子们一个具体的答案，而是让他们通过尝试、放弃、对选项进行探究和对可能性进行探讨来学习。

例如，当我的孩子还小的时候，我丈夫每天开车送他们去学校时都会走不同的路线。这个简单的举动就让我的孩子们知道了解决问题的方法不止一种。安德拉卡的家人通过提供一个印刷体字丰富的环境，再加上让孩子接触科学书籍和杂志，创造了一条通往探索和实验的便捷途径。

虽然你的孩子不一定会像安德拉卡那样在医学上有所突破，但是鼓励你的孩子参加能支持发现学习模式的活动，可以帮助你发现他独特的天赋和才能。

这里有6种简单的方法，可以让你把发现学习模式融入你的家庭生活中去：

1. 放学后，让你的孩子分享当天他喜欢的一件事。那件事有什么地方让他惊喜？他对此有何感想？

2. 下次给你学步期或学龄前的孩子读书时，停下来问问他认为接下来会发生什么，他认为这个角色有什么感觉，或那个角色当时在想什么。

3. 当你的孩子遇到一个让他困惑不解的问题时，不要给他一个明确的答案，而是问他一些问题，比如“如果你选择A道路而不是B道路，会发生什么？”“你的选择让你有什么样的感觉？”

4. 如果家里有玩具或机器坏了，请你的孩子们帮忙想出不同的解决办法来修理它。

5. 让你的孩子帮你做晚饭，让他自己决定做什么、用什么材料以及怎么做。当你的孩子问一个关于怎么烹饪才正确的问题时，用另一个问题来回答他，帮助他自己找到答案。

6. 让你的孩子在无须做出判断和承诺的情况下尝试不同的创造性机会。例如，如果你的孩子有兴趣尝试一种新的乐器，那就先租用它而不是购买它。再比如，你可以带孩子去参观当地的互动式博物馆，例如波士顿的科学博物馆。童年是创造性玩耍的时间，孩子们必须在没有正式指导或约束的情况下去测试他们的界限在哪里。

发现学习模式是一种简单而有效的方法，它能让你的孩子以一种深思熟虑的方式来思考问题。通过鼓励孩子去寻找答案，利用孩子天生的好奇心，消除正确和不正确的障碍，你就在孩子的大脑中留出了空间来激发创造力和创新。这会让你发现孩子的独特天赋和才能，否则这些天赋和才能可能永远不会出现在你的面前。

3—5岁孩子的营养问题

在今天的儿童身上，已经出现了由饮食引发的健康问题的早期迹象。注意他们的饮食和关注其他发育问题一样重要。例如，蓝莓可以缓解压力，提高注意力。所以，在考试或应对其他会产生压力的事情之前吃蓝莓，就是最正确地利用了食物的价值，因为它可以帮助你的孩子有意识地影响自己的行为，从而获得控制权。如果你了解食物及其如何影响孩子正在成长的身心，对孩子的发展是有极大好处的。有很多关于营养的一般信息可供获取，而多项同时进行的研究表明，因为有机食品不含杀虫剂，所以它们更健康。因此，你能买到的任何有机食品，比如水果、蔬菜、豆类和谷物，都能更好地为你的孩子服务，因为它们有助于减少潜在的过敏原和毒素。如果你的孩子不需要对抗体内的有毒化学物质和过敏原，他会表现出他的最佳水平。

可悲的是，就连我们的海洋也被化学物质污染了，现在你必须知道金枪鱼、旗鱼、鲨鱼、方头鱼和鲭鱼等鱼类体内的汞含量较高。怀孕或哺乳时应避免食用这些汞含量高的鱼类，因为汞会对正在发育的胎儿和婴儿造成危险。而鲑鱼的汞含量较低，且不饱和脂肪酸含量较高。所以，学着做个明智的购物者吧，你要阅读食品的标签，还要持续了解最新的营养信息。

随着现代性的发展，富裕社会带来的一个意想不到的后果是对美食的过度消费，尤其是那些用糖烹制的食物。你的宝宝还在子宫里时就尝到过甜味，出生之后喝到的母乳也是有甜味的，从一开始，他就做好了吃糖的准备。然而，这些糖是简单的碳水化合物，基本上属于空热量[①]食品，不仅会在血液中被迅速吸收，而且会导致胰岛素水平上升和血糖飙升。这些都会使热量加速转化为脂肪。此外，血糖的偏差会导致你的孩子在低糖负荷下感到疲劳，而当血糖迅速升高时又会过度亢奋。这种情况是导致多动症和儿童肥胖症流行的原因之一。

而有机蔬菜、豆类、全谷类、水果和有机豆制品都富含膳食纤维，是均衡、健康的饮食所必需的。此外，膳食纤维还有一个优点，那就是可以让你的孩子吃饱，而不会因为摄入过高的热量而加重身体的负担，同时可以减缓食物的吸收，稳定他的血糖。

•如何帮助你超重的孩子

首要的是了解你的孩子，这非常重要。要了解孩子的情感历史，注意他的饮食习惯。在制定解决方案之前，你必须能够识别问题。肥胖是个复杂的问题，原因因人而异。儿童肥胖症已成为一种世界性的流行病，造成了许多健康风险。例如，1型糖尿病或青少年糖尿病在儿童中呈上升趋势，而它背后还隐藏着自尊心受损、抑郁、厌食和贪食等情绪问题。

有肥胖问题的孩子会发现自己与同龄人格格不入。他们看起来和其他人不一样；他们可能会感到尴尬和自我厌恶，老师、其他学生和家长也经常避开他们。父母在帮助孩子重新树立积极的自我形象以及恢复自我控制方面起着至关重要的作用。父母需要培养孩子们良好的饮食习惯，教会其应对压力的技巧。困难之处在于，与其他上瘾行为不同，你不可能戒掉食物——只能对它加以节制。要让孩子们觉得健康是很时髦的，并对他们进行再教育，使他们了解食物在他们的生活中所扮演的角色——包括情感上的和生理上的。只有这样，才能让孩子接受减压技巧、健康的饮食习惯和

---

① 空热量（empty calories）指含有高热量，却只含有少量或缺乏基本维生素、矿物质和蛋白质。——编者注

体育锻炼。

建立健康和有活力的终生模式的三个关键：

1. 父母要以身作则

父母在家里要在体育锻炼、注重营养和自尊自爱方面做好榜样，这是孩子所遇到的第一次社会化学习。从某种意义上说，父母必须拿出成年人的样子来，克服自己的成瘾行为，多吃能保持健康体重的食物，这才是最重要的。这意味着你的冰箱里只能有水果、蔬菜、蛋白质和低脂奶制品，为健康饮食定下基调。不过要记住，不能矫枉过正，在你的家庭饮食中加入健康的复合碳水化合物也是有必要的。你家的食物贮藏室里要有低脂、低糖的零食，面包应该是全麦的或黑麦的，这样摄入的热量才是有价值的。

购物可以是一件很有趣的家庭事务。可以利用这个时候来进行教学，带着孩子在商店里到处购物，可以找到所有有益于健康的东西——水果、蔬菜、鱼、肉类——所有健康的，真正能产生能量的热量。可以和家人一起计划一周的菜单，记住，妈妈和爸爸随时随地都能教孩子东西，比如蓝莓富含维生素，是健脑的食品；鱼肉富含多种脂肪酸，对你的皮肤很好；芹菜对你体内的益生菌菌群有好处，而且芹菜含有极多水分，因此芹菜的热量也比较低等。如果以这种方式来看待食物，就可以为了获得不同的效果而食用不同的食物，比如在要考试的那天早上往麦片里加些蓝莓。实际上，在选择低热量食物作为正餐时，孩子们虽然吃得多了，但体重却会减轻。

烹饪本身就是一种伟大的冒险，也是一门富有表现力的艺术。孩子们喜欢与父母互动的活动，还有什么活动能比在厨房——房子的心脏——进行有如“炼金术”一样的烹饪更好呢？当父母和孩子们一起制作既美味又有益的食物时，孩子们会很兴奋。这会成为通往好好饮食之路上的一次有趣的冒险，还会成为一个模式的基础，这个模式将给你的孩子带来一个健康的终身饮食习惯。

饮食应该被提升为一种神圣的东西，一个仪式。它不应该是一台情绪升降机、一个减压器或一种奖赏或结果。除了餐厅或厨房外，不要在家里的任何一个房间里吃东西，最重要的是，要在餐桌上，有意识地，而不是匆匆忙忙地进食。应该把消化作用是怎么进行的教给孩子们，充分咀嚼食物可以帮助食物分解，这样身体才能更有效地利用食物。

餐前感恩为饮食的神圣性奠定了基础，使人认识到食物对生存的重要性。这有助于孩子们将食物和他们的身体联系起来。在患有厌食症或暴食症的孩子身上，我们看到了食物和身体形象之间的脱节。我们都记得某个最受欢迎的亲戚，他做的饭里有满满的爱……而且我们都知道这一点。这是因为食物是一种能量的来源，它实际上反映了制造者的情感能量。因此，孩子们不仅能意识到他们吃了什么、把什么摄入了体内，还能意识到这些食物是谁做的。

最后还要记住，果汁也含有热量：果汁虽然健康，但如果喝得太多，还是有可能摄入太多热量。减肥饮料和可乐含有大量的钠和空热量，有些还含有咖啡因。减肥饮料会使水分潴留在体内，可乐会增加食欲。要对你为孩子准备了些什么食物了然于胸。不要吃快餐，因为它们的脂肪含量很高，还可能含有很多的糖和大量的盐。如果孩子们想要吃即食晚餐，那就去杂货店买一些保鲜盒，用你自己的健康食物把它们装满。然后，把你自制的即食晚餐冷冻起来，留到一个特殊的场合，再和你的孩子一起分享自己制作即食晚餐的喜悦。

2. 坚持运动

晚饭后全家散步可以成为一种家庭传统，就像周末骑自行车和远足一样。运动不要过多，也不要太剧烈，但必须持之以恒，因为它有两个非常重要的功能，燃烧热量和减轻压力，这两个功能在减肥方面有非常重要的作用。即使是周末和孩子一起做园艺也会燃烧热量，这还有其他好处，那就是能够看到在家人的共同努力之下，花草逐渐成长起来。每个园丁都知道这是多么大的回报。

3. 减少压力和体重，增强自尊心

通过限制久坐不动的活动，比如看电视，我们也限制了无意识的进食，这种进食行为通常是受到了食品广告的刺激，而这些广告就是为了诱惑你无意识地吃东西而制作的。吃东西和看电视有直接的联系，父母必须控制和抑制这两方面的过度行为。

父母应该对媒体营销多加关注，并且要和孩子们讨论一下广告的内容，以此来消除有关食品的错误信息。这也是一种增进家庭关系的方法。保持平衡是维持健康饮食和健康生活方式的好办法。

因为孩子，特别是超重的孩子，经常要面对很多压力，所以教他们减压策略可以帮助他们管理自己的压力。每天早上，在上学和上班之前花10分钟，全家人可以聚在一起，轻松地教授和练习渐进式放松、呼吸和冥想技巧。如果坚持这样做，这可能会变成一天中最有趣的一段时间，每个人都会期待它。当孩子们学会了如何减轻自己的压力时，他们就会变得能够自我管理、自我实现。这会培养出一种控制感和自我价值感，并因此产生积极的尊重和自尊。这些技能激发了会为生活带来附加回报的积极行为。

记住，孩子们会从他们的父母那里得到暗示——所以不要过于严格、挑剔或武断，要抱着积极的目标来解决孩子的肥胖问题。改变是一步一步发生的，真正的改变只有靠日复一日地坚持下去才能产生。如果你的孩子犯错了，不要用内疚或羞耻感来操纵他，不要给他压力，也不要让他觉得你的爱是建立在认可的基础上的，而要让整个家庭一起参与到微妙而健康的生活方式变化中来。

交流是这个过程中最重要的部分，而倾听是交流的方式。每周一次，回到餐桌旁，父母和孩子可以谈谈他们关于规训、健康和健身的感受。要关注每个家庭成员的情绪；仔细倾听，不要贬损、挖苦、羞辱或伤害别人。以共情的方式来交谈，这样父母才可以在不进行辩解或批评的情况下与孩子会谈。父母的作用就是做父母——超然于争吵之外，引导孩子养成好的生活习惯。让你的孩子参与到谈话中来，鼓励他们提出解决问题的方法，这样你们就可以一起找到除食物之外的减压工具。让你的孩子也参与到对话中来。如果你让他参与这个过程，他会以新鲜的责任感尽最大努力遵守规则。同时，让你的孩子帮着策划家庭度假时要进行的活动，比如露营、远足、骑自行车和泡温泉。

你和你的孩子一起踏上了一段旅程——控制体重不一定是一场持续终生的战斗，但它一定是一个积极的过程，一段有趣的生活经历。

以下为作者在写作本章的过程中所参考的资料清单：

1.Diane E. Papalia et al., *Human Development*, 8th ed. (New York: McGraw Hill, 2001, pp. 296.

2. Ibid.

3. Ibid.

4. Glover, Emily. “Kids’ energy levels surpass endurance athletes’, says science.” January 24, 2019. (Accessed April 22, 2019). https://www.mother.ly/news/your-kids-are-in-better-shape-than-you-even-if-youre-a-pro-athlete.

5. Papalia, Diane E., et al., *Human Development*, 250.

6. Douglas, R., “Does TV Rot Your Brain?” January 1, 2016 (Accessed April 25, 2019). https://www.scientificamerican.com/article/does-tv-rot-your-brain/.

7. Papalia, Diane E., et al., *Human Development*, 284.

8. Ibid., 315.

9. Ibid., 276.

10. Ibid., 295–296.

11. Miller, Susan, and Larry Reibstein. “Good Kid, Bad Kid.” New York: *Newsweek*, 1997, pp. 64–65.

12. Papalia, Diane E., et al., *Human Development*, 298.

13. Ibid., 216.

14. Ibid., 34–36.

15. Clark, Barbara. *Growing up Gifted*. Upper Saddle River, NJ: Pearson Education, 2012.

16. Thompson, R.F., Berger, T.W., and Berry, S.D. “An introduction to the

anatomy, physiology and chemistry of the brain." In:Wittrock, M.C. (Ed.). *The Brain and Psychology*. New York: Academic Press, 1980, pp. 29.

17. Restak, Richard. *The Brain: The Last Frontier. Garden City, NY: Doubleday, 1979*; MacLean, P. A. Mind of three minds: Educating the triune brain." In: Chall, J., and Mirsky, A. (Ed.). *Education and the Brain, 27th Yearbook of the National Society for the Study of Education*. Chicago, IL: University of Chicago Press, 1978.

18. Lozanov, G. "A general theory of suggestion in the communications process and the activation of the total reserves of the learner's personality." *SuggestopaediaCanada*, 1, (1977): 1–4; Martindale, C. "What makes creative people different?" *Psychology Today*, 9, no. 2 (1975): 44–50.

19. Halpin, Gerald W., David A. Payne, and Chad D. Ellett. "Biographical correlates of the creative personality: Gifted adolescents." *Exceptional Children* 39 (1973): 652–653.

20. Torrance, Ellis Paul. "Creative positives of disadvantaged children and youth." *Gifted Child Quarterly* 13, no. 2 (1969): 71–81. https://doi.org/10.1177%2F001698626901300201.

21. Diamond M.C., Law, F., Rhodes, H., Lindner, B., Rosenzweig, M.R., Krech, D., Bennett, E.L. "Increases in cortical depth and glia numbers in rats subjected to enriched environment." *The Journal of Comparative Neurology* 128 (1966): 117–26. PMID 4165855 DOI: 10.1002/cne.901280110.

22. Torrance, Ellis Paul. "Creative positives of disadvantaged children and youth." *Gifted Child Quarterly* 13, no. 2 (1969): 71–81. https://doi.org/10.1177%2F001698626901300201.

23. Terman, L.M., and Oden, M.H. *The gifted group at mid-life: Thirty-five years' follow-up of the superior child. Genetic studies of genius, vol. 5*. Stanford, CA: Stanford University Press, 1959.

24. Pierce, J., and Bowman, P. "Motivation Patters of High School Students." In: *The Gifted Student*. Cooperative Research Monograph no. 2 (OE-35-16). Washington,

D.C.: Office of Education, 1960.

25. Ibid.

26. Karnes, Merle B., Allan M. Shwedel, and Susan A. Linnemeyer. “The Young Gifted/Talented Child: Programs at the University of Illinois.” *The Elementary School Journal* 82, no. 3 (1982): 195–213. http://www.jstor.org /stable/1001570.

27. Strodtbeck, F. L. “Family interaction values, and achievement.” In: McClelland, D.C. (Ed.). *Talent and society*. Princeton, NJ: Van Nostrand Reinhold, 1958, pp. 135–194.

28 Ibid.

29. Shaw, M. C., and McCuen, J. T. “The onset of academic underachievement in bright children.” *Journal of Educational Psychology* 51 (1960):103–108.

30. Perkins, H. V. “Classroom behavior and underachievement.” *American Educational Research Journal* 2 (1965):1–12.

31. Morrow, W. R., and Wilson, R. C. “Family relations of bright high achieving and underachieving high school boys.” *Child Development* 32 (1961): 501–510.

32. Ibid.

33. Baymur, F., and Patterson, C.H. “Three methods of assisting underachieving high school students.” *Journal of Counseling Psychology* 7 (1960): 83–90.

34. Goldberg, Miriam. “A three year program at DeWitt Clinton High School to help bright underachievers.” *High Points* 41, (1959): 5–35.

35. May, Kate T. “An early detection test for pancreatic cancer: Jack Andraka at TED2013.” February 27, 2013 (Accessed April 25, 2019). https://blog.ted.com/an-early-detection-test-for-pancreatic-cancer-jack-andraka-at-ted2013/.

08.

化无形为有形

呵护我们未出生孩子的线粒体健康

本章作者为梅拉尼·沃尔顿（Melani Walton）

从我们看不见的、在孕妇肚子里悄悄复制的细胞，到在我们的世界里喧闹着快活地奔跑、教会我们如何更深情地去爱的看得见的孩子：无形的东西变得有形了。

线粒体与人体健康

今天，北美和其他地方的大量科学研究都在寻找新的概念和治疗方法，使以前看不见的东西变得可见，而由于线粒体的健康与胎儿大脑发育之间的关系，它在这类研究中变得越来越重要。简单的事实是，健康的线粒体等于一个更健康的妈妈和一个更健康的婴儿大脑，当一个妈妈维护她的线粒体健康时，她就是在呵护其后代的大脑健康。

我们的线粒体可能表现出了我们携带的最重要的遗传信息，然而我们现在才刚刚开始揭示它们的重要性。我们现在知道，很多现代疾病的发病机制在一定程度上与线粒体功能障碍有关，其中许多疾病发病的位置是大脑和心脏[1]，这是人体内线粒体密度最高的部位。虽然我们以前可能认为我们完全受基因的支配，但我们现在知道，维护我们的线粒体健康可以减轻慢性和过度炎症反应，这通常是治疗许多疾病的关键。这有可能极大地改变我们健康和幸福的轨迹。

虽然线粒体健康还没有得到主流社会的广泛关注，但这些微小的通用“燃料电池”几乎位于人体的每一个细胞中。它们对于维持生命是至关重要的，而且它们携带着一种独特的DNA，称为线粒体DNA（mtDNA）。许多现代疾病的特征之一就是我们的线粒体不能产生身体正常运转所需的能量。

阐明线粒体病和线粒体功能障碍之间有很大的区别是很重要的。虽然线粒体病相对罕见，但对女性线粒体DNA的基因检测还没有成为孕期保健的主流，而且大多数人在第一个孩子出生前并不知道自己是不是线粒体病的携带者。携带线粒体病遗传特征，并且知道自己有这种疾病的女性并没有多少选择，但是现在已经有了一种相当激进的治疗方法，叫作线粒体转移。这包括从母亲身上移除受损的线粒体DNA，并用另一位女性线粒体中健康的线粒体DNA替换。[2]如果你发现有必要特别关注这个问题，有一些机构能提供线粒体病的基因检测，还能就检测结果提供咨询。

相比之下，线粒体功能障碍导致的健康问题比线粒体病更常见，虽然可能并没有那么严重，但也会在许多方面对大脑造成影响。这些障碍往往会表现出症状，这取决于受损细胞在大脑中的位置。[3]我们在这里主要关注的是线粒体功能障碍，以及怎样做才能维持你和你正在发育中的宝宝的线粒体健康。虽然必要的进一步研究正在进行之中，但新的科学正在有效地表明，更健康的生活方式和减少暴露于我们日常生活中经常出现的毒素之下的机会是这项任务的关键。一般来说，女性可以采取措施优化自己的线粒体，并维持线粒体和胎儿大脑的健康。

现在，我邀请你们和我一起，在线粒体和线粒体DNA的世界里进行一次全面的旅行。我们将探索线粒体及其重要性，看看它们是如何影响细胞功能和整体健康的，最后我们将探究女性可以采取的一系列行动，以保护未出生孩子的神经健康。

什么是线粒体DNA，为什么它如此重要

虽然科学家们发现线粒体DNA已经有几十年了，但对它的基因学研究是近年来才开始加强的。人们正怀着越来越高的兴奋感探索线粒体DNA的奥秘。

我们大多数人都熟悉DNA，它存在于人体除红细胞外的每个细胞的细胞核中。这种DNA也被称为核DNA（nDNA），它携带着决定你发色、肤色、眼睛颜色，甚至是身高和骨骼结构等特征的遗传信息。这些遗传信息的一半是由你父亲通过他的精子提供的，另一半则是由你母亲通过卵子提供的，卵子与精子结合成受精卵，最终发育成你。[4]

在你的细胞线粒体中也可以找到少量的另一种DNA。与核DNA不同，线粒体DNA不在你的染色体中，甚至不在你的细胞核中：它存在于线粒体里，而线粒体在你细胞的细胞质中。[5]

线粒体本身就是细胞的一种结构，它从食物中获取能量，并将其转化为一种维持我们细胞运转所需的化学物质。这种物质叫作腺苷三磷酸（ATP）。换句话说，我们的线粒体为我们的细胞提供能量，有些人把线粒体称为“细胞的动力源”。

核DNA包含大约20000个基因编码，而科学家们已经确定，在我们的线粒体中发现的DNA只包含37个基因编码。这意味着我们的线粒体DNA是一支“精英小队”，对我们的身体机能至关重要。虽然核DNA来自双亲，但孩子的线粒体DNA几乎全部来自母亲。男性也有线粒体DNA，虽然大多数研究人员认为男性的线粒体DNA很少会遗传给后代[6]，但新的

研究似乎表明男性的线粒体DNA遗传给后代的情况可能比之前认为的更普遍[7]。

一些科学家说，线粒体DNA几乎完好无损地从母亲传给孩子，已经传承了20万年之久；有些科学家认为这个链条可以追溯到更久之前。无论如何，这被称为“母性遗传”，这也是科学家们能够把人类的起源追溯到某个人身上去的原因，许多人认为这是一位女性——“线粒体夏娃”——她生活在很久以前的非洲。基因研究给这个以前“看不见”的女性带来了曙光，使她在我们今天的理解中“可见”，从而揭开了一段我们以前不知道的人类历史。

随着时间的推移，我们的线粒体DNA会发生变化，这是由不良习惯或不良睡眠习惯导致的衰老和细胞损伤的自然结果。由于超过三分之一的线粒体DNA与能量生产有关，随着时间的推移，突变会对我们的能量生产造成重大影响，因此也会对我们的健康造成重大影响。简单地说，细胞的能量生产和疾病是有联系的。

当我们研究人体拼图中这最迷人的一块时，我们了解到，虽然线粒体DNA突变所导致的线粒体病理所当然会传给我们尚在子宫之中的宝宝，但我们环境中的有毒物质和我们形成的习惯也会导致我们孩子的线粒体相关功能出现障碍。[8]

大自然的警告：虎鲸和毒素

我们对有毒物质的关注是明智的，我们在自然界中看到了种种令人担忧的迹象，这些迹象能让我们领略到地球上的人类所面临的未来。作为一名在世界各地从事与环境可持续性相关项目的慈善家，我对我们向全球生态系统排放大量污染物和毒素给地球造成的损害十分警惕。大自然似乎正在接近一个临界点：例如，虎鲸幼仔的死亡率现在高达50%[9]，尤其是在北美西海岸。污染使虎鲸赖以生存的鲑鱼数量锐减，给怀孕的母鲸带来了营养压力。[10]有一项研究证明，三分之二的虎鲸怀孕不成功。与此同时，食物的缺乏迫使母鲸把储存的脂肪代谢掉，从而将积聚在脂肪里的毒素释放到它的体内，进一步危及未出生的宝宝。我们正面临着这种大型哺乳动物可能灭绝的危险。[11]

虽然鲸鱼的苦难可能不是我们会在日常生活中加以关注的问题，但我们必须认识到，人类也在摄取和吸收环境中的污染物。

保障下一代人健康的观念可曾像今天这样被强调？

令人心寒的统计数字：到底发生了什么

在人类世界里，我们看到了令人心寒的统计数据，数据表明会影响孩子大脑和神经系统的疾病数量大幅增加。例如，美国疾病控制中心报告说，自闭症和自闭症谱系障碍的发病率已从2000年的1/150上升到2018年的1/43。[12]我们还看到神经免疫性疾病的流行日益令人担忧，免疫系统和神经系统的失调会导致一系列衰弱症状和疾病。[13]

那么，与链球菌感染相关的儿童自身免疫性神经精神疾病（PANDAS）的发病率又如何呢？这是儿童疾病领域中一个相对较新的成员，其发病率甚至还没有完全计算出来。然而，它会导致焦虑、抑郁、易怒和攻击性、行为退化、感觉或运动异常。研究人员仍在调查这种疾病的原因，但它被认为是由免疫系统对链球菌感染做的不适当反应引发的。[14]

生命的产生是一个复杂的过程，即使是最轻微的基因突变也会产生戏剧性的后果。例如，某些形式的肌张力障碍是由影响大脑化学平衡的基因突变引起的。这种突变最终会严重影响人的肌肉运动，目前只能用神经递质左旋多巴来治疗。[15]

这些只是能影响我们孩子大脑的神经系统疾病中的少数几种。由高度敬业和富有同情心的研究人员、科学家和医疗从业者组成的大军至今仍然无法遏制可能吞噬下一代人的疾病浪潮。

线粒体病和线粒体功能障碍代表了神经系统的另一块拼图。科学家们已经确定，大约15%的线粒体病——其中大多数与神经系统有关——是线粒体DNA本身的缺陷造成的。[16]研究人员和临床专家对几十种线粒体病已经很熟悉了，其中包括阿尔珀斯病、莱伯遗传性视神经病变（LHON）、利氏病和线粒体脑肌病伴高乳酸血症和卒中样发作（MELAS）。[17]今天，人们认为，这些基因缺陷中有一些是后天获得的，而不是遗传的——通常是由于母亲暴露于有害的辐射（包括人工电磁辐射，即nnEMFs）、毒素之下，以及处于压力之下。虽然基因检测和线粒体转移为理解和应对线粒体病提供了一些工具，但治疗它的方法还很有限。

线粒体病是一回事，线粒体功能障碍则是另一回事。我们现在知道，许多病症——例如卢伽雷氏症（又称渐冻人症）、阿尔茨海默病、糖尿病、肌肉萎缩症和癌症——都可能导致继发性线粒体功能障碍。[18]环境污染或不良的生活方式也可能造成线粒体功能障碍。这在今天的世界里尤其具有威胁性：毒素在我们的环境中持续存在，它会损害我们的线粒体，导致其功能障碍，给成人和儿童带来健康问题，更严重的是，这还会损害我们未出生的孩子的健康。

就像虎鲸妈妈一样，今天的雌性人类在不知不觉中成了环境中毒素的贮藏库。我们把毒素吸收到我们的身体系统中，接着又把它们传递给下一代。例如，有证据表明，一些母亲的母乳中含有大量环境中的毒素，如果母乳是商品，那么它会是不能出售的不合格品。[19]一项研究发现，新生儿的脐带中含有多种有毒化学物质。[20]

更加令人担忧的是，接触高毒性物质可能引发母亲线粒体基因突变，从而导致孩子的神经系统紊乱。这都还没有把nnEMFs对我们的线粒体健康和我们最终的福祉所造成的威胁考虑进去。因此，环境中这些“看不见的”毒素对我们的孩子和我们的共同体产生了非常大的“可见的”影响。

然而，前途多么艰难是我们早就预见到了的：我们确实可以在一定程度上控制我们接触到的有毒物质，从而控制我们未出生的孩子通过我们接触到的有毒物质的量。但我们每天都受到成千上万种我们根本看不见的毒素的轰炸。留给我们的时间不多了。

线粒体健康对下一代健康的影响

从我们受孕时起，一直到成年，我们的线粒体不断遭受着自由基的侵害。癌症、糖尿病、心脏病、阿尔茨海默病、帕金森病和其他大脑退行性疾病患者的细胞自由基损伤和线粒体破裂的检测结果都呈阳性，这并非巧合。[21]此外，至少有一项研究表明，妈妈年龄越大，将受损的线粒体DNA传递给后代的可能性就越高。[22]

当我们了解到女性线粒体受损会导致她孩子的线粒体功能障碍时，这就成了一个更严重的问题。这可能导致神经损伤和紊乱，从而严重损害孩子的健康。[23]如果受损的线粒体被遗传给下一代，它们就有可能造成疾病，并将继续遗传给再下一代。在某些情况下，这可以解释为什么过去并不流行的疾病在今天发病率却增加了：我们体内储存的毒素悄无声息地、不知不觉地损害着我们的线粒体DNA，而这种损害正明显地表现在我们子孙后代的健康状况上。

当线粒体不能产生足够的能量来维持正常的细胞功能时，就会出现线粒体功能障碍。线粒体大量减少会损害细胞功能，甚至可能导致细胞死亡。当这些死亡的细胞位于人体最需要能量的器官时，风险特别高——比如我们的大脑，光是它就消耗了我们20%的能量。[24]

值得注意的是，在我们出生时，体内的线粒体DNA基本上都是一样的。随着时间的推移，环境和其他因素开始破坏我们的线粒体DNA。随着我们年龄的增长，再加上如果我们不关心线粒体的健康，我们的线粒体DNA就会日益分化。这削弱了线粒体生产能量的能力，改变了线粒体处理输入信息的方式，增加了引发疾病的可能性。

这是一个复杂的主题，并为解决另一个可能导致线粒体功能障碍的问题提供了机会：有些人天生就有线粒体DNA单核苷酸多态性（SNP）中的一种。这些基因变异中有一部分会使身体排毒的能力下降，对在污染严重和电磁辐射超标的时代出生和长大的育龄人群来说，这特别成问题。实际上，有40%的人有被称为亚甲基四氢叶酸还原酶（MTHFR）的DNA单核苷酸多态性。[25]这种线粒体单核苷酸多态性会使你的身体难以排毒，还会对炎症的控制、细胞的修复和再生[26]等造成干扰。

存在MTHFR基因多态性的人无法产生足够的谷胱甘肽，而谷胱甘肽是身体排毒所需的重要原料。这反过来又意味着他们身体里携带的毒素更多，这些毒素最终会破坏他们的线粒体。[27]为了帮助排毒，他们经常被推荐使用谷胱甘肽补充剂；但和其他病症一样，这应该与你的医疗团队成员商量。

98%的自闭症儿童的MTHFR基因都有变异，尽管存在这种基因多态性的人并不一定患有自闭症。[28]虽然MTHFR基因多态性可能不会引起任何症状，但它有可能通过纤维肌痛、精神分裂症和癫痫等一系列其他疾病表现出来。[29]这个问题目前还没有在现代医疗实践中得到解决，但你可以在那些提供基因测试的服务中选择一种来检测你是否存在这种基因多态性。

如果母亲存在MTHFR基因多态性，她可能会遗传给她的孩子，他们也可能会有并发症，特别是如果他们继承了MTHFR基因多态性，他们的排毒能力就会被干扰。排毒是维持健康的重要工具，如果你的身体受到这个问题困扰，你可以采取一些行动来支持它。MTHFR和排毒领域的著名专家本·林奇（Ben Lynch）指出，清理肠道菌群是排毒最重要的第一步。[30]

我们稍后再来讨论肠道健康和大脑健康之间的重要关系，现在需要注意的是，过量的毒素和高压力的环境为人体内的炎症提供了完美的环境。我们之前提到过，慢性的、过多的炎症是许多现代疾病的根源，值得注意的是，炎症还会引起髓鞘的脱失[31]。这也会导致健康问题。[32]髓鞘主要由髓磷脂构成，它把我们的神经分隔开来，包括大脑和脊髓中的神经。就是它保证了电脉冲能够快速有效地在你的中枢神经系统中传递。如果它受损，你可能会遭受一系列与神经相关的损伤，包括视力丧失、语言障碍和身体残疾。

2岁儿童的大脑有大约三分之二是由脂质构成的[33]，我们知道，对妈妈（不论是产前还是产后）和孩子来说，适量、健康的脂质摄入和适当的营养是至关重要的。这能保证大脑的正常发育[34]，同时维持覆盖在宝宝神经细胞上的髓鞘的健康[35]，并保护线粒体的健康[36]。

肠道健康：保障大脑健康的一个重要方面

我们之前提到过，健康的肠道菌群对排毒很重要，但它也通过其他方式在我们及我们孩子的神经系统健康方面发挥着关键作用。我们的肠道里充满了大量的细菌，有些有益，有些则不然。只要有益细菌占多数，我们的免疫系统就能保持强壮，因此我们就会健康。但研究表明，肠道菌群的失衡会引起免疫系统反应和炎症，从而引发焦虑、抑郁、强迫症，甚至其他更严重的心理和神经系统障碍。超过80%的血清素——一种让人“感觉良好”的神经递质——是在我们的肠道中产生的，那里的细菌既可以促进也可以干扰它的产生[37]，这一点你知道吗？有证据表明，这些问题以及其他一些问题通常可以通过保障肠道菌群中“好”细菌的繁盛生长而得到缓解。[38]

新生儿的肠道系统很脆弱，而我们都知道，初乳，即母亲在婴儿出生后产生的第一次乳汁，有助于维持肠道健康。[39]它能提供免疫力，帮助宝宝抵抗有害病原体，因为它富含营养、抗体和酶。此外，它还能帮助宝宝成长，同时封闭肠道内的小洞，否则病原体和其他有害的细菌和病毒会改变肠道菌群，并可能导致神经系统失衡。[40]初乳是大脑健康的有力支持者。[41]这就是母乳喂养对宝宝如此重要的原因，尽管对一些担心母乳中的毒素造成的损害可能会超过母乳喂养的益处的妈妈来说，这可能是一个令人为难的要求。到目前为止，专业医疗人员还是认为母乳喂养的收益大于风险。[42]

成年人同样可以在饮食中加入市面上贩售的初乳，这对他们也有好处。研究表明，初乳作为一种营养补充品，能大大促进成年人的健康。它可以：

· 增强活力和耐力

· 改善营养吸收

· 减少炎症

· 稳定血糖水平

· 调节血清素和多巴胺

· 刺激抗体、自然杀伤细胞、巨噬细胞和T淋巴细胞的产生，以预防和消除感染

· 增强肌肉

· 改善消化，堵塞“肠漏”

初乳有时被称为“液体黄金”，它无毒，不会引起过敏，不与任何药物、食物或其他补充剂产生不良反应。[43]然而，和别的东西一样，在食用初乳前一定要问一问你的医生。

有些人觉得我们对肠道和大脑之间的联系还没有多少认识。虽然科学家相信我们的线粒体参与了这种联系，但对其具体机理的研究仍处于起步阶段。[44]不过还有其他因素可以帮助我们体内的以及正在发育的婴儿体内的线粒体保持强壮和健康。当你得知阳光和水对线粒体健康有很大影响时，你会感到惊讶吗？

优化线粒体的健康

阳光和水之间复杂的关系是维持线粒体健康的一个关键因素，而且它对我们未出生的孩子的神经健康来说，也是至关重要的。研究人员杰克·克鲁斯（Jack Kruse）认为，实际上，“线粒体所产生的水分在你体内有一个使命。这一使命与来自太阳和磁场的能量和以无线数据形式传播的信息有关”[45]。

过去我们与大自然的联系比现在紧密得多。我们根据太阳的东升西落生活，没有人造光源发射出互不相容的光波，也没有今天这种有害的nnEMFs干扰我们的生活。[46]

众所周知，晒太阳时体内产生的维生素D能给我们带来很多好处[47]，而且阳光已经被证明可以振奋人的精神，使我们的新陈代谢更有效率，并改善睡眠模式。[48]值得注意的是，我们的许多生物过程也要靠太阳发出的相关光频率来触发。[49]线粒体保持健康和生产能量的关键就是阳光。正如弗里茨-艾伯特·波普（Fritz-Albert Popp）博士所说，“在充分理解光与生命之间复杂的关系方面，我们仍处于入门阶段，但我们现在可以强调，我们整个新陈代谢的功能都依赖于光”[50]。

探索之旅从氧气及其与线粒体在细胞能量生产中的基本关系开始。我们的血液从肺部吸收氧气，并将其输送到细胞中，而细胞中的线粒体则利用氧气产生能量，这个过程会用到多种要素，其中包括氢原子和电子。这会产生二氧化碳和水。这些化学反应发生的过程与光合作用惊人地相似，光合作用使植物得以将阳光转化为细胞物质。实际上，人类血液中的血红蛋白，其化学结构与植物叶绿素的化学结构是相似的。[51]只不过植物是利用二氧化碳产生糖和氧气，我们的线粒体是分解糖或脂肪产生二氧化碳（和水）。

总的来说，我们的线粒体需要氧气来产生能量。随着时间的推移，环境因素或不健康的习惯造成的老化和线粒体损伤会导致我们健康线粒体的存量减少；它们处理氧气和产生我们保持强壮和健康所需要的能量变得非常困难。

使问题更加复杂的是，地球大气中的氧气含量正在下降。两亿五千万年前，地球上的氧含量稳定在35%。到1850年，这一比例已经下降到22%，而今天，在大多数西方化的城市里，海平面高度的氧含量只有19%左右，有时候甚至更低。[52]人类过健康的生活和线粒体有效地执行其功能需要19.5%的氧含量。[53]因此，随着时间的推移，我们不仅面临着线粒体功能恶化的挑战，而且我们的环境中可利用的氧气也在减少，这使得我们的细胞产生我们所需的能量变得更加困难了。

所有这一切的迷人之处在于，阳光激发了人体内的能源生产过程，其方式与它触发植物的光合作用相类似。线粒体从它们所处的环境中解码信息，它们在计算时考虑的因素之一就是光。如果你的线粒体受损，它们不仅难以处理氧气，而且也无法有效地处理身体吸收的光。能量生产会出现问题，进而增加你和你未出生的孩子患病的可能性。

更有趣的想法是，光是一种“食物”。为了让我们的线粒体能够正常工作，我们需要一种全方位、全光谱的，或是基于阳光的光“饮食”。阳光包含所有的光谱，这对于触发我们身体和大脑的多个过程是至关重要的，但光的好坏取决于它的频率。一些波长的光现在被用于治疗。例如，红外线可以用来减轻炎症。红光则已被证明可以减少皱纹、疼痛、炎症和妊娠纹，还能提升减肥效果，提高运动成绩。[54]

同时，电磁辐射，如紫外线和X射线，会损伤DNA。[55]我们的电脑、电话、电视和其他Wi-Fi兼容设备都会发出蓝光和绿光，许多专家认为我们接受了过量的蓝光。研究表明，美国人有90%的时间是在室内度过的[56]，而且往往是待在荧光灯下。更糟糕的是，我们有42%的时间都在看屏幕。[57]

过度暴露在蓝、绿光或荧光灯下，尤其是在睡前，会限制我们身体制造褪黑激素的能力，从而干扰我们的睡眠周期[58]，限制线粒体自我修复和休整的能力。这对我们的健康造成了更大的压力。受损或故障的线粒体会在我们睡眠时得到修复或替换，因此睡眠不足就意味着这项重要的工作不能进行。最终，这意味着我们会有更多失去功能的线粒体，这可能会导致我们和发育中的宝宝患上多种疾病中的某一种。

睡眠高度依赖于我们的昼夜节律，这是一个二十四小时的生物钟，在困倦和警觉之间有规律地循环。我们知道，光可以支持或干扰我们的昼夜节律。[59]一些专家说，早晨的阳光有助于设定我们一天的昼夜节律。我们一天中遇到的光线类型会影响褪黑激素的释放，而褪黑激素是良好睡眠的重要支撑。在一天中看屏幕的时间过长，一直看到很晚，会让我们暴露在过多的蓝光下，这就是我们的睡眠周期会被打乱的原因。

正如前面所提到的，我们的大脑消耗了我们全部能量需求的20%，这意味着当氧气、阳光的输入减少和线粒体的功能受到损害时，大脑会是我们的生理机能中受影响严重的部分之一。

有趣的是，我们努力去拥有现代社会中每一种足以冲击市场的便利设备，相信它将使我们生活得更幸福，但实际上，这些设备只是让我们越来越多地待在室内，接触水平越来越高的nnEMFs，并减少我们接触全光谱光的机会，而这种光对于我们的健康和福祉是至关重要的。

理所当然，光会通过眼睛进入我们的身体系统，但其实我们全身都有光感受器。[60]当光线照射到我们的细胞时，它会产生带负电荷的水，即水的“第四态”（除液态、气态和固态之外的一种形态），生物医学工程师和水研究员杰拉尔德·波拉克（Gerald Pollack）博士称之为隔离区（Exclusion Zone，EZ）水。[61]这种类型的水能够保存和运输线粒体产生的能量，这是维持生命所必需的。实际上，正如波拉克博士所说，无氟的“结构化”水对我们的细胞最好[62]，它是细胞健康和器官功能优化的关键。[63]

结构化水会出现在任何水可以自然流动的地方，但也可以通过搅动水产生旋涡，或通过将水冷却来产生它[64]。天然的泉水本来就是结构化水，网上也能买到很多可以制造结构化水的设备。另一种保持有效水分的方法是养成榨汁的习惯，因为植物中的水是EZ水。[65]与普通自来水不同的是，EZ水分子是六边形且分层的，因此它们具有高度的结构性，能像液晶一样发挥作用。[66]

在讨论光的频率和水分子时，有个必须加以考虑的问题，就是地球的能量。地球有一个自然共振频率，被称为舒曼共振，它非常重要，宇航员在太空时需要人为地重现它，以免生病。[67]一项研究表明，任何与舒曼共振不协调的电磁能都会污染自然环境，影响我们的健康。[68]所以我们与地球共振的联系越多，就越好。这种联系的另一个重要方面是接地的习惯（也称为接地气，与地球同频共振）。接地在寻求达到理想的健康状态的人群中越来越受青睐，那些了解EZ水重要性的人尤其重视它：接地能让你的身体吸收来自地球的负电荷离子，增强你把体内水分结构化的自然能力。[69]

当我们把自己和地球联结起来时，我们吸收的负电荷电子就像强大的抗氧化剂。因为它们带负电荷，而我们体内的有毒自由基带正电荷，所以我们体内携带的自由基都会被这些带负电荷的电子中和。我们将在本章后面更详细地讨论自由基。现在只要知道它们有可能对我们的健康造成严重损害就够了。

还记得我们讨论过阳光的重要性吗？在一个美丽的兼容性循环中，阳光使EZ水扩展开[70]，促进线粒体正常运转。不可回避的结论是，线粒体需要充足的光和充分的EZ水进行水合作用，才能发挥最佳的功能。[71]这对孕妇和她们正在发育的胎儿尤为重要。

我们的科技时代意味着我们一直生活在一个频率范围内，有些是有害的，有些是有益的。实际上，我们周围的一切都在以这样或那样的频率振动，但有种频率我们还没有谈到过，那就是情绪的频率。下一节让我们来看看这种频率。

调整你内心的频率

日本科学家江本胜（Masaru Emoto）博士的工作表明，水分子的结构受到能量振动的影响。他还证明了水可以保存数据。[72]举例来说，江本博士证明了在祈祷或冥想状态下，人们对水发出的更高的能量振动，创造了和谐的分子组织模式；愤怒状态下发出的能量振动产生了不对称的分子排列。[73]他还发现，在一瓶水上写上“谢谢”或“感激”等词，可以制造出结构化水。[74]

德国斯图加特大学航空航天研究所的研究人员在江本博士的研究基础上进一步证实，水可以保持记忆，并对能量振动做出反应。[75]今天，许多科学家和医疗从业者都意识到，思想和情绪的质量会影响我们的身体健康（人体的水分含量很高），从这项研究中可以清楚地看出，这两者之间有着非常直接的联系。

宇宙中的一切都是以不同频率振动的能量，而江本博士和其他人的研究正在揭示情绪是如何影响水的。在许多方面，我们人类是经验的电容器，我们的大脑既是信息的发送器，也是信息的接收器。它可以驱动我们的行为——要么使我们的身体超负荷，要么使我们的身体具有毒性。我们行为的这两种倾向会影响我们的健康。实际上，我们是高度先进的生物装置。

水在你未出生宝宝的身体里占了极高的比例，而且他还在一个被你的身体包裹着的液体环境中游泳，这个环境的主要成分也是水。你的宝宝是处于高度脆弱状态下的信息传递者和接收者，你和你的情绪正在创造他的环境。

关于音乐对未出生婴儿的影响已经有了大量的研究，尽管“莫扎特效应”在很大程度上被误解了，甚至在某些方面受到了怀疑，但我们知道音乐和其他声音确实会影响婴儿的健康。[76]胎儿在受孕20周后会发育出听觉，我们发现，在他们出生12个月后，他们仍然记得并且喜欢在出生前听到的音乐。[77]音乐可以帮助婴儿放松，刺激他们的大脑结构，从而促进学习和发展。[78]

我们还知道了恐惧和敏感可能是会遗传的。[79]综上所述，对孕妇和她的家人来说，让情绪的振动维持在平静的状态是一个重要的优先事项[80]，这样她就可以支持自己和胎儿体内水分的结构化，刺激婴儿的大脑发育，增强线粒体功能，以优化婴儿的神经系统健康。同样，这种追求在很大程度上是肉眼看不见的；然而，它造成的影响可能在我们的孩子和家庭的生活中非常明显地表现出来。

在另一条战线上支持我们孩子的健康

另一个对我们大多数人来说看不见的过程是活性氧类（ROS，通常也被称为“自由基”）的产生，它是线粒体运行时生成的副产品。我们之前提到过这个话题，在这里重要的是围绕自由基会不可避免地导致线粒体退化这一事实来应用它。与此同时，我们知道自由基损伤与许多疾病有关。[81]虽然我们不能对线粒体运行过程中自由基的自然产生做任何事情，但我们想维持健康就要消除或中和我们系统中的自由基，并增加我们对抗氧化剂的摄入。对许多人来说可能觉得新鲜的是：

· nnEMFs会对我们的线粒体造成损害[82]，进而损害我们的身体……抗氧化剂可以减轻它们的影响；

· 研究表明，抗氧化剂可以支持我们的线粒体，帮助提高它们产生能量的能力。[83]

我们生活在一片无形的电磁波海洋中，这些电磁波是由手机、水电塔和水力发电设备，以及我们的电视和电脑等电器发出来的。它们无时无刻不在影响着我们的生活。[84]美国神经外科医生杰克·克鲁斯（Jack Kruse）博士说，当人们过度暴露在nnEMFs之下时，人的线粒体就难以处理穿过线粒体内膜的电子。它们燃烧脂肪的效率会降低，含氧量也会减少。克鲁斯博士认为，以澳大利亚为例，该国肥胖、黑色素瘤和自身免疫性疾病的泛滥是由高水平的太阳电磁场造成的，这种电磁场正在改变该国上空大气中水的化学性质。[85]

与此同时，在地球上的其他地方，我们可以看到蜜蜂和野生动物的数量不断减少，这种现象也被部分归咎于nnEMFs[86]以及杀虫剂[87]。除了nnEMFs对人类造成的威胁外，我们还受到杀虫剂和其他化学污染物的威胁。如前所述，它们出现在我们的尿液和母乳中[88]，也出现在新生儿的脐带血中[89]。

女性要面对所有这些挑战怀孕生子。

对孩子的发育来说，最神圣的时期在怀孕期间。一个孕妇能做些什么来维护她的线粒体健康，并增强她子孙后代细胞中固有的原始能量呢？这里收集了一些可靠来源的建议，以改善线粒体来保障大脑的健康。请你先问问你的医疗团队，看看这些建议是否适合你，再去执行它们：

•光

·每天找机会在户外待20分钟，不涂防晒霜或戴太阳镜[90]，以帮助调节你的激素和促进线粒体健康。实际上，你可以把光看作一种营养：你的皮肤里到处都有光电池，所以暴露你的皮肤就像给你的光电池充电。[91]

·如果你的医生同意，找机会让你的皮肤短时间暴露在红外光下，这也可以促进线粒体功能。[92]

·把荧光灯换成白炽灯，它比荧光灯或LED灯更“有利于线粒体”。[93]

·减少你暴露在蓝光和绿光下的机会，尤其是晚上睡觉前的那几个小时，因为它们会干扰褪黑激素的生成。[94]（将手机、电脑调成护眼模式并戴上防蓝光眼镜可以帮助你做到这一点。）

•水

·保持充足的水分和大量的无氟水——结构化水是维护线粒体功能的最好载体（见波拉克博士的研究）。[95]

• nnEMFs

· 尽可能多地拔掉家里电器的插头，以限制你接触有害nnEMFs的机会。还有，当你怀孕时，不要把手机或平板电脑放在肚子上。你可以购买辐射防护衣来保护你的腹部，还可以购买测量器来测试你家里的EMF水平。[96]

• 营养与营养物

· 食用健脑的食物和营养素，这些食物要么是天然抗氧化剂，要么是能够修复大脑，调节细胞能量生成，逆转自由基和氧化应激损伤的。例如蓝莓，五颜六色的蔬菜，蛋白质和健康脂肪（包括鳄梨[97]、椰子油、橄榄油和亚麻籽油[98]），镁[99]，维生素B、C、D[100]和辅酶Q_{10}[101]，等等。

· 尽量避免食用加工食品。

· 吃不含激素的肉、用草饲牛生产的黄油或酥油，以及有机自由放养的鸡生的蛋；尽可能选择经过认证的有机食品。

· 咨询你的医生，看看初乳补充剂对你来说合不合适。

• 环境

· 尽可能减少或消除你在食物、清洁用品和环境中接触到的毒素。[102]

· 顺应自然规律和宇宙物理学：找机会赤脚在草地上行走。这将使你获得负离子，并帮助你重置你的生物钟，以获得更好的睡眠，修复线粒体和恢复活力。

• 消除压力

· 衡量经过认证的专业人士提供的补充疗法、活力疗法和环境疗法是否适合你。确保他们有治疗孕妇的经验。你可能会考虑的一些疗法有矩阵能量疗法[103]、颅骶疗法[104]、振动疗法、功能疗法和环境疗法，还有顺势疗法[105]、冥想[106]和减轻压力的一般努力。这样做的目的是尽可能保持平和的状态：处于“战斗、逃跑或僵硬”模式的身体可能会影响未出生的孩子。

· 尊重你的昼夜节律，这样你才能得到充足的睡眠。

· 尽可能多地了解线粒体和线粒体DNA对孩子神经系统发育的巨大影响。这是一个不断扩展的领域，新的信息不断出现。主流医学界还没有关于这一主题的足够信息，所以你可能要找一个有资格、受到高度评价的功能医学从业者探讨线粒体的奥秘。

· 如果你担心你线粒体DNA的状态，找一个有经验的遗传学团队，和他们合作，为你独特的基因组成确定一个有效的行动方案。[107]

•你的身体健康

· 尽可能多地进行与孕期身体状况相适应的运动——力量训练已被证明可以增加ATP的产生，从而增加你和你未出生的孩子可用的能量。[108]一般来说，运动对线粒体健康有好处。

· 短时间暴露在低温下被称为生热过程，这个过程已经被发现可以改善线粒体，所以咨询一下医生，看看这对你来说是不是一个合适的选择吧。[109]

· 尽管我们被告知基因决定了我们医学上的命运，但了解一下我们的选择对我们的线粒体健康和一些与之相关的结果到底有多大的影响，还是令人鼓舞的。我们对这一医学前沿令人兴奋的领域了解得越多，我们就越能理解，从受孕的那一刻到我们停止呼吸的那一刻，维护线粒体健康是如何帮助我们减少疾病的发病率的。我们确实对我们的线粒体健康有一定的控制力，这让我们可以控制我们自己的命运、我们孩子的命运，以及最终的，我们子孙后代的命运。我们现在知道，外部环境的健康与我们内部环境的健康有着内在的联系。这就是我们的未来。更好的是，这就是我们的可持续发展计划。

总结

我相信我们可以做很多事情来优化我们未出生孩子的健康，而维护自己的线粒体健康是这项任务的关键部分。想象一下：我们比以往任何时候都更清楚要实现这一点需要做些什么，而且我们有了以前几代人根本无从得知的选择。我们有工具和知识来优化我们的线粒体，保护我们女性自人类产生以来就在体内培育的线粒体DNA。

让我振奋的是，决定我们物种健康的重要的生物结构之一——线粒体——依靠不间断的关怀、智慧和维持生命本身的力量，由一代又一代的母亲传到孩子身上已有数千年之久了。我们知道，我们所生活的环境是有史以来污染最严重的。我们也知道，我们的线粒体DNA可能因此而受到损害。但是看到那些推动我们前进的研究的范围是如此之广，又不得不为之惊叹；令人鼓舞的是，有无数的人在努力工作，以确保我们能找到有效的、科学的解决方案。

母亲是人类神圣火焰的守护者，是未来的守护者。在这种神圣的使命下，我们有责任虔诚地维护我们的集体健康，使我们的血统能够无牵累地延续，为我们的世界带来生机勃勃的未来。

我们可以齐心协力创造完整的系统，为人类的可持续发展而维护线粒体健康。它将把重点放在支持我们的内部和外部环境，以及重新唤起和崇敬神圣之物的渴望上。人类是这个星球上无数物种中的一个，确保我们所有人生存的关键是下定决心共同创造一种保持我们星球清洁的方法。我们必须限制nnEMFs的增加，清理污染，支持地球母亲，同时增强我们的线粒体资源，以优化我们和共同体的健康。

我们每个人——无论你是孕妇还是支持着孕妇的人，无论你支持的是这一代人还是未来的人——都要面对的挑战是，更多地了解这个对我们健康影响如此深远的关键问题。我们应该鼓励一些能突出线粒体的重要性，并将有关线粒体的信息带入我们的日常生活和医疗系统主流的计划。从我们看不见的、在孕妇肚子里悄悄复制的细胞，到在我们的世界里喧闹着快活地奔跑、教会我们如何更深情地去爱的看得见的孩子：无形的东西变得有形了。

我们希望看得见的东西尽可能地健康和充满希望。

这个概念包含了科学和自然的进化和整合，它使我们意识到、理解到我们作为充满活力的人应该是什么样子的，即认识到我们身体的具体细节和我们的内心和灵魂。在某种程度上，我们都是来寻求治愈的。

未来正召唤着我们去教育自己，带着领导力采取行动，并激励他人在充满挑战的健康生活之旅中展现出最好的自己。

我们生活在一个看不见的、相互联系的网络中，我们有责任决定如何才能最好地与自然进行创造性的合作，而不是与之对立。

在和平与希望中，

梅拉尼·沃尔顿

•关于梅拉尼·沃尔顿

作为罗伯和梅拉尼·沃尔顿基金会（Rob and Melani Walton Foundation）的共同创始人，梅拉尼致力于在地方上、全国和全球范围内开展慈善活动。她对艺术史有研究，并且有K-12教育工作者、房地产经纪人、人类绩效培训师、多项运动临床医师和教练的背景，曾在学术、篮球和田径方面三次在全美大学生比赛中取得优异的成绩，凭借这些经历，她获得了一系列能够帮助人们解决问题和改善生活的技能。梅拉尼热衷于支持教育、艺术和人文、大脑健康和意识研究、人类工作和福祉、保护环境和可持续发展等领域的研究和创新。

梅拉尼对这些事业的投入体现在她为众多组织的董事会和委员会的服务中，这些组织包括亚利桑那科学中心、菲尼克斯交响乐团、圣文森特·德·保罗学会、阿斯彭脑研究所、亚利桑那州立大学罗伯和梅拉尼·沃尔顿可持续发展解决方案服务中心、自由野生动物保护国际基金会、菲尼克斯儿童医院、亚利桑那州妇女委员会、自然保护协会、迪金森州立大学、国家公园基金会、西奥多·罗斯福总统图书馆基金会等。

梅拉尼促成了“科技馆可持续发展项目”的创建，该项目目前已惠及30多个国家的近200家博物馆。她还在亚利桑那科学中心成立了W.O.N.D.E.R.中心（沃尔顿最佳神经学发现教育和研究中心），这是一个互动型的思维和智力体验中心，每年会影响到大约50万名儿童和成人。从那以后，她带头发起了许多与W.O.N.D.E.R.相关的项目，旨在为她的社区带来爱心和帮助。其中包括菲尼克斯剧院的“治愈伙伴”，它借助剧院的平台与面临严重健康挑战的人们分享快乐；以及菲尼克斯交响乐团的“升B调音乐健康”，这是一个利用音乐的力量来改善阿尔茨海默病患者和无家可归者生活的拓展计划。

梅拉尼在菲尼克斯巴罗神经学研究所创建神经康复健身房的过程中发挥了关键作用。她为美国土著青年创建了休闲营地和项目，并为患有胎儿酒精综合征的儿童捐赠了资金。梅拉尼曾与精英运动员合作，帮助他们通过速度、敏捷和快速（SAQ）训练来优化其表现。通过体育运动，她认识到通过生物黑客技术控制我们的线粒体细胞来提高成绩的重要性，她开始意识到这种追求不仅仅对运动员成绩的提高，而且对人类的健康都是有价值的。

为了表彰她对国内外的人民和社区不断做出的贡献，梅拉尼于2019年获得了著名的雅典娜全球领导力奖。

以下为作者在写作本章的过程中所参考的资料清单：

1. “What is Mitochondrial Disease?” United Mitochondrial Disease Foundation, 2017, www.umdf.org/what-is-mitochondrial-disease/.

2. Weiner, Catherine. “Mitochondrial Transfer: The Making of Three-Parent Babies.” Science in the News—Harvard University—The Graduate School of Arts and Sciences, August 22, 2018, http://sitn.hms.harvard.edu/flash/2018 /mitochondrial-transfer-making-three-parent-babies/.

3. Marina, Shari. “Mitochondrial Disease in Autism.” *Focus for Health*, April 7, 2016, www.focusforhealth.org/mitochondrial-disease-in-autism/.

4.“DNA is Passed from Parent to Child.” Genomics Education Program. Health Education England, June, 2014, www.genomicseducation.hee.nhs.uk/inheritance-of-genetic-material/dna-from-parent-to-child/.

5. Ely, Bert. “How do researchers trace mitochondrial DNA over centuries?” *Scientific American*, 2019, www.scientificamerican.com/article/how-do -researchers-trace/.

6. Ibid.

7. “Mitochondrial DNA can sometimes come from fathers, too,” ZME Science, November 27, 2018, https://www.zmescience.com/science/mitochondrial-dna -fathers-0432432/.

8. Morén, Constanza, Sandra Hernández, Mariona Guitart-Mampel, and Glòria Garrabou. “Mitochondrial Toxicity in Human Pregnancy: An Update on Clinical and Experimental Approaches in the Last 10 Years,” NCBI US National Library of Medicine, National Institutes of Health, September 22, 2014, www.ncbi.nlm.nih.gov/pmc/articles/

PMC4199057/.

9. Merrett, Rachael. “Orca Facts: Did You Know?” Georgia Strait Alliance, Caring for our Coastal Waters, 2019, georgiastrait.org/work/species-at-risk/orca-protection/killer-whales-pacific-northwest/orca-facts/.

10. The Associated Press, “Low orca birth rates linked to lack of Chinook salmon.” *CBC News*, June 29, 2017, www.cbc.ca/news/canada/british-columbia/low-orca-birth-rates-linked-to-lack-of-chinook-salmon-1.4183609.

11. Carrington, Damian. “Orca ‘apocalypse’: half of killer whales doomed to die from pollution.” *The Guardian*, September 27, 2018, www.theguardian.com/environment/2018/sep/27/orca-apocalypse-half-of-killer-whales-doomed-to-die-from-pollution.

12. “Data & Statistics on Autism Spectrum Disorder.” Centers for Disease Control and Prevention, Updated April 5, 2019, www.cdc.gov/ncbddd/autism/data.html.

13. Yildiran, Alisan, Süleyman Kaplan, and Mehmet Emin Önger. “Neuroimmune diseases are increasing. Is there a possible vaccine link?” IOS Press Content Library, 2013, https://content.iospress.com/articles/journal-of-pediatric-neurology /jpn00623.

14. “PANDAS. A Guide for Parents,” Healthline, Accessed April 22, 2019, www.healthline.com/health/pandas-syndrome.

15. “Dystonia.” National Organization for Rare Disorders, 2015, https://rarediseases.org/rare-diseases/dystonia/.

16. Contributing Author. “What is Mitochondrial DNA and Mitochondrial Inheritance.” *ZME Science*, April 10, 2017, www.zmescience.com/other/science-abc/about-mitochondrial-dna-42423/.

17. “Types of Mitochondrial Disease,” United Mitochondrial Disease Foundation, Accessed April 22, 2019, www.umdf.org/types/.

18. “Mitochondrial Diseases,” The Cleveland Clinic, 2019, my.clevelandclinic .org/health/diseases/15612-mitochondrial-diseases.

19. Potter, Melanie Milam. "The Living Battle Within Breast Milk: Developmental Direction vs A Toxic Toll," *GreenMedInfo*, March 20, 2017, www.greenmedinfo.com/blog/living-battle-within-breast-milk-developmental -direction-vs-toxic-toll.

20. Israel-Berkeley, Brett. "Mom's Exposure to Toxic Chemicals Shows up in Newborn." *Futurity*, November 3, 2016. https://www.futurity.org/pregnancy-toxins-newborns-1288872/.

21. Srivastava, Sarika. "The Mitochondrial Basis of Aging and Age-Related Disorders." NCBI US National Library of Medicine, National Institutes of Health, December 19, 2017, www.ncbi.nlm.nih.gov/pmc/articles/PMC5748716/.

22. Mumal, Iqra. "Older Moms More Likely to Pass Along Mitochondrial DNA with Mutations, Study Finds," *Mitochondrial Disease News*, June 29, 2018, mitochondrialdiseasenews.com/2018/06/29/older-moms-more-likely-to-pass-mutated-mitochrondrial-dna-to-offspring-study-finds/.

23. Virginia Tech, "How Mitochondrial Disease Is Passed Down From Mother To Child: Predicting Severity," *Science Daily*, January 31, 2008, https://www .sciencedaily.com/releases/2008/01/080127130914.htm.

24. Magistretti, Pierre J., and Igor Allaman. "A Cellular Perspective on Brain Energy Metabolism and Functional Imaging," *Neuron Review*, May 20, 2015, www.cell.com/neuron/pdf/S0896-6273(15)00259–7.pdf.

25. Asprey, Dave. "The MTHFR Gene Mutation And How To Rewire Your Genetics" Bulletproof Blog, Accessed April 22, 2019, blog.bulletproof.com/the-mthfr-gene-mutation-and-how-to-rewire-your-genetics/.

26. Ibid.

27. "MTHFR, Folic Acid, and Mitochondrial Disease . . . is there a link?" Baby Food Steps, May 14, 2012, babyfoodsteps.wordpress.com/2012/05/14/mthfr-mito-link/.

28. Asprey, Dave. "Dr. Ben Lynch: MTHFR Gene, Beating Disease, & Folic Acid," Bulletproof Blog, Accessed April 22, 2019, blog.bulletproof.com/dr-ben-lynch-mthfr-

gene-overcoming-disease-the-dangers-of-folic-acid-157/.

29. Lynch, Ben, "MTHFR Mutations and the Conditions They Cause." MTHFR.Net,September 7, 2011, mthfr.net/mthfr-mutations-and-the-conditions-they-cause/2011/09/07/.

30. Asprey, Dave. "Dr. Ben Lynch: The MTHFR Gene MutationAnd How To Rewire Your Genetics".

31. "Demyelination: What Is It and Why Does It Happen?" *Healthline*, Accessed April 22, 2019, www.healthline.com/health/multiple-sclerosis/demyelination.

32. "Demyelinating diseases," *the Journal of Clinical Pathology*. NCBI US National Library of Medicine, National Institutes of Health, November, 2006, www.ncbi.nlm.nih.gov/pmc/articles/PMC1860500/.

33. Ipatenco, Sandra. "What Is the Importance of Fat Intake for Children Under 2 Years Old?" *SF Gate*, December 27, 2018, healthyeating.sfgate.com/importance-fat-intake-children-under-2-years-old-4155.html.

34. Ibid.

35. North, Cat. "Can You Repair Myelin Sheath With Diet?" *Livestrong*, Accessed April 22, 2019, www.livestrong.com/article/228947-how-to-repair-myelin-sheath-with-diet/.

36. Maricich, Maria. "Mito Food Plan." The Institute for Functional Medicine, Drmariamaricich.com, 2015, www.drmariamaricich.com/storage/app/media/Mito_Food_Plan_Comprehensive_Guide1.pdf.

37. "Colostrum and the Gut-Brain Axis," Sovereign Laboratories, Accessed April 22, 2019, www.sovereignlaboratories.com/blog/colostrum-gut-brain-axis/.

38. McQuillan, Susan. "The Gut Brain Connection: How Gut Health Affects Mental Health." *Psycom*, Accessed April 22, 2019, www.psycom.net/the-gut-brain-connection.

39. "Colostrum," *Science Daily*, Accessed April 22, 2019, www.sciencedaily.com/terms/colostrum.htm.

40. "Liquid Gold: the wonders of colostrum," *Babysense*, 2017, www.babysense.com/advice-and-tips/liquid-gold-the-wonders-of-colostrum/.

41. "Colostrum-The Superfood for Your Newborn," American Pregnancy Association, 2019, americanpregnancy.org/breastfeeding/colostrum-the-superfood-for-your-newborn.

42. Mead, Nathaniel. "Contaminants in Human Milk: Weighing the Risks against the Benefits of Breastfeeding." NCBI US National Library of Medicine, National Institutes of Health, October, 2008, www.ncbi.nlm.nih.gov/pmc/articles/PMC2569122/.

43. "Answers to Commonly Asked Questions by Our Customers," Sovereign Laboratories, 2019, www.sovereignlaboratories.com/FAQs.html.

44. Clark, Allison, and Núria Mach. "The Crosstalk between the Gut Microbiota and Mitochondria during Exercise." NCBI US National Library of Medicine, National Institutes of Health, May 19, 2017, www.ncbi.nlm.nih.gov/pmc/articles/PMC5437217/.

45. Kruse, Jack. "Reality #13: Can You See the Real Me? Vermont 2017." Reversing Disease for Optimal Health, Accessed April 22, 2019, https://jackkruse.com/reality-13-can-see-real-vermont-2017/.

46. Veon, Kathy. "Non-Native EMF's: An Overlooked Environmental Toxin." Nutrition and Holistic Medicine, Accessed April 22, 2019, www.cfpreventivemedicine.com/nutritionist/non-native-emfs-overlooked-environmental-toxin/.

47. Nair, Rathish, and Arun Maseeh. "Vitamin D: The 'Sunshine' Vitamin," NCBI US National Library of Medicine, National Institutes of Health, April, 2012, www.ncbi.nlm.nih.gov/pmc/articles/PMC3356951/.

48. Kruse, Jack. "Time to Rethink Your Truth About the Sun?" LinkedIn, May 19, 2017, www.linkedin.com/pulse/time-rethink-your-truth-sun-jack-kruse/.

49. Kruse, Jack. Time#11: "Can You Supplement Sunlight?" Reversing Disease for Optimal Health, Accessed April 22, 2019, jackkruse.com/time-10-can-you-supplement-sunlight/.

50. "An Introduction to Biophotons," Infoceuticals.co, Accessed April 22, 2019, www.infoceuticals.co/posts/dr-fritz-albert-popp-biophotons.

51. "The amazing similarity between blood and chlorophyll," Science2Be, Accessed April 22, 2019, science2be.wordpress.com/2012/09/03/the-amazing-similarity-between-blood-and-chlorophyll/.

52. Kruse, Jack. "Energy and Epigenetics 4: Light, Water, Magnetism." Reversing Disease for Optimal Health, Accessed April 22, 2019, jackkruse.com/energy -and-epigenetics-4-light-water-magnetism/.

53. Ibid.

54. "Red Light Therapy Benefits," *Healthline*, Accessed April 22, 2019, www.healthline.com/health/red-light-therapy#summary.

55. The American Cancer Society medical and editorial content team. "What is UV Radiation?" American Cancer Society, August 12, 2015, www.cancer.org/cancer/cancer-causes/radiation-exposure/uv-radiation/uv-radiation-what-is-uv.html.

56. Scribner, Herb. "'Indoor generation': Here's how much time we spend indoors." General Filters Incorporated, May 17, 2018, www.generalfilters.com/blog/Indoor-generation-Heres-how-much-time-we-spend-indoors_AE209.html.

57. Schmall, Tyler. "Americans spend half their lives in front of screens." *New York Post*, August 13, 2018, nypost.com/2018/08/13/americans-spend-half-their-lives-in-front-of-screens/.

58. Kruse, Jack. "Artificial Blue Light Dehydrates Your Cells." LinkedIn, January 18, 2017, www.linkedin.com/pulse/artificial-blue-light-dehydrates-your-cells-jack-kruse/.

59. "What is Circadian Rhythm?" National Sleep Foundation, 2019, www.sleep-foundation.org/sleep-topics/what-circadian-rhythm.

60. Cronin, Thomas. "Seeing without Eyes." *Scientific American*, August 13, 2017, www.scientificamerican.com/article/seeing-without-eyes1/.

61. Pollack, Gerald. "EZ Water." Pollack Laboratory, Accessed April 22, 2019,

www.pollacklab.org/research.

62. Ibid.

63. "The Importance of Structured Water to Health," The Sophia Health Institute, Accessed April 22, 2019, www.sophiahi.com/importance-structured-water-health/

64. Mercola, Joseph. "Water: The Single Most Important Element for Your Health." Mercola, January 29, 2011, articles.mercola.com/sites/articles/archive/2011/01/29/dr-pollack-on-structured-water.aspx.

65. The Importance of Structured Water to Health.

66. Kruse, Jack. "Is Water the Key to Morphogenesis?" LinkedIn, October 4, 2017, www.linkedin.com/pulse/water-key-morphogenesis-jack-kruse/.

67. "What is Earth Resonance Therapy?" Technology for Life, 2016, www.technologyforlife.org/what-is-earth-resonance-therapy/.

68. Ibid.

69. Mercola, Joseph. "Water Supports Health in Ways You May Never Have Suspected." Mercola, January 28, 2017, articles.mercola.com/sites/articles/archive/2017/01/28/ez-water.aspx.

70. Ibid.

71. Mercola, Joseph. "Hydration Is About More Than Just Drinking Water—How to Hydrate at the Cellular Level to Improve Health and Longevity." Mercola, May 6, 2018, articles.mercola.com/sites/articles/archive/2018/05/06/how-to-hydrate-at-the-cellular-level.aspx.

72. Nemoto, Yasuyuki. "Science of 'Message from Water.'" Masara Emoto's Hado World, Accessed April 23, 2019, hado.com/ihm/subscription/science-of-message-from-water/.

73. Bhavika. "Dr Masaru Emoto on Human Consciousness and Water." Fractal Enlightenment, Accessed April 23, 2019, fractalenlightenment.com/14121/spirituality/dr-masaru-emoto-on-human-consciousness-and-water.

74. "The Importance of Structured Water to Health."

75. Martino, Joe. "Study Shows Water Has Memory. German Scientists Expand On Dr. Emoto's Work." Collective Evolution, December 29, 2015, www.collective-evolution.com/2015/12/20/study-shows-water-has-memory-german-scientists-expand-on-dr-emotos-work/.

76. Partanen, Eino, Teija Kujala, Mari Tervaniemi, and Minna Huotilainen. "Prenatal Music Exposure Induces Long-Term Neural Effects." NCBI US National Library of Medicine, National Institutes of Health, October 30, 2013, www.ncbi.nlm.nih.gov/pmc/articles/PMC3813619/.

77. Parsons, Cheryl. "Rock-a-bye baby: the benefits of playing music to your unborn child." *The National*, January 26, 2017, www.thenational.ae/lifestyle/wellbeing/rock-a-bye-baby-the-benefits-of-playing-music-to-your-unborn-child-1.40360.

78. Ibid.

79. Hughes, Virginia. "Mice Inherit Specific Memories, Because Epigenetics?" *National Geographic*, December 1, 2013, www.nationalgeographic.com/science/phenomena/2013/12/01/mice-inherit-specific-memories-because-epigenetics/.

80. Robinson, Monique. "Health Check: can stress during pregnancy harm my baby?" *The Conversation*, August 20, 2017, theconversation.com/health-check-can-stress-during-pregnancy-harm-my-baby-81825.

81. Villines, Zawn. "How do free radicals affect the body?" *Medical News Today*, July 29, 2017, www.medicalnewstoday.com/articles/318652.php.

82. "Exhibit G: Mitochondrial Dysfunction and Disruption of Electrophysiology," Europa.eu, Accessed April 23, 2019, ec.europa.eu/health/scientific_committees/emerging/docs/emf_3.pdf.

83. Sheua, Shey-Shing, Dhananjaya Naudurib, and M.W. Andersa. "Targeting antioxidants to mitochondria: A new therapeutic direction." Science Direct, February, 2006, www.sciencedirect.com/science/article/pii/S0925443905001535.

84. Cherry, Neil. "Evidence that Electromagnetic Radiation is Genotoxic: The implications for the epidemiology of cancer and cardiac, neurological and reproductive effects." Whale.to, June 2000, www.whale.to/b/cherry6.html.

85. Kruse, Jack. "Energy and Epigenetics 4: Light, Water, Magnetism." Reversing Disease for Optimal Health, Accessed April 23, 2019, jackkruse.com/energy-and-epigenetics-4-light-water-magnetism/.

86. Shepherd, S., Lima, M.A.P., Oliveira, E.E., Sharkh, S.M., Jackson, C.W., and Newland, P.L. "Extremely Low Frequency Electromagnetic Fields impair the Cognitive and Motor Abilities of Honey Bees." Nature.com, May 21, 2018, www.nature.com/articles/s41598-018-26185-y.

87. Goulson, Dave, Elizabeth Nicholls, Cristina Botías, and Ellen L. Rotheray. "Bee declines driven by combined stress from parasites, pesticides, and lack of flowers." *Science Magazine*, March 27, 2015, science.sciencemag.org/content/347/6229/1255957.

88. Mitro, Susanna D., Tyiesha Johnson, and Ami R. Zota. "Cumulative Chemical Exposures During Pregnancy and Early Development." NCBI US National Library of Medicine, National Institutes of Health, December 1, 2016, www.ncbi.nlm.nih.gov/pmc/articles/PMC4626367/.

89. Indiana University, "Banned chemicals pass through umbilical cord from mother to baby, research finds." *Science Daily*, June 29, 2017, www.sciencedaily.com/releases/2017/06/170629085016.htm.

90. Kruse, Jack. "Functional medicine mistakes, EMF, sunlight and your mitochondria—Podcast #135." Just In Health Wellness Clinic, May 12th, 2017, justinhealth.com/functional-medicine-mistakes-emf-sunlight-and-your-mitochondria-podcast-135/.

91. Krebs, Roy. "5 Ways To Improve Your Health By Boosting Mitochondria." Natural Stacks, May 3, 2017, www.naturalstacks.com/blogs/news/5-ways-to-improve-your-health-by-boosting-mitochondria.

92. Nelson, Scott. "How Red and Near Infrared Light Stimulates Cellular Respiration and Boosts Energy Production." Joovv, 2019, joovv.com/blogs/joovv-blog/how-red-near-infrared-light-stimulates-cellular-respiration-boosts-energy-production.

93. Asprey, Dave. "Light Hacking for Better Energy, Mood, and Performance." Bulletproof Blog, 2019, blog.bulletproof.com/light-hacking-for-better-energy-mood-and-performance/.

94. Harvard Health Letter, "Blue light has a dark side." Harvard Health Publishing, Harvard Medical School, August 13, 2018, www.health.harvard.edu/staying-healthy/blue-light-has-a-dark-side.

95. Pollack, "EZ Water."

96. Kagelidis, Michael. "How to reduce your everyday exposure to artificial electro magnetic fields." *Home Biology*, Accessed April 23, 2019, www.home-biology.com/emf-protection-tips.

97. Sorgen, Carol. "Eat Smart for a Healthier Brain." WebMD, 2019, www.webmd.com/diet/features/eat-smart-healthier-brain#1.

98. Bott, Nick. "Coconut oil, olive oil, grape seed oil: which is best for brain health?" *Neurotrack*, March 14, 2017, blog.neurotrack.com/which-oil-is-best-for-brain-health/.

99. Dr. Jockers. "7 Ways Magnesium Improves Brain Health." Dr.Jockers.com, 2019, drjockers.com/7-ways-magnesium-improves-brain-health/.

100. Alban, Deane. "Brain Vitamins: Essential for a Healthy Brain." *Be Brain Fit*, March 9, 2019, bebrainfit.com/brain-vitamins/.

101. Matthews, Russell T., Lichuan Yang, Susan Browne, Myong Baik, and M. Flint Beal. "Coenzyme Q10 administration increases brain mitochondrial concentrations and exerts neuroprotective effects." US National Library of Medicine, National Institutes of Health, July 21, 1998, www.ncbi.nlm.nih.gov/pmc/articles/PMC21173/.

102. Rowe, Keith. "How to Rid Your Life of Harmful Toxins." *Brain MD*, March 9,

2018, www.brainmdhealth.com/blog/how-to-get-rid-of-harmful-toxins/.

103. "*Matrix Energetics*—a system of healing, self-care and transformation," Matrix Energetics, 2014, www.matrixenergetics.com/WhatIs.aspx.

104. Ananda, Kara Maria. "Craniosacral Therapy in the Midwifery Model of Care." *Midwifery Today*, Autumn, 2008, midwiferytoday.com/mt-articles/craniosacral-therapy/.

105. "Homeopathy in Pregnancy and Birth," *Stockbridge Osteopathic Practice*, Accessed April 23, 2019, www.stockbridgeosteopathicpractice.com/homeopathy-in-pregnancy-and-birth.html.

106. "Pregnancy Meditation: The Benefits of Mindfulness," *Healthline*, Accessed April 23, 2019, www.healthline.com/health/pregnancy/meditation-benefits.

107. Nesbitt, Victoria, Charlotte L. Alston, Emma L. Blakely, Carl Fratter, Catherine L. Feeney, Joanna Poulton, Garry K. Brown, Doug M. Turnbull, Robert W. Taylor, and Robert McFarland. "A national perspective on prenatal testing for mitochondrial disease." US National Library of Medicine, National Institutes of Health, November 22, 2014, www.ncbi.nlm.nih.gov/pmc/articles/PMC4200441/.

108. Menshikova, Elizabeth V. Vladimir B. Ritov, Liane Fairfull, Robert E. Ferrell, David E. Kelley, and Bret H. Goodpaster. "Effects of Exercise on Mitochondrial Content and Function in Aging Human Skeletal Muscle. US National Library of Medicine, National Institutes of Health, June 2006, www.ncbi.nlm.nih.gov/pmc/articles/PMC1540458/.

109. Wolbers, Bart. "Cold Thermogenesis: Cold Showers And Ice Baths For Incredible Fat-Loss, Energy, Well-Being And (Mental) Performance." *Nature Builds Health*, Mar 10, 2018, www.naturebuildshealth.com/blog/cold-thermogenesis-showers-icebaths.

致谢

谨以此书纪念我的爱女道恩·格罗斯，她深邃的智慧、积极的态度、强大的驱动力，以及充满爱意和温柔的女性能量，引导我完成了这个项目。

感谢我的爱子和写作伙伴肖恩·格罗斯，他以睿智的建议、出色的编辑能力，以及伟大的创意，全程支持我完成了这个项目。他出色的驱动力和人际交往能力帮助我把精力集中在这本书上。谢谢你对我永远的支持。

感谢我的爱女凯特·格罗斯，你的内在和外在的美丽、智慧、慷慨和优雅再次让我们的生活充满幸福和快乐……每天都是如此。

感谢我亲爱的孙子、孙女麦克斯威尔和萨曼莎·格罗斯，你们眼中闪烁的智慧、同情、慷慨和善良的光芒不断地提醒着我为什么要写这本书。

感谢我亲爱的哥哥迈克尔·梅罗威茨博士，谢谢你一直以来的支持、伟大的建议、大哥哥的肩膀，还有你的救命之恩。

感谢我亲爱的表亲劳拉和马克·齐鲁尼克，金妮和巴里·齐鲁尼克，一起长大让我们更像是兄弟姐妹而不是表亲。每天我都能想起童年时温暖而充满爱的回忆。